Steffen Herrmann

Ich – Andere – Dritte

VERLAG KARL ALBER

Steffen Herrmann

Ich – Andere – Dritte

Eine Einführung in die Sozialphilosophie

Verlag Karl Alber Freiburg / München

Steffen Herrmann

Self - Other - Third Party

An introduction to social philosophy

What is social philosophy? In order to answer this question, the social is determined along the three figures of self, other and third party in this introduction. Based on this, basic concepts of social philosophy are explained in reference to a relevant primary author. The readers will be offered information in three ways in this introduction: A determination of basic figures, a presentation of central basic concepts and a reconstruction of relevant fundamental authors of social philosophy.

The present introduction is designed to be particularly suitable for first-year students. The text is always provided with marginal notes, which enhance accessibility and guidance. In addition, summaries of current strands of research and further literature recommendations pave the way for independent reading.

The Author:

Steffen Herrmann (Ph. D.) is a Research Associate at the Institute for Philosophy at the University of Hagen, where he teaches and researches in the field of social philosophy.

Steffen Herrmann

Ich – Andere – Dritte

Eine Einführung in die Sozialphilosophie

Was ist Sozialphilosophie? Um diese Frage zu beantworten, wird in der vorliegenden Einführung das Soziale entlang der drei Figuren Ich, Anderer und Dritter bestimmt. Davon ausgehend werden Grundbegriffe der Sozialphilosophie jeweils anhand eines maßgeblichen Primärautors erläutert. Den Lesenden wird mit dieser Einführung so dreierlei geboten: Eine Bestimmung leitender *Grundfiguren,* eine Vorstellung zentraler *Grundbegriffe* und eine Rekonstruktion einschlägiger *Grundlagenautoren* der Sozialphilosophie.

Die vorliegende Einführung ist so gestaltet, dass sie insbesondere für Studienanfänger_innen geeignet ist. Der Text ist durchweg mit Marginalien versehen, wodurch der Einstieg und die Orientierung erleichtert werden. Außerdem weisen Zusammenfassungen des Forschungsstandes und weiterführende Literaturempfehlungen den Weg zur eigenständigen Lektüre.

Über den Autor:

Steffen Herrmann, Dr. phil., ist wissenschaftlicher Mitarbeiter am Institut für Philosophie der FernUniversität in Hagen, wo er im Bereich der Sozialphilosophie lehrt und forscht.

Originalausgabe

www.verlag-alber.de

Satz: SatzWeise GmbH, Bad Wünnenberg
Herstellung: CPI books GmbH, Leck

Printed in Germany

ISBN 978-3-495-49003-7

Inhalt

Einleitung: Was ist Sozialphilosophie?

Was ist das Soziale?

Die unterschiedlichen Teilbereiche der Philosophie zeigen ihren spezifischen Gegenstandsbereich meist durch ihren Begriff an: so widmet sich die Wirtschaftsphilosophie der Wirtschaft, die Rechtsphilosophie dem Recht und die politische Philosophie der Politik. Entsprechend dieser Logik erwartet man sich von der Sozialphilosophie, dass sie sich mit ›dem Sozialen‹ auseinandersetzt. Während wir nun jedoch zumeist eine recht klare Vorstellung davon besitzen, was Ökonomie, Recht oder Politik ist, ist weniger klar, was das Soziale sein soll. Das hat unter anderem mit der Lokalisation des Sozialen zu tun: Die Ökonomie findet auf dem Markt, das Recht vor Gericht und die Politik im Parlament statt. Wo aber ist das Soziale lokalisiert? In der Familie, in Freundschafts- oder Nachbarschaftsbeziehungen? Dagegen spricht, dass wir auch die Beziehung sozial nennen, die wir zu Arbeitskollegen, zu Rechtsgenossen oder Parteifreunden unterhalten und dass das Soziale in Form von Sozialpolitik, Sozialgesetzgebung und sozialer Marktwirtschaft selbst wieder Teil der genannten Bereiche ist. Das Soziale scheint daher gerade kein spezifischer Funktionsbereich der Gesellschaft neben Ökonomie, Recht oder Politik zu sein, sondern vielmehr der Boden, auf dem sich diese gesellschaftlichen Funktionsbereiche überhaupt erst erheben und ausdifferenzieren können. Um nun einen genaueren Begriff davon zu bekommen, was das Soziale ist, bietet es sich an, der Entstehungsgeschichte der Sozialphilosophie etwas genauer zu folgen.

Die Entstehung einer Wissenschaft vom Sozialen

Das Unternehmen der Sozialphilosophie entsteht in eben jenem geschichtlichen Moment, in dem traditionelle Weltbilder im Zuge der Aufklärung ihre Selbstverständlichkeit verlieren. War soziale Ordnung bis zu diesem Zeitpunkt weitestgehend ein durch Mythos, Religion oder weltliche Herrschaft vorgegebenes substantielles Gebilde, beginnt mit dem »Ausgang des Menschen aus seiner selbstverschuldeten Unmündigkeit« (Kant) jener Prozess, in welchem sich die Gesellschaftsmitglieder selbst zu Autorinnen und Autoren ihrer Lebensverhältnisse machen. Es ist der Gedanke der individuellen und kollektiven Selbstgesetzgebung, welcher den Stachel der Aufklärung ausmacht. Die bestehenden sozialen, gesellschaftlichen und politischen Verhältnisse sollen dabei nur unter der Bedingung als legitim gelten, dass sie dem Maßstab der Vernünftigkeit gerecht werden. Freilich taucht dabei schnell die Frage auf, welche Lebensweise für die Menschen überhaupt vernünftig ist. Daher setzt im 19. Jahrhundert in den Wissenschaften vom Menschen eine umfassende Spuren- und Identitätssuche ein, die über die Herkunft der menschlichen Gattung Auskunft geben und so als vernünftiger Leitfaden für die Zukunft dienen soll. Analog zu den Naturwissenschaften hofft man, dabei auch in den Sozialwissenschaften objektive Gesetzmäßigkeiten ausfindig machen zu können. Paradigmatisch hierfür steht Auguste Comte, der mithilfe beobachtender Verfahren die ›Physik des Sozialen‹ entschlüsseln will, um so universale Entwicklungsgesetze nicht nur für die Natur, sondern auch für das Soziale formulieren zu können.[1] Freilich musste sich dieser Optimismus schon bald als verfehlt erweisen, was nicht zuletzt daran lag, dass soziale Akteure nicht einfach feststehenden Handlungsgesetzen folgen, sondern als selbstinterpretierende Wesen je selbst nochmal zu ihrem Handeln sinnhaft Stellung nehmen und es dadurch zu verändern vermögen. Was der Mensch ist, ist immer davon abhängig, wie er sich zu sich selbst verhält und was er dadurch aus sich macht. Daher kann die Sozialphilosophie dem Menschen nicht einfach eine vernünftige soziale Ordnung vorzeichnen, sondern immer nur dessen Selbstentwürfen folgen und diese auf ihre Rationalität hin befragen.

Die soziale Frage

Die durch die Aufklärung gestellte Frage danach, wie die soziale Ordnung gestaltet werden soll, stellt sich historisch konkret zunächst in Form der ›sozialen Frage‹. Im gleichen geschichtlichen Moment nämlich, wo die Aufklärung die Individuen aus traditionellen Abhängigkeitsbeziehungen freisetzt, taucht eine neue gesellschaftliche Macht auf: der Kapitalismus. Der durch ihn

[1] Comte ließ den Begriff ›soziale Physik‹ später fallen und bezeichnete die ihm vor Augen stehende Wissenschaft stattdessen als ›Soziologie‹. Unter anderem, weil der Mathematiker Adolphe Quetelet 1835 unter dem Titel *Soziale Physik* eine rein auf statistischen Wahrscheinlichkeiten basierte Untersuchung veröffentlicht hatte, von der Comte sich abgrenzen wollte.

forcierte Übergang von einer agrarisch-ständisch organisierten Gesellschaft zu einer industriell-liberal verfassten Gesellschaft zwingt bald weite Bevölkerungsteile dazu, sich in Lohnarbeitsverhältnissen zu verdingen. Im 19. Jahrhundert taucht so die Figur des »doppelt freien Arbeiters« (Marx) auf: Er ist einerseits frei von persönlichen Abhängigkeitsbeziehungen, andererseits jedoch auch frei von Produktionsmitteln. Weil durch rapides Bevölkerungswachstum und eine zunehmende Verstädterung die Zahl der Lohnarbeitenden im 19. Jahrhundert rasant anwächst, entsteht schnell ein Überangebot, das den Arbeitslohn auf ein Minimum absinken lässt. Das hat zur Folge, dass die gesamte Familie zum Lebensunterhalt beitragen muss und auch Kinderarbeit zum Standard wird. Doch selbst gemeinschaftlich vermögen viele Familien gerade einmal ihr Existenzminimum zu sichern. In den Anfangstagen des Kapitalismus lebt die ArbeiterInnenschaft daher unter prekären Verhältnissen, was einen Vertrauensverlust in die vernünftige Organisation der Gesellschaft zur Folge hat. Dazu tragen freilich auch die oftmals unwürdigen Arbeitsbedingungen bei: Nicht nur sind Arbeitstage von zwölf Stunden die Regel und nicht nur existieren keine sozialen Absicherungen gegen Unfälle, Alter oder Kündigung, sondern darüber hinaus verliert die Arbeit im Zuge maschineller Produktion und der Zerlegung des Arbeitsprozesses auch zunehmend ihre handwerklich-sinnlichen Qualitäten. Da die Abstumpfung der Arbeit durch die geringe Entlohnung auch außerhalb der Arbeit nicht kompensiert wird, führt das vielerorts zu Sinnentleerung und einer damit einhergehenden ›Verrohung der Sitten‹. Es ist eben dieser Hintergrund, vor dem viele der Zeitgenossen (Kirchen, Parteien, Intellektuelle) die ›soziale Frage‹ stellen: Wie soll ein für alle befriedigendes geordnetes soziales Zusammenleben aussehen?

Gründerväter der Sozialphilosophie

Es ist die eben skizzierte Gemengelage aus emanzipatorischen Ansprüchen und neuen Abhängigkeiten, in welcher die Sozialphilosophie als eigene Disziplin das Licht der Welt erblickt. Mit den Werken von Jean-Jacques Rousseau, Georg Wilhelm Friedrich Hegel und Karl Marx erscheinen dabei zwischen Mitte des 18. und 19. Jahrhunderts in einem Zeitraum von knapp einhundert Jahren einschlägige Gründungstexte. Allen drei Autoren ist dabei das Vorhaben gemeinsam, sich kritisch-reflexiv mit den Wandlungen ihrer Zeit auseinanderzusetzen: Rousseau im absolutistischen Frankreich, Hegel im agrarischen Preußen und Marx im industrialisierten England. Rousseau legt dabei mit seiner *Abhandlung über den Ursprung und die Grundlagen der Ungleichheit* (1755) eine kritische Zivilisationsgeschichte vor, die ausgehend von einem positiven Bild des Naturzustandes einen allgemeinen Sittenverfall beschreibt: Ruhmsucht, Prestigegehabe und Ehrstreben sieht er als Resultat einer fehlgeleiteten zivilisatorischen Entwicklung sozialer Beziehungen. Auch wenn Rousseau der Arbeitsteilung und dem Eigentum bei der Entstehung der genannten Laster eine bedeutende Rolle zuspricht, spielt die kapitalistische Produktionsweise und die mit ihr einhergehende soziale Frage noch keine explizite Rolle in seinen Überlegungen. Erst in den Arbeiten Hegels bekommt das System des marktvermittelten Tausches unter dem Titel ›Bürgerliche Gesellschaft‹ einen eigenständigen Platz im philosophischen Denken. In seinen *Grundlinien der Philosophie des Rechts* (1820) zeigt Hegel dabei, wie es im Zuge der neuen Produktionsweise zu einer immer weiter zunehmenden Ungleichverteilung von Armut und Reichtum kommt, aus welcher auch jene Klasse von Individuen hervorgeht, die er als ›Pöbel‹ bezeichnet. Gemeint sind damit jene gesellschaftlich abgehängten und desillusionierten Individuen, welche sich aufgrund ihrer sozialen Lage nicht mehr mit der gesellschaftlichen Ordnung identifizieren können. Hegel diagnostiziert daher einen Zustand der Entzweiung in der bürgerlichen Gesellschaft. Der junge Marx zeigt in seinen *Ökonomisch-philosophischen Manuskripten* (1844) wiederum, wie sich die Individuen durch den Kapitalismus von sich selbst und Anderen entfremden. Während die Selbstentfremdung ihre Ursache für ihn dabei in der Fremdbestimmtheit des Arbeitsprozesses hat, wurzelt die Entfremdung von Anderen im marktvermittelten Warentausch. Am Markt, so Marx, seien die Einzelnen nicht mehr unmittelbar an den Bedürfnissen Anderer interessiert, sondern nur noch am Erwerb materieller Güter für die Befriedigung ihrer eigenen Bedürfnisse. Der Markt befördert so egozentrische Einstellungen und strategische Handlungsweisen, in welchen die Individuen nicht solidarisch, sondern antagonistisch aufeinander bezogen sind. Eben dieser antagonistische Bezug, so wird Marx später im *Kapital* argumentieren, erscheint der klassischen politischen Ökonomie jedoch nicht als Folge der kapitalistischen Einrichtung des Marktes, sondern als deren Ursache. Mit dieser Verwechslung trägt sie jedoch zur Naturalisierung der mit der kapitalistischen Produktionsweise einhergehenden sozialen Ordnung bei.

Sozialphilosophie als kritische Wissenschaft

Den Zeitdiagnosen von Rousseau, Hegel und Marx ist es gemeinsam, dass sie ihre soziale Wirklichkeit aus den Fugen geraten sehen. Im Mittelpunkt ihrer Analyse steht daher die Analyse sozialer Pathologien. Während Rousseau dabei das Motiv des Sittenverfalls thematisiert, ist es bei Hegel dasjenige der Entzweiung und bei Marx das der Entfremdung. Obwohl jeder der Autoren damit einen ganz eigenen Fokus setzt, ist es ihnen doch gemeinsam, dass sie soziale Pathologien nicht einfach in moralischen, sondern in ethischen Kategorien fassen: Gemeint ist damit, dass sie die Defizite ihrer jeweiligen sozialen Wirklichkeit nicht nur am Maßstab der Gerechtigkeit, sondern auch am Maßstab eines gelingenden Lebens messen.[2] Ihre theoretischen Arbeiten zeichnet daher zweierlei aus: Erstens handelt es sich jeweils um normative Theorien, die es sich zur Aufgabe machen, zur sozialen Wirklichkeit kritisch Stellung zu nehmen. Zweitens handelt es sich um ethische Theorien, insofern ihre Kritik sich am Maßstab eines gelingenden Lebens orientiert. Sozialphilosophie nach Rousseau, Hegel und Marx ist daher eine *normativ-ethische* Wissenschaft.[3] Als solche steht sie im Gegensatz zu Disziplinen, die ihren Gegenstand deskriptiv und wertfrei zu fassen versuchen. So versteht Max Weber die Soziologie etwa als eine Wissenschaft, die soziales Handeln lediglich beschreibend und nicht bewertend zur Kenntnis zu nehmen hat. Das Vokabular seiner soziologischen Kategorienlehre entwickelt er entsprechend freistehend mittels wissenschaftlicher Definitionen noch vor jeder Auseinandersetzung mit der gesellschaftlichen Wirklichkeit. Anders verhält es sich mit der Sozialphilosophie der Gründerväter: Ihre Begriffsbildungen gehen der Untersuchung der gesell-

[2] Zu dieser Moral/Ethik-Unterscheidung vgl. Jürgen Habermas, »Vom pragmatischen, ethischen und moralischen Gebrauch der praktischen Vernunft«, in: ders., *Erläuterungen zur Diskursethik*, Frankfurt am Main 1991, 100–118.

[3] Es muss an dieser Stelle festgehalten werden, dass keiner der drei Autoren für diese Wissenschaft den Begriff der Sozialphilosophie in Anspruch genommen hat. Zum ersten Mal taucht dieser vielmehr 1843 bei Moses Hess als Beschreibung der Theorie der französischen Sozialisten (Baboeuf, Saint-Simon, Fourier) auf. Die systematische Einführung des Begriffs fällt dagegen in die 1890er Jahre, in denen Denker wie Georg Simmel oder Rudolf Stammler den Begriff der Sozialphilosophie für sich reklamieren. In Frage gestellt wird von ihnen dabei nicht nur die normative Orientierung der Sozialphilosophie (Simmel), sondern auch deren ethische Orientierung (Stammler). Sach- und Begriffsgeschichte der Sozialphilosophie fallen also zunächst einmal auseinander. Vgl. Kurt Röttgers, *Kategorien der Sozialphilosophie,* Magdeburg: Scriptum 2002.

schaftlichen Wirklichkeit nicht voraus, sondern werden in Auseinandersetzung mit gesellschaftlichen Problemlagen gewonnen. Die Analyse sozialer Phänomene selbst ist es hier, welche aus sich heraus die Grundbegriffe der jeweiligen Theorien hervorbringt. Das hat zur Folge, dass Analyse und Kritik bei diesen Autoren nicht zu trennen sind. Begriffe wie Geltungssucht, Entzweiung oder Entfremdung nehmen von vornherein bewertend Stellung zur gesellschaftlichen Wirklichkeit und machen deutlich, dass die Sozialphilosophie ihrer Entstehungsgeschichte nach ein kritisches Geschäft ist.

Die Analyse sozialer Pathologien

Die kritische Ausrichtung der Sozialphilosophie hat Axel Honneth dazu bewogen, diese in einem prominenten Aufsatz als diejenige Wissenschaft zu definieren, welche die Analyse von »sozialen Pathologien« zur Aufgabe hat.[4] Als Pathologien fasst er dabei all jene Formen sozialen Leidens, die systematische gesellschaftliche Ursachen haben. Nicht die moralischen Verfehlungen Einzelner stehen damit im Vordergrund sozialphilosophischer Analyse, sondern übergreifende soziale Zusammenhänge, welche systematisch soziales Leiden hervorbringen. So fokussiert beispielsweise die Analyse des Kapitalismus nicht auf das Ausbeutungsgebaren einzelner kapitalistischer Akteure, sondern auf die Prinzipien der Arbeitsteilung und des marktvermittelten Tausches. Gleichzeitig werden die Leidenserfahrungen, die von ökonomischen Akteuren gemacht werden, vor dem übergreifenden Zusammenhang individueller Selbstverwirklichung thematisiert. Nicht nur Fragen der Gerechtigkeit (gleicher Lohn für gleiche Arbeit), sondern auch Fragen nach einer sinnerfüllten Tätigkeitsgestaltung werden so zum Gegenstand. In den Mittelpunkt des sozialphilosophischen Denkens geraten damit die gesellschaftlichen Bedingungen individueller Selbstverwirklichung und die Frage danach, wie eine gesellschaftliche Ordnung gestaltet sein muss, die gelingende Selbst-, Fremd- und Weltverhältnisse ermöglicht. Wie jedoch lässt sich diese Frage beantworten? Woher weiß die Sozialphilosophie, unter welchen Bedingungen ein gutes Leben möglich ist? Woher bezieht sie ihre normativen Maßstäbe? Gerade vor dem Hintergrund solcher Fragen scheint die Rede von ›sozialen Pathologien‹ eine problematische Kehrseite zu be-

[4] Axel Honneth, »Pathologien des Sozialen« (1994), in: *Das Andere der Gerechtigkeit. Aufsätze zur praktischen Philosophie,* Frankfurt am Main: Suhrkamp 2000, 11–87.

sitzen, impliziert die organische Metapher doch, dass der Gesellschaftskörper nicht nur ›krank‹, sondern umgekehrt auch ›gesund‹ sein kann. Wie schnell ein solches Vokabular auf Abwege führen kann, zeigt sich überall dort, wo in totalitären Regimen Individuen als Außenseiter imaginiert werden, die die Gesellschaft zu ›infizieren‹ drohen. Um nicht für derartige Fehlaneignungen offen zu sein, sollte eine jede Sozialphilosophie dazu in der Lage sein, den Ort ihrer Kritik und damit ihre normativen Maßstäbe klar auszuweisen.

Normative Maßstäbe der Kritik

Die Fragen nach den normativen Maßstäben der Sozialphilosophie führt uns zu unterschiedlichen Formen der Gesellschaftskritik. Drei unterschiedliche Kritikformen lassen sich dabei unterscheiden: externe, interne und immanente Kritik.[5] Extern wird Kritik genannt, die ihre Maßstäbe von außen an den Gegenstand heranträgt. Der Blick von einem jenseits der Verhältnisse bestehenden Standpunkt erlaubt es dabei, die Verhältnisse als Ganzes zu problematisieren und in Frage zu stellen. Eben aufgrund dieses transzendierenden Charakters besitzt externe Kritik zumeist einen transformativen, das Bestehende sprengenden Zug. Gleichzeitig jedoch geht mit dem Ausgang von externen Maßstäben die Gefahr einher, dem Gegenstand der Kritik nicht gerecht zu werden, da sie ihn einem Raster unterwirft, welches auf die vorgefundene Situation nicht passt. Die kolonialisierenden Effekte dieser Form der Kritik sind insbesondere in der Debatte um Postkolonialismus immer wieder hervorgehoben worden. Interne Kritik orientiert sich dagegen an den einer Gesellschaft selbst innewohnenden Maßstäben. Sie geht davon aus, dass die Ressourcen für die Kritik einer bestehenden Situation nicht erst von außen herbeigeschafft werden müssen, sondern der Situation selbst entnommen werden können. Wird in einer Lebensform beispielsweise der Wert der Solidarität hochgehalten, in den mit ihr verbundenen Praktiken jedoch systematisch durch Ausgrenzung unterlaufen, vermag sich die Kritik des Bestehenden auf die bereits vorhandenen Werte zu stützen. Interne Kritik zielt daher in gewisser Weise darauf, Selbstwidersprüchlichkeiten freizulegen und zur systematischen Kohärenz einer Lebensform beizutragen. Gleichwohl sind

[5] Zu diesen drei Formen der Kritik vgl. Rahel Jaeggi, *Kritik von Lebensformen*, Berlin: Suhrkamp 2014, Teil 3. Eine noch feingliedrigere Ausdifferenzierung von Kritikformen findet sich bei Arnd Pollmann, *Integrität. Aufnahme einer sozialphilosophischen Personalie*, Bielefeld: transcript 2005, Kap. 1.

die Potentiale interner Kritik beschränkt, als mit ihr lediglich die Nicht-Realisierung bereits vorhandener Maßstäbe eingeklagt, jedoch keine den Kontext transzendierende Kritik vorgenommen werden kann. Interne Kritik scheint daher für emanzipatorische Bewegungen nur in beschränktem Maße brauchbar, insofern diese oftmals auf eine Revolutionierung und nicht bloß auf eine Verbesserung der bestehenden Verhältnisse zielen.

Immanente Kritik

Externe und interne Kritik sind also in ihrer Leistungsfähigkeit beide beschränkt. Vermag die eine nur schwer Anschluss an die Lebenswirklichkeit der sozialen Akteure zu finden, ist die kritische Reichweite der anderen begrenzt. Beide Defizite lassen sich nun im Modus der immanenten Kritik aufheben. Deren Verlaufsform lässt sich in drei Schritten deutlich machen. Ebenso wie interne Kritik geht immanente Kritik erstens davon aus, dass die Maßstäbe der Kritik den bestehenden gesellschaftlichen Kontexten selbst entnommen werden müssen. Im Gegensatz zu jener will sie jedoch zeigen, dass viele der grundlegenden Normen, die das Selbstverständnis einer Gesellschaft bestimmen, nicht artikuliert vorliegen, sondern vielmehr erst expliziert werden müssen. Aufgabe der Sozialphilosophie ist es daher, die in sozialen Praktiken und Institutionen eingelagerten Normen, die sich hinter den Rücken der Individuen vollziehen, herauszuarbeiten. Zweitens folgt immanente Kritik der Idee, dass soziales Leiden durch miteinander im Widerstreit liegende Normen hervorgebracht wird. Soziale Krisen werden damit nicht als Resultat der mangelhaften Verwirklichung von Normen verstanden, sondern als Resultat konfligierender Anforderungen der sozialen Wirklichkeit selbst. Drittens schließlich geht es immanenter Kritik darum, neue und bessere gesellschaftliche Normen zu etablieren. Diese sollen aber nicht gleichsam im luftleeren Raum der akademischen Theoriebildung frei erfunden werden, sondern aus dem Scheitern der alten Normen erwachsen. Emanzipative Transformationen kommen entsprechend nicht durch Dezision in die Welt, sondern durch Lernprozesse, die aus dem Scheitern der bestehenden Verhältnisse resultieren. Mittels dieser drei Schritte vermag immanente Kritik also sowohl an das Selbstverständnis sozialer Akteure anzuknüpfen als auch Normen zu formulieren, die über das Bestehende hinausweisen.

Anwendungsformen der Kritik

Alle drei der eben skizzierten Kritikformen finden sich nun bereits bei den Gründervätern der Sozialphilosophie: Wenn Rousseau die Dekadenz der Gesellschaft seiner Gegenwart herausstellt, dann tut er dies mittels eines gesellschaftlichen Urzustandes, der ein Gegenbild zum Bestehenden bildet. Auch wenn Rousseau freilich darauf hinweist, dass es ihm mit seiner Gesellschaftskritik nicht darum geht, zu diesem Zustand zurückzukehren, nutzt er den Urzustand doch als Maßstab einer Kritik, die unabhängig von den Selbstverständnissen der sozialen Akteure ist. Eben aufgrund dieses Verfahrens kann Rousseau als ein Vertreter der externen Kritik gelten. Anders verhält es sich mit Marx und Hegel. Diese greifen in ihrem Arbeiten sowohl auf die Methode der internen als auch der immanenten Kritik zurück. Wenn etwa Marx davon spricht, dass man die versteinerten Verhältnisse dadurch zum Tanzen bringt, dass man ihnen »ihre eigene Melodie vorsingt«,[6] dann will er damit sagen, dass die Kritik der bürgerlichen Gesellschaft sich auf deren eigene Maßstäbe beziehen kann. So stimmen für ihn die bürgerlichen Werte der Freiheit und der Gleichheit nicht mit der Praxis der Lohnarbeit und der Ausbeutung überein, so dass Ideal und Wirklichkeit der bürgerlichen Gesellschaft im Widerspruch stehen. In eine ähnliche Richtung argumentiert Hegel, wenn er zu zeigen versucht, dass der marktvermittelte Tausch im Zuge der allgemeinen Vergrößerung des Reichtums auch systematisch Armut produziert. Gleichwohl geben sich weder Marx noch Hegel allein mit einer internen Kritik zufrieden. Immanenten Charakter bekommt ihre Kritik dort, wo sie zeigen, dass das atomistische Selbstverständnis moderner Individuen in Widerspruch zu jenen Interdependenzen steht, welche dem marktvermittelten Tausch zugrunde liegen, diese ein solches Selbstverständnis aber gerade hervorbringen. Im Kapitalismus stehen für Marx daher die Selbstdeutung und die Lebensrealität der Akteure in einem notwendigen Widerspruch. Dieser lässt sich für ihn nur durch die Aufhebung der kapitalistischen und die Verwirklichung einer menschlichen Produktionsweise auflösen.

---

[6] Marx, Karl, *Zur Kritik der Hegelschen Rechtsphilosophie. Einleitung*, in; *Marx-Engels Werke* Bd. 1, Berlin: Dietz 1981, 38.

Kritische Theorie und Sozialphänomenologie

Ausgehend von der Methode der immanenten Kritik lassen sich zwei der zentralen sozialphilosophischen Denkströmungen des 20. Jahrhunderts unterscheiden: auf der einen Seite die Kritische Theorie der Frankfurter Schule, die das Projekt der immanenten Kritik weiterverfolgt – prominente Vertreter sind dabei Max Horkheimer, Theodor W. Adorno, Jürgen Habermas und Axel Honneth –; und auf der anderen Seite die Sozialphänomenologie, die im Anschluss an Edmund Husserl vor allem in Frankreich weiterentwickelt wurde und für die exemplarisch Denker wie Jean-Paul Sartre, Maurice Merleau-Ponty, Emmanuel Levinas oder auch Jacques Derrida stehen. Der Unterschied zwischen beiden Denktraditionen lässt sich an den oben genannten Merkmalen immanenter Kritik festmachen: Wo die Tradition der Kritischen Theorie davon ausgeht, dass die eine Gesellschaft anleitenden Normen den bestehenden institutionellen Verhältnissen selbst entnommen werden müssen, will die Sozialphänomenologie zeigen, dass sich die grundlegenden Normen des sozialen Zusammenlebens ausgehend von einer Analyse der Grundstrukturen unsere Existenz ableiten lassen. Im Anschluss an eine terminologische Unterscheidung Martin Heideggers können wir diesen Unterschied dahingehend zuspitzen, dass die Kritische Theorie *existenzielle* Krisen in den Blick nimmt, die den Bereich des Seienden betreffen, während sich die Sozialphänomenologie *existenzialen* Spannungen zuwendet, die sich auf das Sein des Seienden beziehen. Hat das eine Forschungsprogramm seine Stärken daher in der historischen Zeitdiagnose, vermag das andere die Kontinuität persistierender Grundkonflikte im menschlichen Dasein zu explizieren. Diese unterschiedliche Ausrichtung hat schließlich auch Folgen für das letzte Merkmal immanenter Kritik: Emanzipation wird in der Tradition der Frankfurter Schule (mit Ausnahme von Adorno und Horkheimer) als ein teleologischer Fortschrittsprozess verstanden, in welchem es zu einer immer weiter ausgreifenden Entfaltung von Rationalitätspotentialen kommt. In der Tradition der Sozialphänomenologie wird dagegen nachzuweisen versucht, dass die Vorstellung einer umfassenden Form der gesellschaftlichen Emanzipation eine Illusion ist, da sich soziale Verhältnisse grundsätzlich durch Unverfügbarkeiten, Asymmetrien und Konflikte auszeichnen. Vor allem dieser letzte Punkt hat dazu geführt, dass es zwischen den beiden Denktraditionen immer wieder zu Missverständnissen, Fehldeutungen und Polemiken gekommen ist – am bekanntesten wohl der

Streit über die so genannte Postmoderne.[7] Wurde den einen hier vorgeworfen, an einem naiven Fortschrittsoptimismus festzuhalten, hielt man den anderen entgegen, die Bewertung gesellschaftlicher Transformationsprozesse der Beliebigkeit preiszugeben. An die Stelle solcher Polemiken sind heute sachlichere Auseinandersetzungen getreten, in denen sich zeigt, dass zwischen beiden Denktraditionen vielfache Überschneidungen bestehen und einzelne Argumente sich wechselseitig stützen und komplementär zusammenfügen lassen.[8] Freilich lassen sich nicht alle bedeutenden sozialphilosophischen Ansätze mit Hilfe der Gegenüberstellung von Kritischer Theorie und Sozialphänomenologie fassen. Viele weitere wichtige Autor_innen der Sozialphilosophie wie Michel Foucault, Pierre Bourdieu, Judith Butler oder Iris Marion Young haben jeweils ihre eigenen Kritik-Methoden entwickelt – teilweise sogar in expliziter Abgrenzung zu den zwei genannten Strängen. Gleichwohl wird daran nur deutlich, wie stilprägend die Entgegensetzung von Kritischer Theorie und Sozialphänomenologie für das kritische Denken des 20. Jahrhundert war und es auch heute weiterhin ist.

Das ›Wir‹ des Sozialen

Die hier vorgelegte Einführung folgt der Idee, dass das kritische Geschäft der Sozialphilosophie mit der Auskunft darüber beginnen muss, was wir uns unter ›dem Sozialen‹ überhaupt vorzustellen haben. Das ›Wir‹ des Sozialen kann nicht einfach selbstverständlich vorausgesetzt werden, sondern bedarf der Explikation. Unsere erste Frage muss daher lauten: »Wer sind ›wir‹?« Um diese Frage zu beantworten, könnte man zunächst versuchen, die einfachere Frage »Wer bin Ich?« zu beantworten. Wenn nämlich expliziert werden kann, wer Ich jeweils bin und was mich in meinem Handeln antreibt, dann scheint man problemlos vom Ich auf

[7] Exemplarisch lässt sich dieser Streit an der so genannten Habermas-Lyotard-Debatte festmachen. Einschlägig sind hierfür die Beiträge von Jürgen Habermas, »Die Moderne – ein unvollendetes Projekt.«, Rede anlässlich der Verleihung des Adorno-Preises (1980), in: ders., *Kleine Politische Schriften,* Frankfurt a.M.: Suhrkamp 1981, 444–464; und Jean-François Lyotard, »Beantwortung der Frage: Was ist postmodern?«, in: Peter Engelmann (Hg.), *Postmoderne und Dekonstruktion. Texte französischer Philosophen der Gegenwart,* Stuttgart: Reclam 1990, 33–48. Eine Rekonstruktion der Debatte liefert Richard Rorty, »Habermas and Lyotard on Post-Modernity«, in: *Praxis International* 4(1), 1984, 32–44.

[8] Vgl. Wolfgang Welsch, *Unsere postmoderne Moderne,* Weinheim: De Gruyter 1997.

das Wir verallgemeinern zu können. Das Problem dieser Herangehensweise wäre jedoch, dass sie das Wir des Sozialen damit auf eine bloße Ansammlung von Ichs reduziert und die Beziehung zu Anderen völlig ignoriert hätte. Schon Rimbauds berühmte Formulierung »Ich ist ein Anderer« legt uns jedoch nahe, dass die soziale Beziehung zu Anderen wesentlich für unsere Selbstdeutung ist. Entsprechend muss danach gefragt werden, wer das *Ich* für das *Du* ist und umgekehrt, was das *Du* für das *Ich* bedeutet. Das Soziale lässt sich demgemäß nicht mehr substantiell von einer Untersuchung des Ich, sondern nur relational, von seiner Beziehung zu Anderen her verstehen. Aber auch hier dürfen wir nicht stehenbleiben: Schon unsere Sprache lehrt uns ja, neben der ersten und zweiten Person noch eine dritte Person zu unterscheiden. Und diese Unterscheidung hat einen guten Grund: Die Beziehung zu einem weiteren Anderen ist nicht einfach die Beziehung zu einem zweiten Anderen, sondern vielmehr zu einem Dritten, mit dem sich die duale Beziehung ihrerseits noch einmal grundlegend verändert. Die Relationalität von Ich und Anderem wird hier nämlich nicht einfach verdoppelt, sondern vielmehr ihrerseits selbst wieder relativiert. Wer Ich und Du füreinander sind und sein können, ist abhängig von den durch Dritte geschaffenen sozialen Bedingungen unserer Begegnung. Der Dritte, egal ob personell, materiell oder institutionell gefasst, stellt das Milieu bereit, in welchem Ich und Du sich allererst begegnen.

Konzeption und Aufbau

Verstehen wir Ich, Anderen und Dritten demnach als die wesentlichen Figuren des Sozialen, dann sollte es das Ziel einer Einführung in die Sozialphilosophie sein, deren Beziehungen freizulegen. In diesem Sinne folgt die vorgelegte Einführung methodisch dem Vorgehen einer relationalen Sozialontologie. Die Frage danach, was das Soziale ist, will sie dadurch beantworten, dass sie die grundlegenden Relationen zwischen den sozialen Akteuren freilegt und so deutlich macht, dass unsere Selbst-, Fremd- und Weltverhältnisse immer schon in das Gewebe des Sozialen eingebunden sind. In den drei folgenden Hauptkapiteln zu den Grundfiguren des Sozialen werden dabei jeweils drei philosophische Konzepte anhand von einschlägigen Primärautoren vorgestellt. Die vorgelegte Einführung ist damit nicht in erster Linie themenzentriert oder problemorientiert angelegt, sondern strukturell konzipiert: Sie gibt einen Überblick über die wichtigsten Knotenpunkte und Beziehungen im Netz des Sozialen, deren Erörterung sie mit einer systematischen Vorstellung wichtiger Primärautoren verbindet.[9] Das Ziel dieser Einführung ist entsprechend ein dreifaches: Ihre Leser_innen sollen eine Vorstellung von den *Grundfiguren*, den *Grundbegriffen* und den *Grundlagenautoren* der Sozialphilosophie erhalten.

Weite Teile des Manuskripts des vorliegenden Buches gehen auf einen im Rahmen meiner Lehrtätigkeit verfassten Studienbrief an der FernUniversität in Hagen zurück. Der FernUniversität möchte ich für die Erlaubnis danken, dieses Material hier wiederzuverwenden. Gedankt sei auch den Studierenden aus meinen Seminaren zur Sozialphilosophie, deren Fragen und Anregungen mit in den vorliegenden Text eingegangen sind. Meine Darstellung nachhaltig geprägt haben meine Diskussionen mit Thomas Bedorf, bei dem ich mich für seine fortwährende Unterstützung bedanken möchte. Mein Dank gilt außerdem Sarah Kissler und Felix Schneider für zahlreiche Korrekturen und Kommentare, die dabei geholfen haben, den Text in seine abschließende Gestalt zu bringen.

Empfohlene Literatur zum Weiterlesen:

Bedorf, Thomas, *Andere. Eine Einführung in die Sozialphilosophie,* Bielefeld: transcript 2011.

Gamm, Gerhard, Andreas Hetzel, Markus Lilienthal, *Interpretationen: Hauptwerke der Sozialphilosophie,* Stuttgart: Reclam 2001.

Gosepath, Stefan, Wilfried Hinsch und Beate Rösler (Hg.), *Handbuch der Politischen Philosophie und Sozialphilosophie,* Berlin: de Gruyter 2008.

Honneth, Axel, »Pathologien des Sozialen« (1994), in: *Das Andere der Gerechtigkeit. Aufsätze zur praktischen Philosophie,* Frankfurt am Main: Suhrkamp 2000, 11–87.

Jaeggi Rahel und Robin Celikates, *Sozialphilosophie,* München: Beck 2017.

Röttgers, Kurt, *Kategorien der Sozialphilosophie,* Magdeburg: Scriptum 2002.

9 Eine themenorientierte Einführung in die Sozialphilosophie bieten die in »Empfohlene Literatur zum Weiterlesen« genannten Arbeiten von Axel Honneth und Thomas Bedorf; problemorientiert dagegen verfahren die Monographien von Kurt Röttgers und Rahel Jaeggi/Robin Celikates.

Ich

1. Bewusstsein (Sartre)

Sartre als engagierter Intellektueller

Jean-Paul Sartre (1905–1980) ist eine der intellektuellen Schlüsselfiguren des 20. Jahrhunderts. Das liegt nicht nur daran, dass er mit dem Existenzialismus eine prominente philosophische Denkströmung geprägt hat, sondern zugleich auch daran, dass er erfolgreich als Schriftsteller und öffentlicher Intellektueller gewirkt hat. Das ist nicht zuletzt seiner Überzeugung geschuldet, dass sich die Philosophie nicht im Elfenbeinturm einschließen darf, sondern in die Welt hinausgehen und sich dort politisch engagieren muss.[1] Entscheidend für die Entwicklung dieser Überzeugung waren für Sartre wie für viele seiner Zeitgenossen die Erfahrungen des Zweiten Weltkrieges und die damit einhergehende Auseinandersetzung mit Nationalsozialismus und Antisemitismus. In seiner Zeit als Soldat und Kriegsgefangener setzt sich Sartre in seinen Tagebüchern ausführlich mit der Verantwortung auseinander, die dem Einzelnen angesichts des Totalitarismus zukommt.[2] Als Folge davon gründet er 1941 nach seiner Freilassung aus der Kriegsgefangenschaft in Paris gemeinsam mit Simone de Beauvoir und Maurice Merleau-Ponty eine Widerstandsbewegung mit dem Namen »Socialisme et Liberté«. Nach dem Ende der Kriegshandlungen führt Sartre sein politisches Engagement dann mit anderen Mitteln fort: Nicht nur gründet er 1946 die Zeitschrift *Les Temps Modernes,* in welcher er in der Folge regelmäßig publizieren und unter anderem sein Konzept der engagierten Literatur entwickeln wird, sondern er versucht auch, fortwährend durch Interviews, politische Stellungnahmen und der Teilnahme an Protestmärschen an der Gestaltung der öffentlichen Meinung mitzuwirken. Diesen unterschied-

---

[1] Zur Biographie Sartres vgl. Bernhard-Henri Lévy, *Sartre. Der Philosoph des 20. Jahrhunderts,* München: dtv 2002.

[2] Vgl. Jean-Paul Sartre, *Tagebücher. Les carnets de la drôle de guerre.* September 1939 – März 1940, Reinbek: Rowohlt 1996.

lichen Formen des Engagements liegt eine theoretische Haltung zugrunde, die Sartre erstmals 1943 in seinem philosophischen Hauptwerk *Das Sein und das Nichts* entwickelt hat. Im Gegensatz zum Marxismus, der die intellektuelle Landschaft Frankreichs in den 1940er und 50er Jahren dominiert, und in Opposition zum sich allmählich formierenden Strukturalismus, entwickelt Sartre hier eine Philosophie, welche statt überpersönlicher Strukturen die Existenz des Einzelnen in den Mittelpunkt stellt. Wie kaum ein anderer Denker betont er dabei die Freiheit und die Verantwortung des Einzelnen: Der Mensch, so lautet die Botschaft seiner Philosophie in Kurzform, ist den Mächten des Schicksals nicht ausgeliefert, sondern er macht sein eigenes Schicksal – und es ist eben diese Botschaft, deren Verbreitung die Aufgabe des engagierten Intellektuellen ist.

Der Mensch ist zur Freiheit verurteilt

Weithin der Öffentlichkeit bekannt geworden ist Sartres Philosophie durch das 1945 veröffentliche Essay »Der Existenzialismus ist ein Humanismus«.[3] All denjenigen, welche sich die Lektüre seines über tausend Seiten umfassenden Hauptwerkes *Das Sein und das Nichts,* das zwei Jahre zuvor erschienen war, ersparen wollten, bot Sartre hier eine Zusammenfassung seiner philosophischen Position an. Das Zentrum des Essays bilden dabei jene beiden Aussagen, die wohl auch heute noch als die bekanntesten Charakterisierungen des Existenzialismus gelten können: »Der Mensch ist zur Freiheit verurteilt« und »Die Existenz geht der Essenz voraus«[4]. Wenden wir uns diesen beiden Formeln etwas genauer zu: Die Aussage, dass der Mensch zur Freiheit verurteilt ist, will zunächst einmal zum Ausdruck bringen, dass die menschliche Freiheit radikal ist. Gemeint ist damit, dass die Freiheit keine akzidentielle Eigenschaft des Menschen ist, die unter Umständen auch verloren gehen kann – etwa in der Sklaverei –, sondern vielmehr, dass sie den unhintergehbaren Kern der menschlichen Existenz ausmacht. Freiheit und Existenz, so Sartre, sind so eng miteinander verbunden, dass sie selbst in Situationen der äußersten Unterwerfung nicht auseinanderfallen. Selbst der Sklave, so Sartre, ist nämlich frei darin, wie er sich zu seinem Sklave-sein verhält. Er kann es hinnehmen, es ablehnen oder dagegen aufbegehren, kurz: Er kann eine Haltung zu der Situation, in

[3] Jean-Paul Sartre, »Der Existenzialismus ist ein Humanismus«, in: *Gesammelte Werke* Bd. 4, Reinbek bei Hamburg: Rowohlt, 1994, 117–155.

[4] Sartre, »Der Existenzialismus ist ein Humanismus«, a. a. O., 125 und 120.

der er sich befindet, einnehmen. Deutlich wird damit, dass Sartres Begriff der Freiheit keine praktische Freiheit, sondern eine *ontologische Freiheit* meint. Der Umfang der Freiheit eines Subjekts bemisst sich damit nicht an seinen Handlungsmöglichkeiten, sondern an der Frage, wie es dazu in der Lage ist, sich zu einer gegebenen Situation in ein Verhältnis zu setzen. »Frei sein heißt nicht, tun können, was man will, sondern wollen, was man kann.«[5]

Die Existenz geht der Essenz voraus

Ausgehend von diesem Begriff der ontologischen Freiheit lässt sich nun auch die zweite Formel erschließen, die Sartre zur Kennzeichnung des Existenzialismus verwendet: »Die Existenz geht der Essenz voraus.« Sartre entwickelt die Pointe dieser Aussage entlang des folgenden Bildes: Die Erschaffung eines Gebäudes setzt einen Bauplan voraus, in welchem das Objekt, das geschaffen werden soll, bereits vorgezeichnet ist. Der Bauplan kann daher als die eigentliche Essenz des Hauses gelten. Diese Essenz wird dann durch den Handwerker zur Existenz gebracht. In diesem Bild stellt die Existenz immer mehr oder weniger eine Verfallsform der Essenz dar: Das tatsächlich gebaute Haus wird nie so perfekt, so gerade und so akkurat sein, wie das entworfene Haus. In diesem Sinn geht beim Hausbau nicht nur die Essenz der Existenz voraus, sondern zugleich auch stellt die Essenz den primären und idealen, die Existenz den sekundären und nicht-idealen Zustand dar. Sartres Existenzialismus hält nun daran fest, dass beim Menschen – und nur beim Menschen – die Existenz der Essenz vorausgeht. Das bedeutet, dass es keinen dem Menschsein zugrunde liegenden Bauplan gibt, den wir in unserem Tun ähnlich wie der Handwerker zu realisieren hätten, sondern wir vielmehr umgekehrt durch unser Tun unseren Bauplan quasi allererst entwerfen. Indem wir handeln, erschaffen wir Stück für Stück die Umrisse unseres Charakters. Bei diesem Prozess, so Sartre, sind wir ganz auf uns allein gestellt, es gibt keine Blaupause an der wir uns orientieren können, sondern wir haben jeweils selbst zu entscheiden, wer wir sein wollen. Entsprechend kann Sartre festhalten: »Der Mensch, wie ihn der Existenzialismus definiert, ist nicht definierbar, weil er zunächst nichts ist [...] [D]er Mensch ist nichts anderes als das, wozu er sich macht.«[6]

---

[5] Jean-Paul Sartre, »Die cartesianische Freiheit«, in: *Gesammelte Werke* Bd. 4, Reinbek bei Hamburg: Rowohlt, 1994, 99–116, hier: 128.

[6] Sartre, »Der Existenzialismus ist ein Humanismus«, a. a. O., 120.

Philosophische Grundlagen

Die Auslegung der beiden bisher genannten Formeln (»Der Mensch ist zur Freiheit verurteilt« und »Die Existenz geht der Essenz voraus«) bringt das politische Programm des Existenzialismus auf den Punkt: Einerseits geht es darum, den Menschen ihre Ohnmacht zu nehmen, indem man ihnen ihre Freiheit vor Augen führt, und andererseits darum, sie von den trügerischen Ketten ihrer Abhängigkeit zu befreien, indem man sie zu Herren ihres eigenen Schicksals macht. Sartre hat diese mit den zwei Grundformeln des Existenzialismus verbundene Darstellung seines Anliegens wiederholt bedauert, da sie schnell zu Missverständnissen geführt hat: Nicht nur wurde sein radikaler Freiheitsbegriff immer wieder so gedeutet, als wolle er jegliche Handlungsbeschränkung leugnen, sondern auch wurde ihm vorgeworfen, der menschlichen Existenz ihren Grund zu nehmen und damit das menschlichen Leben sinn- und richtungslos zu machen. Um die Haltlosigkeit dieser Einwände deutlich zu machen, ist es notwendig, sich Sartres Denken im Detail zuzuwenden. Dafür widmen wir uns im nächsten Schritt den philosophiegeschichtlichen Ursprüngen des Existenzialismus. Zwei Bezugsautoren sind hier zentral: René Descartes auf der einen und Edmund Husserl auf der anderen Seite.

Descartes und die ontologische Freiheit

Sartre hat seine Arbeiten wiederholt in die Tradition der Subjektphilosophie von René Descartes (1596–1650) gestellt – etwa wenn er festhält: »Eine Untersuchung der menschlichen-Realität [sic!] muss beim Cogito beginnen.«[7] Descartes hat in seinen *Meditationen über die erste Philosophie* im Ausgang von seinem berühmten Zweifelsexperiment, mit welchem er all sein Wissen von sich und der Außenwelt grundsätzlich in Frage stellt, das Bewusstsein als Ankerpunkt unserer Existenz erwiesen, welcher nicht noch einmal sinnvoll angezweifelt werden kann, da wir uns in dem Moment, in dem wir zweifeln, doch dessen bewusst sind, dass wir zweifeln. Das Ergebnis seines Zweifels-Experiments wird seitdem mit der Kurzformel »Ich denke, also bin ich« *(cogito ergo sum)* wiedergegeben. Sartre argumentiert nun in seinem einschlägigen Aufsatz »Die cartesianische Freiheit«, dass Descartes, ohne sich darüber vollständig im Klaren gewesen zu sein,

[7] Jean-Paul Sartre, *Das Sein und das Nichts. Versuch einer phänomenologischen Ontologie*, in: *Gesammelte Werke* Bd. 3, Reinbek bei Hamburg: Rowohlt 1994, 181. Alle weiteren Zitate in Klammern in diesem Kapitel beziehen sich auf diese Ausgabe.

mit seinem radikalen Zweifel bereits die ontologische Freiheit des Menschen entdeckt habe.[8] Am Zweifelsexperiment zeige sich nämlich, dass das Bewusstsein jene Macht ist, für die die Dinge immer auch schon anders liegen könnten. Das Bewusstsein ist die Macht der Negation. Es vermag jeden Gegenstand mit einem Fragezeichen zu versehen und ihn in einen neuen Kontext zu stellen. Statt jedoch diese Möglichkeit des Zweifels als das Wesen des Bewusstseins zu erkennen, hat Descartes es als »denkende Substanz« *(res cogitans)* in Opposition zur »ausgedehnten Substanz« *(res extensa)* beschrieben. Aber damit kapselt er das Bewusstsein nicht nur von der Welt ab und schließt es in sich ein, sondern er versteht es zugleich auch als eine Art Stoff – Sartre nennt dies an anderer Stelle auch den »Irrtum des Substanzialismus« (163). Das Wesen des Bewusstseins, so Sartre, ist jedoch nicht ein *Etwas* (eine Substanz), sondern vielmehr das *Nichts* – eben jenes Nichts nämlich, durch welches es die ihm gegebenen Gegenstände in ihrer Faktizität zu negieren und auf seine eigenen Möglichkeiten hin zu überschreiten vermag. Wir werden diesen Gedanken gleich weiterverfolgen. Zunächst gilt es aber festzuhalten: Auch wenn Descartes mit seinem Anfang beim Cogito für Sartre prinzipiell den richtigen philosophischen Ansatzpunkt gewählt hat, so hat er aus ihm doch die falschen Schlüsse gezogen, weshalb an seine Philosophie nur angeschlossen werden kann, wenn diese einer Revision unterzogen wird. Eine solche Revision findet Sartre in der Phänomenologie Husserls.

Husserl und die Phänomenologie

Edmund Husserl (1859–1938) hat die von ihm entwickelte Methode der Phänomenologie in seinen 1929 an der Sorbonne in Paris gehaltenen Vorträgen – die später unter dem Titel »Cartesianische Meditationen« erscheinen sollten – in die Tradition des Cartesianismus gestellt.[9] Sartre hat diese Vorträge zwar nicht gehört, ist aber der Legende nach kurze Zeit später durch seinen Freund Raymond Aron bei einem Glas Bier mit der Phänomenologie bekannt gemacht worden. Sartre schildert dies wiederholt als ein Erweckungserlebnis: Einerseits erlaubt es die Phänomenologie nämlich, über die Dinge des alltäglichen Lebens (wie etwa

8 Sartre, »Die cartesianische Freiheit«, a. a. O.

9 Etwa wenn er die Phänomenologie als einen »neuen Cartesianismus« beschreibt. Vgl. Edmund Husserl, »Pariser Vorträge«, in: *Husserliana,* Bd. 1, Den Haag, Nijhoff 1973, 3.

ein Glas Bier) zu philosophieren, andererseits bietet sie einen Ausweg aus der von Descartes hinterlassenen Zwei-Welten-Lehre, in welcher sich denkende und ausgedehnte Substanz unvermittelt gegenüberstehen. Statt sich in Form des Idealismus oder des Realismus für das Primat einer dieser beiden Substanzen entscheiden zu müssen, erlaubt die Phänomenologie einen dritten Weg: Das Diktum Husserls lautet, dass es so etwas wie reines Bewusstsein nicht gibt, da Bewusstsein immer Bewusstsein *von etwas* ist – im Akt der Freude sind wir dem Erfreulichen, im Akt der Liebe dem Geliebten, im Akt des Hasses dem Gehassten zugewendet. Es gibt daher nicht zunächst ein leeres Bewusstsein, das gleich einem Behälter nachträglich Gegenstände in sich aufnimmt, vielmehr sind das Bewusstsein und seine Gegenstände gleichursprünglich. Anders gesagt: Ohne Gegenstände gäbe es kein Bewusstsein. Die Trennung von *res cogitans* und *res extensa*, die Descartes mit seinem Zweifelsexperiment eingeführt hat, wird daher mit Husserls Zugang zum Cogito hinfällig. Für die Phänomenologie Husserls stellt sich also nicht die Frage, wie die Dinge der Außenwelt in das Bewusstsein hineinkommen, weil das Bewusstsein je schon draußen bei den Gegenständen ist. Ihre Aufgabe ist es vielmehr, dem Bewusstsein bei der Arbeit zuzusehen, um so seine grundlegenden Wesensgesetzlichkeiten freilegen zu können. Um das zu leisten, beginnt die Phänomenologie mit der *epoché*, der Einklammerung der so genannten ›natürlichen Einstellung‹. Das hat freilich nicht den Zweck, die natürliche Einstellung zu suspendieren, vielmehr soll sie durch ihre Einklammerung gerade zum Gegenstand der Befragung und der Erklärung gemacht werden. Exemplarisch verdeutlicht Husserl das an der Dingwahrnehmung: Im Alltag gehen wir wie selbstverständlich davon aus, in einer von ganzheitlichen Dingen bevölkerten Welt zu leben. Schauen wir nun aber unserem Bewusstsein bei der Arbeit zu, dann zeigt sich, dass uns die Gegenstände der Welt immer nur in Abschattungen gegeben sind. Wenn wir beispielsweise ein Haus betrachten, sehen wir zunächst nur eine seiner Seiten, ohne seine gegenüberliegende wahrzunehmen. Die ganzheitliche Dingvorstellung, mit der wir in der ›natürlichen Einstellung‹ beständig operieren, ist durch unsere Erfahrung daher gar nicht wirklich verbürgt, sondern einer Syntheseleistung geschuldet, welche uns die anderen Seiten der Dinge gleichsam mitgegenwärtig macht. Diese Syntheseleistung versteht Husserl nun aber nicht wieder als Leistung des Bewusstseins, sondern vielmehr als Leistung eines ›transzendentalen Ich‹, das gleichsam hinter dem Bewusstsein steht und dem die

Aufgabe zufällt, dessen mannigfaltige Eindrücke zu vereinigen. Für die Einführung dieses transzendentalen Ich kritisiert Sartre Husserl in seinem wichtigen Aufsatz »Die Transzendenz des Ego«, den er 1936/37 nach der Rückkehr von einem Studienjahr am *Institut français* in Berlin, das er dem Studium der Phänomenologie gewidmet hat, veröffentlicht. Sartre argumentiert hier zum einen, dass die Einheit des Bewusstseins keines transzendentalen Ichs bedarf, sondern durch die Einheit der Objekte gestiftet wird. Zum anderen argumentiert er, dass das Ich nicht hinter dem Bewusstsein liegt, sondern draußen vor ihm. Das bedeutet jedoch auch, dass das Bewusstsein keinen privilegierten Zugang zu sich hat. Entsprechend hält Sartre fest: »Mein Ich ist dem Bewusstsein nicht sicherer als das von anderen. Es ist nur intimer.«[10]

Für-sich-sein und An-sich-sein

Sartres Überzeugung lautet also, dass wir in der Philosophie zwar beim Cogito beginnen müssen, dabei aber weder bei einer denkenden Substanz noch bei einem transzendentalen Ich ansetzen sollten, sondern beim Bewusstsein selbst. Eben diese Einsicht macht er in seiner berüchtigten Einleitung zu *Das Sein und das Nichts* zum Ausgangspunkt seiner weiteren theoretischen Überlegungen. Berüchtigt ist diese Einleitung dabei vor allem aufgrund ihres schwierigen und voraussetzungsvollen Charakters, welcher den Zugang zu Sartres umfangreichem Werk nicht unbedingt erleichtert, und so manche Lesende bereits nach wenigen Seiten verzweifeln lassen hat. Sartre macht es sich zur Aufgabe, in der Einleitung zu seinem Hauptwerk jene methodische Herangehensweise einer *phänomenologischen Ontologie* zu entwickeln, die der Untertitel des Buches bereits anzeigt. Während es der Phänomenologie bisher zwar gelungen sei, das Phänomen des Seins in den Blick zu nehmen und zu beschreiben, so hat sie darüber hinaus doch ganz das Sein des Phänomens aus den Augen verloren. Fragt man jedoch nach diesem Sein, so stößt man auf zwei transphänomenale Seinsbereiche, die das Sein des Phänomens allererst ermöglichen und die Sartre im Anschluss an die Terminologie Hegels als ›Für-sich-sein‹ und als ›An-sich-sein‹ bezeichnet. Während Sartre das An-sich nun dadurch ausgezeichnet sieht, dass es pure Seinsfülle ist, die das ist, was sie ist, ist die Beschreibung des Für-sich-seins schwieriger, weil

10 Jean-Paul Sartre, »Die Transzendenz des Ego«, in: *Gesammelte Werke*, Bd. 1, Reinbek bei Hamburg: Rowohlt 1994, 39–96, hier: 90.

zunächst gar nicht klar ist, was den ultimativen Grund dieses Für-sich-seins bildet: In der Tradition von Descartes und Husserl, so hatten wir gesehen, war als Grund des Für-sich jeweils ein Bewusstsein hinter dem Bewusstsein angenommen worden, welches das Bewusstsein von sich erst möglich macht. Sartre will nun deutlich machen, dass weder das denkende noch das transzendentale Bewusstsein ein zweites Bewusstsein hinter dem eigentlichen Bewusstsein bilden, da es nur *ein* Bewusstsein gibt: Würde ein Bewusstsein von sich selbst zu haben nämlich bedeuten, sich auf ein reflexives Cogito hinter dem Cogito zurückzuziehen, dann würden wir in einen infiniten Regress geraten, in welchem jederzeit ein neues reflexives Cogito hinter dem jeweils tätigen Cogito auftauchen könnte, das seinerseits beanspruchen könnte, die letztgültige Reflexionsinstanz zu sein. Einem solchen infiniten Regress lässt sich laut Sartre nur entgehen, wenn man das Bewusstsein von sich nicht durch ein weiteres Bewusstsein erklärt, sondern durch die Transluzidität des Bewusstseins. Das soll nichts weiter heißen, als dass sich das präreflexive Cogito durchsichtig ist und daher keine Instanz hinter sich benötigt, um auf sich zu reflektieren. Wenn ich etwa damit beschäftigt bin, die in einer Schachtel verbliebenen Zigaretten zu zählen und mich jemand fragt, »Was tust Du da?«, dann muss ich nicht auf ein zweites Bewusstsein zurückgreifen, um mir zu vergegenwärtigen, was ich gerade tue (die Zigaretten zu addieren), sondern meine Tätigkeit ist mir unmittelbar durchsichtig. Entsprechend hält Sartre fest: »[E]s gibt ein präreflexives Cogito, das die Bedingung des kartesianischen Cogito ist.« (22) Nicht das Selbstbewusstsein gilt Sartre also als Grund des Für-sich-seins, sondern das präreflexive Cogito. Die Frage, mit der er seine weiteren Überlegungen nun beginnt, lautet, wie Für-sich-sein und An-sich-sein aufeinander bezogen sind. Die Antwort auf diese Frage findet sich dabei im Titel von Sartres Werk: Es ist das Nichts, welches Für-sich und An-sich miteinander zu vermitteln vermag.

Das Sein und das Nichts

Auf das Nichts stößt Sartre, indem er sich unserem ›In-der-Welt-sein‹ zuwendet. Der Begriff des In-der-Welt-seins stammt von Martin Heidegger (1889–1976), der seinerseits mit ihm zum Ausdruck bringen wollte, dass wir als Menschen nicht zunächst als kontemplative Wesen existieren, die der Welt gegenüberstehen, sondern als Wesen, die je schon praktisch in der Welt tätig und in ihr engagiert sind – entsprechend ist der Mensch nicht *in* der Welt, wie die Tasse räumlich *im* Schrank ist, sondern er ist praktisch *in* der Welt im Sinne von *in* etwas verstrickt sein. Auch wenn Sartre diesem Ansatz Heideggers prinzipiell folgt, so unterscheidet er sich doch dadurch von ihm, dass er das In-der-Welt-sein im Ausgang vom Cogito erschließen möchte. Wo Heidegger das In-der-Welt-sein als grundlegende Seinsstruktur des Menschen aus fundmentalontologischer Perspektive zu entwickeln versucht hat, will Sartre zeigen, dass dieses Seinsverständnis in unserem präreflexiven Cogito verankert ist. Wie sind nun also Bewusstsein und Welt aufeinander bezogen? Um das deutlich zu machen, führt Sartre folgendes Beispiel an: Ich bin mit Pierre um 16 Uhr im Café verabredet, aber als ich zur gegebenen Zeit am gegebenen Ort bin, ist Pierre nicht da. Dieses *Nicht-da-sein* von Pierre hat nun aber einen besonderen Charakter, insofern es sich mir als eine positive Gegebenheit darstellt: Pierre ist nicht da und dieses Nicht-da-sein steht für mich mitten im Raum – nicht derart, dass Pierre nicht an diesem Tisch auf diesem Stuhl sitzt, vielmehr hebt sich das Nicht-da-sein von Pierre vor dem ganzen Hintergrund des Cafés ab, in dem ich mit Pierre verabredet bin. »Der abwesende Pierre«, so Sartre, *»sucht dieses Café heim«* (61). Die Abwesenheit von Pierre zeigt sich mir also als eine anwesende Abwesenheit – Sartre spricht diesbezüglich auch von einer »Negatität« (78). Da die Negatität von Pierre nun aber selbst kein Sein hat, sondern vielmehr ein Nichts ist, muss sie aus der Beziehung, die Für-sich und An-sich unterhalten, hervorgehen.

Vom Nichts zum Entwurf

Sartre fragt im nächsten Schritt, wie das Nichts in die Welt kommt. Seine Antwort lautet dabei: Das Phänomen des Nichts zeigt uns, dass sich das Bewusstsein durch die Eigenschaft der *Nichtung* auszeichnet, insofern es sich »vom Leim des Seins« (82) lösen und das Sein mit Nicht-Sein affizieren kann. Ein plastisches Beispiel hierfür ist der Halbmond, der erst vor dem Hintergrund der Vorstellung des Vollmonds als Halbmond zu erscheinen vermag. Die Abwesenheit der Rundform am Sternenhimmel ist also die Voraussetzung dafür, dass wir die Sichelform nicht als einfache faktische Gegebenheit hinnehmen, sondern sie als zu- oder abnehmenden Mond identifizieren. Die Überschreitung der Seinsfülle des An-sich auf ein an- oder abwesendes Nichts hin, verweist uns darauf, was Sartre den ›Entwurf‹ des Bewusstseins nennt. Darunter versteht er zunächst die Unternehmungen, in die wir in unserem In-der-Welt-sein stets engagiert sind. Dazu gehört – neben Vorhaben wie einer Verabredung mit Pierre im Café oder dem Betrachten des Mondes – z. B. auch ein Spaziergang durch eine Landschaft. Insofern dieses Vorhaben mit dem Zweck der Entspannung und des Genusses verbunden ist, wird der Spaziergängerin die Landschaft auf ganz andere Weise erscheinen als beispielsweise dem Bauer, dessen Absicht die Bearbeitung und Umformung der Natur ist. So mag die alte Eiche auf dem Acker der einen ein einladendes und willkommenes Plätzchen zum Rasten sein, während sie dem anderen ein ärgerliches Hindernis beim Umpflügen des Ackers ist. Wie sich das Gegebene enthüllt, hängt also jeweils von der Art und Weise ab, wie ein Individuum in der Welt engagiert ist.

Primäre und sekundäre Entwürfe

Entscheidend ist für Sartre nun zweierlei: Zum einen ist es nicht möglich, nicht in ein Projekt engagiert zu sein, da selbst das Nicht-Engagement in der Entspannung oder der Langeweile noch als ein Projekt verstanden werden muss. Das bedeutet aber letztlich, dass unser Bewusstsein immer Entwurfscharakter hat: Die Gegenstände, auf die unser Bewusstsein je schon gerichtet ist, vermögen nicht außerhalb einer bestimmten Vorhabe aufzutauchen. Wir nehmen nicht zunächst den Gegenstand, wie er an sich ist, wahr, um ihn dann in einem zweiten Schritt mit Sinn zu affizieren, vielmehr ist die Welt von Anbeginn an in das Licht jenes Sinns getaucht, den unser jeweiliger Entwurf ihr verleiht. Ein bewusstes Wesen zu sein, bedeutet, ein sich entwerfendes Wesen zu sein. Zum anderen ist es wichtig, dass nicht alle Entwürfe auf der gleichen Ebene liegen. Sartre unterscheidet in seinen Überlegungen daher zwischen primären und sekundären Entwürfen. Während er unter sekundären Entwürfen all jene praktischen Vorhaben fasst, die auf die Realisierung eines bestimmten Zwecks gerichtet sind, fasst er unter primären Entwürfen ein grundlegendes und übergreifendes Verhältnis des Für-sich-seins zum An-sich-sein. Etwas loser gesprochen: dessen Weltanschauung. Machen wir uns das an folgendem Beispiel deutlich.[11] Ein Fremder fragt uns auf der Straße nach der Uhrzeit. Diese Frage verweist uns darauf, dass es für ihn einen bestimmten Zweck hat, die Zeit zu kennen, etwa um rechtzeitig zur Verabredung mit Pierre ins Café zu kommen. Die Frage nach der Uhrzeit verweist so auf einen konkreten praktischen Zweck. Auf den

[11] Ich übernehme dieses Beispiel von Tatjana Schönwälder-Kuntze, *Authentische Freiheit. Zur Begründung einer Ethik nach Sartre*, Frankfurt am Main: Campus 1999, 70 ff.

zweiten Blick kann die Frage jedoch auch auf einen übergreifenden Existenzentwurf des Fragenden verweisen: Er will pünktlich sein, weil die Tugend der Pünktlichkeit unabhängig vom jeweils gerade zu erreichenden Vorhaben für ihn einen Wert darstellt. Die Weltanschauung eines Individuums lässt sich so manchmal ganz einfach aus seinen sekundären Entwürfen ableiten, oftmals mag der primäre Entwurf jedoch nicht derart transparent sein oder gar den sekundären Entwürfen widersprechen. Um solche Konflikte zu lösen und den primären Entwurf freizulegen, entwickelt Sartre die so genannte »existenzielle Psychoanalyse« (956 ff.). Ihre Aufgabe besteht darin, mittels eines regressiven Verfahrens die primären Entwürfe von Individuen zu entschlüsseln. Ich will diesem Gedankenstrang hier nicht weiter folgen und stattdessen weiter der Frage nachgehen, wie ein existenzieller Entwurf überhaupt zustande kommt.

Vom Entwurf zur Wahl

Die Wahl unseres jeweiligen Lebensentwurfs ist für Sartre weder vorherbestimmt noch determiniert, sondern Ausdruck unserer Freiheit. Diese resultiert wiederum daraus, dass das Für-sich nicht nur zum An-sich in einem Nichtungsverhältnis steht, sondern auch zu sich selbst. »Ständig lebt sich das Bewusstsein als Nichtung seines vergangenen Seins.« (90) Die Möglichkeit, die eigene Vergangenheit zu nichten und als unwesentlich zu setzen, macht für Sartre die menschliche Freiheit aus. Was das bedeutet, macht Sartre an einem Beispiel der Traverse über eine Schlucht auf einem schmalen und rutschigen Pfad deutlich. In dieser Situation erfassen wir unseren Körper zunächst als Ding unter Dingen und wägen die Wahrscheinlichkeiten ab, mit denen wir auf den nassen Steinen ausrutschen und in den Abgrund fallen können. Wir verstehen uns dabei ganz den kausalen Gesetzen der Welt unterworfen. In einem zweiten Schritt fangen wir nun an, unsere Möglichkeiten, dieser Gefahr zu entgehen, auszuleuchten: indem wir etwa sehr langsam gehen und uns immer nahe an der Felswand halten. An die Stelle von Wahrscheinlichkeiten setzen wir so unsere Möglichkeiten. In einem dritten Schritt vermag uns dann deutlich zu werden, dass unsere speziellen Möglichkeiten nur vor dem Hintergrund einer Totalität von Möglichkeiten aufzutauchen vermögen: So setzt sich die Möglichkeit, uns nahe an der Wand zu halten, von der Möglichkeit ab, uns in die Schlucht zu stürzen. Eben diese zweite Möglichkeit, so Sartre, muss von uns genichtet werden, wenn uns etwas an unserem Leben liegt. In einem vierten Schritt lässt sich nun das Gefühl des

Schauders verstehen, das uns beim tatsächlichen Passieren des Abgrundes erfassen kann. Es rührt nämlich daher, dass wir einsehen müssen, dass die Möglichkeiten, die wir aus einer Palette von Möglichkeiten ausgewählt haben, für uns nicht determinierend sind. Unser Entschluss für diese Möglichkeit hat nicht die Notwendigkeit einer kausalen Ursache, sondern vielmehr bleiben unsere gewählten Verhaltensweisen immer nur mögliche: Jederzeit könnten wir uns in den Abgrund stürzen, auch wenn wir uns zuvor dagegen entschlossen habe. Nichts zwingt uns, an unseren vergangenen Entschlüssen und Vorhaben festzuhalten. Und eben daraus, so Sartre, resultiert das Gefühl des Schauders, das uns bei der Überquerung der Schlucht erfassen kann. Was Sartre in diesem Beispiel als Schauder bezeichnet, setzt er später terminologisch als *Angst* von der *Furcht* ab. Während die Furcht eine Furcht vor einem bestimmten Gegenstand ist und sich in unserem Beispiel ganz am Anfang als Wahrscheinlichkeit, in den Abgrund zu fallen, zeigt, ist die Angst eine existenziale Angst: Ihr Gegenstand ist unsere Freiheit. Hier erfahren wir, dass nichts uns zwingen kann, so zu handeln, wie wir handeln, sondern dass wir stets die Möglichkeit der Wahl haben.

Die Unaufrichtigkeit

Sartres Überlegungen haben uns also vom Nichts über den Entwurf zur Wahl geführt und damit zu jener Vorstellung von Wahlfreiheit, wie sie seinem ontologischen Freiheitsbegriff zu Grunde liegt – wobei Wahlfreiheit hier nicht heißt, dass wir frei wären, zu wählen oder auch nicht zu wählen, sondern den speziellen Sinn hat, dass wir stets zwischen unterschiedlichen Entwürfen wählen *müssen*. In eben diesem Sinn eines Wahlzwangs sind wir zur Freiheit verurteilt. Auf dieses Verurteilt-sein zur Freiheit, so Sartre, können wir nun ganz unterschiedlich reagieren. Wir können uns eine Reihe von Routinen und Üblichkeiten zu eigen machen und die Dinge so tun, wie »man« sie tut. Diese Orientierung an der Allgemeinheit hat einen Entlastungcharakter, weil uns hier unsere je eigene Wahl durch die Orientierung an Anderen abgenommen wird. Zugleich jedoch drohen wir damit auch in eine Existenzweise zu geraten, in der wir unser Schicksal nicht mehr selbst in die Hand nehmen, sondern uns bloß noch in einer allgemeinen und anonymen Existenz dahintreiben lassen. Sartre verhandelt die Formen einer solchen uneigentlichen Existenzweise unter dem Begriff der »Unaufrichtigkeit« *(mauvaise foi)* (vgl. 119 ff.). Diese Unaufrichtigkeit kann sich für Sartre auf zwei Weisen zeigen: Die erste Art und

Weise der Unaufrichtigkeit besteht darin, dass das Subjekt seine Freiheit leugnet und sich zu einem An-sich zu machen versucht. Es versucht, seine Existenz als objektives Resultat der herrschenden Bedingungen darzustellen. Es sagt: »Ich bin so, wie die Umstände sind«. Freilich nun will Sartre nicht leugnen, dass es soziale und persönliche Umstände gibt, unter denen man seine Freiheit ausübt, jedoch kennzeichnet es den Menschen gerade, diese äußeren Umstände beständig transzendieren zu können. Die Möglichkeit einer solchen Überschreitung zu leugnen, zeichnet für Sartre die erste Form der Unaufrichtigkeit aus. Die zweite Form der Unaufrichtigkeit findet sich für Sartre nun umgekehrt bei demjenigen, der seine Freiheit verabsolutiert und seine Verankerung in einer Situation leugnet. Der Trinker etwa, der behauptet, nicht vom Alkohol abhängig und eigentlich gar kein Trinker zu sein, ist ebenso unaufrichtig. Er verweigert es nämlich, seine Situation als Situation anzuerkennen. Sowohl die Verabsolutierung der Freiheit als auch die Verabsolutierung der Umstände führen für Sartre also zur Unaufrichtigkeit. Beide Positionen verkennen nämlich, dass es, wie Sartre sagt, »Freiheit nur *in Situation*« gibt (845). Nur wenn wir das anerkennen, so Sartre, sind wir zu einer wirklich authentischen Existenzweise fähig.

Die Situation: Faktizität und Transzendenz

Worin nun besteht die Situation, aus welcher unsere Freiheit erwächst? Zwei Momente sind hier für Sartre zu unterscheiden: einerseits die Faktizität der menschlichen Realität und andererseits ihre Transzendenz. Während mit der Fähigkeit zur Transzendenz die bereits angesprochene Eigenschaft des Bewusstseins zur Nichtung der dinglichen Welt gemeint ist, will Sartre mit dem Begriff der Faktizität zum Ausdruck bringen, dass wir uns immer in Lebensumstände geworfen finden, die wir nicht selbst gewählt haben. Unsere Klasse, unsere Ethnie oder unser Geschlecht, aber auch unsere Eltern, das staatliche Erziehungssystem oder die politische Organisation von Institutionen gehen unserer Wahl voraus und stellen die kontingenten Bedingungen unserer Existenz dar. Auch wenn diese nicht darüber entscheiden, wer wir sind, so bilden sie doch den Hintergrund, vor dem sich unsere Transzendenz überhaupt abzuheben vermag. Wird die Faktizität unserer Existenz daher geleugnet, droht unsere Freiheit leer und abstrakt zu werden. Wird sie dagegen für das Ganze unserer Existenz genommen, droht unsere Freiheit ganz zu verschwinden. Beide Formen der Unaufrichtigkeit expliziert Sartre am Beispiel des Antisemitismus in seiner einschlägigen Auseinandersetzung »Überlegungen zur Judenfrage«.[12] Der Antisemit, so zeigt Sartre hier, ist ein Mensch, der Angst vor der Freiheit hat. »Der Antisemit fürchtet sich vor der Erkenntnis, daß die Welt schlecht eingerichtet ist: man müßte ja dann erfinden, verändern und der Mensch wäre wieder Herr seines Schicksals, beladen mit einer furchteinflößenden und unendlichen Verantwortung.«[13] Weil frei zu sein bedeutet, Verantwortung für seine existenzielle Wahl zu übernehmen und weil der Antisemit Angst vor dieser Verantwortung hat, versucht er seine Freiheit zu leugnen, indem er sich selbst zu einem Ding macht. Dafür braucht er allerdings den Juden. Durch ihn lassen sich nämlich alle Niederlagen des alltäglichen Lebens erklären: So berichtet Sartre etwa von einem Kollegen, der beim Staatsexamen durchgefallen war und die Ungerechtigkeit seines Versagens damit erklärte, dass es ein Jude war, der ihm den begehrten Platz weggeschnappt habe. Dieser aber könne ein Gedicht von Vergil seiner Natur nach nicht besser verstehen als ein echter Franzose. Hier zeigt sich, so Sartre, dass der Antisemit seine Überlegenheit nicht aus seiner spezifischen Leistung, sondern aus seiner Zugehörigkeit zu einer ›rassischen Gemeinschaft‹ zu beziehen versucht, wodurch diese letztlich gar nicht mehr verloren gehen kann. Seine ›rassische Überlegenheit‹ scheint dem Antisemiten vielmehr wie eine dingliche Eigenschaft gegeben. Aus Angst vor seiner Freiheit wählt der Antisemit also eine unaufrichtige Existenzweise, in welcher er sich mittels des Juden selbst zu einem Ding macht und so die Sicherheit seiner Existenz zu genießen vermag. »Indem er sich zum Antisemitismus bekennt, übernimmt er nicht einfach eine Meinung, sondern wählt er sich als Person. Er wählt die Beständigkeit und Undurchdringlichkeit des Steines, die totale Verantwortungslosigkeit des Kriegers, der seinem Führer gehorcht.«[14]

Authentizität

Anders verhält es sich nun, wenn wir uns der Existenzweise der vom Antisemitismus betroffenen Jüdinnen und Juden zuwenden. Diese stehen in der Gefahr, in die gegenläufige Form der Unaufrichtigkeit zu verfallen, wenn sie, um dem Urteil der Antisemitinnen und Antisemiten zu entkommen, versuchen, vor

[12] Jean-Paul Sartre, »Überlegungen zur Judenfrage«, in: *Gesammelte Werke: Politische Schriften*, Bd. 2, Reinbek bei Hamburg: Rowohlt 1994.
[13] Ebd., 23.
[14] Ebd., 35.

ihrer ›jüdischen Situation‹ zu fliehen: »Mit einem Wort, die unauthentischen Juden sind Menschen, die von den anderen Menschen für Juden gehalten werden und die gewählt haben, vor dieser unerträglichen Situation zu fliehen.«[15] Sartre skizziert im Folgenden verschiedene Fluchtwege, von denen ich hier nur zwei herausgreifen will: Die Jüdinnen und Juden können einerseits versuchen, sich zu ›Vernunftmenschen‹ zu machen. Da die Vernunft universellen und allgemeingültigen Regeln gehorcht, scheint sie nichts spezifisch Jüdisches an sich zu haben und damit eine Möglichkeit zu bieten, eine nichtjüdische Existenz zu leben. Das gleiche Motiv, so Sartre, kann auch dazu führen, dass die Jüdinnen und Juden zu ›Geldmenschen‹ werden. Auch das Geld als universaler Mittler hat nämlich nichts spezifisch Jüdisches an sich und erlaubt es den Jüdinnen und Juden, wie jede beliebige andere Person auch als Käufer und Verkäufer von Waren aufzutreten. Beide genannten Fluchtwege vor der jüdischen Situation enden für Sartre nun tragisch. Von den Antisemiten werden sie nämlich nicht als Existenzformen anerkannt, sondern als spezifische jüdische Existenzweisen verstanden: Der Jude gilt ihnen als Besserwisser und intellektueller Haarspalter oder als heimatloser Halsabschneider. Das eigentliche Problem besteht aus der Sicht Sartres jedoch weniger darin, dass beide Fluchtversuche zum Scheitern verurteilt sind, als vielmehr darin, dass sie die Jüdinnen und Juden in eine unauthentische Existenzweise führen: Sie sind nämlich insofern unaufrichtig, als die Individuen hier ihre Faktizität ganz verleugnen und sich einzig durch ihre Transzendenz zu bestimmen versuchen. Authentisch als Jüdin oder als Jude zu existieren, so Sartre, würde aber bedeuten, die jüdische Situation anzunehmen. »Die jüdische Authentizität besteht darin, sich *als Jude* zu wählen, das heißt seine jüdische *conditio* zu realisieren. Der authentische Jude gibt den Mythos vom allgemeinen Menschen auf: er kennt sich und fordert seinen Platz in der Geschichte als historische und verdammte Kreatur; er hat aufgehört, vor sich selbst zu fliehen und sich der Seinen zu schämen.«[16] Eine authentische Existenzweise, so macht Sartre hier deutlich, erfordert, die Transzendenz vor dem Hintergrund der eigenen Faktizität in Anschlag zu bringen. Erst dann, wenn die Individuen die kontingenten Umstände akzeptieren, in die sie geworfen sind,

[15] Ebd., 57.
[16] Ebd., 82.

und aus diesen heraus ihren existenziellen Entwurf wählen, handeln sie authentisch.

Vom präreflexiven zum reflexiven Cogito

Die authentische Existenzweise, so sehen wir, setzt einen Übergang vom präreflexiven zum reflexiven Cogito voraus: Erst wenn sich das Cogito durchsichtig wird, um die Wahl, die seiner präreflexiven Existenz zugrunde liegt, zu explizieren und sie sich vor dem Hintergrund der eigenen Faktizität aktiv anzueignen, wird eine authentische Wahl möglich. Authentizität meint für Sartre daher sowohl eine akzeptierende Haltung gegenüber den eigenen kontingenten Lebensbedingungen als auch eine aktive Wahl des eigenen Lebensentwurfs. Sie geht daher auch nicht mit der Rückkehr zu einem ursprünglichen und natürlichen Zustand einher (Authentizität als Rückkehr), ganz im Gegenteil: Das präreflexive Cogito existiert zunächst und zumeist im Zustand der Unaufrichtigkeit, weil der Prozess der Ontogenese nicht mit einer reflexiven Wahl, sondern vielmehr mit einer blinden Übernahme der Entwürfe von signifikanten Anderen beginnt. Sartres Ideal der Authentizität besteht nun darin, dass sich das Individuum im Zuge seines Lebens diesen ursprünglichen Entwurf aktiv aneignet. Das ist jedoch nur im Bewusstseinsmodus des reflexiven Cogito möglich, da auf dieser Bewusstseinsebene eine Wahl für das Individuum möglich ist. Welche Herausforderung das reflexive Cogito dabei zu bewältigen hat, wird deutlich, wenn wir uns zum Abschluss dem letzten Bewusstseinsmodus zuwenden, den Sartre im weiteren Verlauf seiner Überlegungen freilegt: dem ›Für-Andere-sein‹.

Das Für-Andere-sein als Bewusstsein seiner selbst

Sartres Überlegungen zum Für-Andere-sein machen den wohl prominentesten Teil seiner Überlegungen in *Das Sein und das Nichts* aus. Ich will hier abschließend nur kurz auf sie zu sprechen kommen, um deutlich zu machen, dass das Für-Andere-sein für Sartre einen neuen Bewusstseinsmodus darstellt: Folgen wir dazu zunächst seiner Einführung des Für-Andere-seins am Beispiel der so genannten ›Schlüssellochszene‹: Durch Eifersucht getrieben bin ich so weit gekommen, dass ich das Geschehen, das sich hinter einer Tür abspielt, durch ein Schlüsselloch zu erspähen trachte. Mitten in diese Tätigkeit versunken, höre ich plötzlich Schritte hinter mir. Erschrocken zucke ich zusammen: Man hat mich erblickt! Schlagartig tritt nun eine Verschiebung meiner Aufmerksamkeit ein. Klebte mein Bewusstsein eben noch an der

Tätigkeit und war ganz in das Vorhaben, das Geschehen im Zimmer auszuspähen, versunken, richtet sich mein Bewusstsein nun auf mich selbst: Jedoch nicht einfach so, dass mir mein Handeln durchsichtig wird, wie im Modus des reflexiven Bewusstseins, sondern vielmehr so, dass ich mich als Objekt des Blicks des Anderen erfahre. Was bedeutet es nun, so fragt Sartre, Gegenstand eines Blicks zu sein? Erstens, so hält er fest, hat das ›Angeblickt-werden‹ zur Folge, dass man zum Objekt der Wertbeurteilung von Anderen wird. Eine Beurteilung, die dem betroffenen Subjekt in der Schlüssellochszene an der Scham leiblich spürbar wird und die es im Folgenden in sein Selbstbild integrieren muss. Zweitens, so Sartre, bedeutet angeblickt zu werden, dass das Subjekt eine neue Dimension seines Seins entdeckt: seine Objektivität. Im Modus des Für-Andere ist das Individuum nicht mehr Transzendenz, sondern vielmehr vom Anderen transzendierte Transzendenz. Der Andere, so Sartre, verleiht mir ein An-sich-sein. Drittens schließlich geht das Angeblickt-werden durch den Anderen mit einer Erfahrung der Entfremdung einher. Sartre beschreibt diese Verlusterfahrung in drastischen Worten als »Tod meiner Möglichkeiten« (477). Gemeint ist damit, dass der Andere mit meiner Freiheit *rechnen* kann. Insofern meine Möglichkeiten unter seinem Blick zu bloßen Wahrscheinlichkeiten werden, lassen sie sich als Variablen in eine Gleichung eintragen, deren Ausgang prinzipiell kalkulierbar ist.

Entfremdung durch das Für-Andere-sein

Die Begegnung mit einem Anderen beschreibt Sartre also als ein Erlebnis der Dezentrierung. Plötzlich sind die Dinge der Welt nicht mehr bloß für mich da, sondern auch für jenes andere Individuum da drüben. Sie fliehen dadurch auf einen neuen Pol hin. Mehr noch: Auch ich selbst werde von dieser Dezentrierungsbewegung erfasst, insofern auch ich ein Objekt in der Welt des Anderen bin. In der Forschungsliteratur ist wiederholt darauf hingewiesen worden, dass Sartre dem Blick des Anderen mit diesen Beschreibungen von Beginn an eine negative Konnotation verleiht. Das ist jedoch nur dadurch möglich, dass er mithilfe des Begriffs der Objektivierung heimlich von einem epistemologischen zu einem sozialphilosophischen Vokabular wechselt: Was in ersterem noch als neutraler Akt beschreibbar ist, erscheint in letzterem evaluativ eingefärbt.[17] Entsprechend konzipiert Sartre die

[17] Vgl. Axel Honneth, »Erkennen und Anerkennen. Zu Sartres Theorie der Intersub-

Reaktion auf das ›Erblickt-werden‹ durch den Anderen auch als ein Zurückblicken, in dem wir unsererseits versuchen, den Anderen zum Objekt unseres Blicks zu machen und so unsere Freiheit zurückzugewinnen. Ich will diesen Überlegungen Sartres an dieser Stelle gar nicht weiter folgen, sondern abschließend nur auf zwei Punkte hinweisen, die für unseren Zusammenhang zentral sind: Erstens wird das Für-Andere-sein von Sartre nicht als ein Bewusstseinsmodus konzipiert, der von der tatsächlichen Anwesenheit des Anderen abhängt. Ich könnte mich auch täuschen und das, was ich für Schritte hinter mir gehalten habe, war in Wirklichkeit nur ein zuschlagendes Fenster. Das würde jedoch nichts an der Tatsache ändern, dass ich in dem Moment, wo ich mich erblickt fühle, aus dem Bewusstseinsmodus des präreflexiven Cogito in denjenigen des Bewusstseins meiner selbst (mein Für-Andere-sein) katapultiert werde. Das Für-Andere-sein stellt daher keinen abgeleiteten Bewusstseinsmodus dar, der erst durch Andere möglich wird, sondern es gehört von Anfang an zum Sein des Individuums. Zweitens schließlich kann unser Für-Andere-sein zum Grund dafür werden, eine unaufrichtige Existenzweise zu führen. Insofern uns der Blick des Anderen nämlich objektiviert und damit ein bestimmtes Existenzurteil über uns fällt, verleiht er unserer Existenz ein An-sich-sein. In dem Moment nun, in dem wir diesem An-sich-sein nicht mehr unser Für-sich-sein entgegensetzen, können wir uns in einer unaufrichtigen Existenzweise verlieren. Sartre führt diesbezüglich etwa das Beispiel jenes geckenhaften Kellners an, der mit allzu lebhaften Schritten auf die Gäste zukommt, etwas zu gewissenhaft deren Bestellung aufnimmt und anschließend mit zu viel Dramatik die Bestellung auf dem Tablett heranbalanciert. Es ist dabei vor allem die Künstlichkeit der Gesten des Kellners, die für Sartre Zeugnis davon ablegt, dass dieser nicht in seiner Tätigkeit als Kellner aufgeht, sondern vielmehr deutlich macht, dass er spielt, Kellner zu sein (vgl. 139 f.). Das heißt, er versucht ganz und gar dem Bild gerecht zu werden, das andere von einem guten Kellner haben. Und das, so Sartre, macht er aus Gründen heraus, aus denen jeder gute Kaufmann handelt: Seine Gesten dienen dazu, seine Kundschaft davon zu überzeugen, dass er nichts weiter als Kellner ist. Ein Kellner, der träumte, wäre für den Gast unbefriedigend, weil er nicht mehr

---

jektivität«, in: *Unsichtbarkeit. Stationen einer Theorie der Intersubjektivität*, Frankfurt am Main: Suhrkamp 2003, 71–105, 98 f.

ganz Kellner wäre. Der Kellner versucht das Kellner-sein deshalb zu seinem An-Sich zu machen, um seinen Betrieb möglichst profitabel am Laufen zu halten. Es sind in diesem Fall also wesentlich instrumentelle Gründe, die den Kellner dazu bringen, sich ganz seinem Für-Andere-sein zu unterwerfen und eine unaufrichtige Existenzweise zu führen.

Zusammenfassung

Fassen wir zusammen: (i) Sartres phänomenologische Ontologie entwickelt ausgehend von der Unterscheidung von Für-sich-sein und An-sich-sein eine Bewusstseinstheorie, die zwischen drei Formen des Bewusstseins unterscheidet: dem präreflexiven Cogito, dem reflexiven Cogito und dem selbstbewussten Cogito. Während das präreflexive Cogito mehr oder weniger an den Gegenständen klebt und nicht dazu in der Lage ist, sich selbst zu thematisieren, vermag das reflexive Cogito den seiner Existenz zu Grunde liegenden Weltentwurf zum Gegenstand einer bewussten Wahl zu machen. Das selbstbewusste Cogito schließlich stellt eine fortwährende Gefahr für diese Wahl dar, weil es unserer Existenz ein An-sich-sein verleiht, das uns dazu verführt, im Modus der Unaufrichtigkeit zu existieren. (ii) Sartre vertritt eine Theorie der radikalen Freiheit. Radikal ist diese Freiheit, weil sie für Sartre gleichursprünglich mit dem Bewusstsein ist. Das menschliche Bewusstsein ist seinem Wesen nach Freiheit – und aus eben diesem Grund hat es kein Wesen im substantiellen Sinn. Vielmehr ist es das, wozu es sich im Zuge seiner Freiheit macht. Mit einer der bevorzugten Wendungen von Sartre gesprochen: Das Bewusstsein, »ist [das], was es nicht ist und nicht das […], was es ist« (159 f.). Sartre ist dabei nicht so naiv, unsere ontologische Freiheit mit Handlungsfreiheit zu verwechseln, denn er will nicht sagen, dass wir jederzeit auf jede beliebige Art und Weise handeln könnten, sondern vielmehr, dass wir den jeweiligen Entwurf unserer Welt, vor dem bestimmte Handlungsoptionen überhaupt erst *als* Handlungsoptionen auftauchen, frei wählen können. (iii) Die Unaufrichtigkeit stellt eine existenzielle Gefahr im Leben des Individuums dar, insofern sie nicht durch bestimmte gesellschaftliche Umstände, sondern durch die Verfasstheit unseres In-der-Welt-seins selbst hervorgerufen wird. Eine unaufrichtige Existenzweise kann sich für Sartre dabei aus mindestens zwei Quellen speisen: Aus dem existenziellen Gefühl der Angst, das uns angesichts der Unbestimmtheit unserer Möglichkeit überkommt, oder aus unserem Für-

Andere-sein, das uns beständig dazu verführt, unser Für-sich-sein aufzugeben, um uns stattdessen zu einem An-sich zu machen.

Rezeption und Wirkung

Sartre kann ohne Zweifel zu den einflussreichsten Philosophen des 20. Jahrhunderts gezählt werden. Sein Existenzialismus, der in den 1940er und 1950er Jahren eine ganze Generation an Intellektuellen geprägt hat, ist heute jedoch mehr oder weniger zu einem Epochenbegriff geworden.[18] Es ist daher nicht erstaunlich, dass sich kaum noch jemand so recht als Existenzialist bezeichnen mag. Geistesgeschichtlich ist der Existenzialismus in den 1960er Jahren zunächst vom Strukturalismus (mit Autoren wie Claude Levi-Strauss, Jacques Lacan oder Roland Barthes) und dann vom Poststrukturalismus (mit Autoren wie Michel Foucault, Jacques Derrida, Jean-François Lyotard) abgelöst worden.[19] Beide Strömungen machen nicht mehr die Freiheit des Subjekts zum Ausgangspunkt der Sinnstiftung, sondern vielmehr anonyme Strukturen und Zeichenketten. Anstelle von Sartres Glauben an die formende Kraft des Subjekts wurde so mehr und mehr die formende Kraft von Entitäten in den Mittelpunkt gestellt, die sich der Herrschaft des Bewusstseins entziehen. Im Anschluss an Roland Barthes' Rede vom ›Tod des Autors‹ wird in Bezug auf diese Strömungen daher auch gerne vom ›Tod des Subjekts‹ gesprochen. Obgleich diese Charakterisierung unzulänglich und vereinfachend ist, macht sie doch deutlich, dass Sartres Subjektphilosophie in dieser Epoche zum Verschwinden verurteilt war. Doch auch wenn der Existenzialismus heute kaum noch als systematischer Ansatz vertreten wird, finden Sartres Einzelanalysen weiterhin vielfach Beachtung. So schließt etwa Emmanuel Levinas bei seiner Entwicklung einer Theorie der Alterität eng (wenngleich auch kritisch) an Sartres Philosophie der Freiheit an[20]; Manfred Frank und Dan Zahavi wiederum haben in ihrer Auseinandersetzung mit philosophischen Theorien des Selbstbewusstseins die Aktualität von Sartres Idee der Transluzidität des Bewusstseins nach-

[18] Einen guten Überblick über die Rezeption Sartres seit den 1950er Jahren bietet Sebastian Gardner, *Sartre's Being and Nothingness. A Readers's Guide,* London: continuum 2009, 209 ff.

[19] Vgl. dazu François Dosse, *Geschichte des Strukturalismus,* 2 Bde., Frankfurt am Main: Fischer 1999.

[20] Vgl. exemplarisch die kurze Würdigung Emmanuel Levinas', »Eine uns vertraute Sprache«, in: *Die Unvorhersehbarkeit der Geschichte,* Freiburg: Alber 2006.

gewiesen[21]; und Axel Honneth hat den Wert von Sartres Phänomenologie des Blicks für eine Theorie der Anerkennung aufgezeigt.[22]

Empfohlene Literatur zum Weiterlesen:

Danto, Arthur C., *Sartre*, Göttingen: Steidl 1993.

Gardner, Sebastian, *Sartre's Being and Nothingness. A Reader's Guide*, London: continuum 2009.

Waldenfels, Bernhard, *Phänomenologie in Frankreich*, Frankfurt am Main: Suhrkamp 1983.

---

[21] Vgl. Manfred Frank, »Fragmente einer Geschichte der Selbstbewußtseins-Theorie von Kant bis Sartre«, in: ders. (Hg.), *Selbstbewußtseinstheorien von Fichte bis Sartre*, Frankfurt am Main: Suhrkamp 1991, 413–599. Dan Zahavi, *Self-Awareness and Alterity. A Phenomenological Investigation*, Evanston: Northwestern 1999.

[22] Vgl. Honneth, »Erkennen und Anerkennen«, a. a. O.

2. Leib (Merleau-Ponty)

Merleau-Pontys Entdeckung der Leiblichkeit

Maurice Merleau-Ponty (1908–1961) zählt neben dem eben behandelten Jean-Paul Sartre mit zu den prominentesten Figuren der französischen Philosophie der 1940er und 1950er Jahre. Ebenso wie dieser widmet er sich einer Weiterentwicklung der Phänomenologie. Dafür greift Merleau-Ponty in erster Linie auf die empirischen Studien der Gestalttheorie zurück, mit deren Hilfe er den phänomenologischen Grundbegriff der Intentionalität weiter präzisieren möchte. Merleau-Pontys Fähigkeit, philosophische und empirische Analysen auf fruchtbare Weise zu überblenden, lässt ihn schnell zu Prominenz kommen. In der Folge wird er 1952 als bis dahin jüngster Professor an das *Collège de France* berufen – die bis heute wohl prestigeträchtigste akademische Institution Frankreichs. Mit Sartre und Simone de Beauvoir ist er in den 40er Jahren in der Widerstandsgruppe »Socialisme et Liberté« aktiv und wird später gemeinsam mit ihnen Herausgeber der Zeitschrift *Les Temps Modernes*. Obwohl Merleau-Ponty dem existenziellen Denken Sartres viel verdankt, steht sein eigener philosophischer Entwurf doch in Opposition zu dessen Philosophie, was nicht zuletzt dazu führt, dass es Mitte der 50er Jahre zum Bruch zwischen beiden kommt.[1] Während Sartre ausgehend vom Cogito die Freiheit des Einzelnen in den Mittelpunkt seiner Überlegungen stellt, interessiert sich Merleau-Ponty ausgehend vom Leibe mehr für die »dunklen Seiten des Daseins«.[2] Gemeint ist damit, dass er sich genau für jene Seiten der menschlichen Existenz interessiert, die der freien Wahl des Menschen nur eingeschränkt zugänglich sind. Die Macht der Freiheit,

[1] Vgl. dazu Merleau-Pontys ›Abrechnung‹: »Sartre und der Ultra-Bolschewismus« (1955), in: *Die Abenteuer der Dialektik*, Frankfurt am Main: Suhrkamp 1974, 115–244. Vgl. weiterhin: Jon Stewart (Hg.), *The Debate between Sartre and Merleau-Ponty*, Evanston: Northwestern 1998.

[2] Simone de Beauvoir, *Der Lauf der Dinge* (1963), Reinbek: Rowohlt 1970, 67.

so möchte Merleau-Ponty zeigen, beherrscht nicht unser gesamtes Dasein: Ihr entgegengesetzt wirkt vielmehr die Macht der Gewohnheit, die jede Situation mit einer eigentümlichen Gravitationskraft ausstattet und dadurch zu einer bestimmten Weise ihrer Auflösung drängt. Der existenziellen Freiheit des Bewusstseins stellt Merleau-Ponty also die existenzielle Schwerkraft des Leibes gegenüber. Seine Phänomenologie des Leibes entwickelt Merleau-Ponty dabei in kritischer Auseinandersetzung mit empiristisch-objektiven und idealistisch-intellektuellen Philosophien, die den Leib entweder bloß als Mittler oder als Werkzeug des Geistes verstehen. Beide Ansätze, so wird er zeigen, vermögen die Leiblichkeit unserer Existenz nur unzureichend zu erfassen, da sie deren Eigenlogik nicht zureichend in den Blick bekommen. Was nun genau der Leib ist und inwiefern er neben dem Bewusstsein als eine eigenständige Handlungsinstanz verstanden werden muss, soll im Folgenden deutlich werden.

Das objektive Denken

Will man sich auf die Spur von Merleau-Pontys philosophischer Entdeckung des Leibes machen, so sind hierfür die Überlegungen aus seinem 1945 veröffentlichten Hauptwerk *Phänomenologie der Wahrnehmung* einschlägig. Merleau-Ponty argumentiert hier, dass wir den Prozess der Wahrnehmung nur dann angemessen verstehen können, wenn wir ihn als ein leibliches Geschehen auffassen. Seiner Wahrnehmungstheorie legt er daher eine Leibtheorie zugrunde. Diese entwickelt er in der Auseinandersetzung mit dem von ihm so genannten »objektiven Denken«.[3] Gemeint ist damit die philosophische Tradition des Cartesianismus, welche die kategoriale Unterscheidung von Geist und Körper zu ihrem Ausgangspunkt macht. Ausgehend von der Trennung von *res cogitans* und *res extensa* ist das objektive Denken dazu gezwungen anzugeben, wie beide Register miteinander in Beziehung stehen. Das objektive Denken bietet hierfür zwei Antworten: Während der *Physiologismus* geistige Zustände als kausale Folge von Körperempfindungen versteht, deutet der *Psychologismus* körperliche Empfindungen als Interpretationen des Geistes. Physiologismus und Psychologismus verleihen also jeweils einer Seite der Körper/Geist-Unterscheidung das analytische Primat. Dass beide Ansätze unzurei-

[3] Maurice Merleau-Ponty (1945), *Phänomenologie der Wahrnehmung*, Berlin: de Gruyter 1974, 91. Alle Zitate in Klammern im Text dieses Kapitels beziehen sich auf diese Ausgabe.

chend für die Beschreibung der menschlichen Realität sind und dass diese Mängel nur mithilfe einer Theorie der Leiblichkeit überwunden werden können, zeigt Merleau-Ponty an seiner berühmten Analyse des Phantomgliedes.

Das Phantomglied und seine Erklärung

Das Phänomen des Phantomgliedes besteht darin, dass eine Person nach der operativen Entfernung eines Körpergliedes den Eindruck hat, dass das entsprechende Glied noch vorhanden sei. Dieser Eindruck kann so lebhaft sein, dass sich die Betroffenen immer wieder zu Handlungen hinreißen lassen, zu denen sie eigentlich nicht mehr in der Lage sind: Der Armamputierte versucht mit seinem nicht mehr vorhandenen Arm ein Glas zu greifen oder die Beinamputierte auf dem entfernten Bein aufzutreten. Physiologismus und Psychologismus versuchen das Phänomen des Phantomgliedes nun auf ihre je eigene Weise zu deuten: Während der Physiologismus das Phänomen so deutet, dass eine Irritation der Nervenenden am amputierten Glied dafür sorgt, dass unser Gehirn mit falschen Sinnesdaten versorgt wird und in der Folge davon ausgeht, dass das entsprechende Glied noch vorhanden sei, geht der Psychologismus davon aus, dass die betroffene Person eigentlich um den Verlust ihres Gliedes weiß, diese Einsicht aufgrund ihrer traumatischen Qualität jedoch verweigert. Im ersten Fall wird das Phantomglied als Resultat einer *Wahrnehmungstäuschung* beschrieben, im zweiten Fall als Effekt einer *Willensschwäche* gedeutet.

Merleau-Pontys Kritik an Physiologismus und Psychologismus

Für Merleau-Ponty vermag nun weder die eine noch die andere Erklärung das Phänomen des Phantomgliedes hinreichend zu erklären. Der Physiologismus ist nämlich nicht in der Lage, plausibel zu machen, warum das Phantomglied mit der zunehmenden Verarbeitung des Verlustes durch die Betroffenen verschwindet (vgl. 100 f.). Anders herum vermag der Psychologismus nicht anzugeben, warum das Phantomglied mit der Entfernung der entsprechenden Nervenleiter zum Gehirn verschwindet (ebd.). Während der Physiologismus also den psychischen Bedingungen des Phänomens nicht gerecht zu werden vermag, ist der Psychologismus nicht in der Lage, dessen physiologische Bedingungen angemessen zu berücksichtigen. »Es gilt also das Zusammenspiel psychischer Determinanten und physiologischer Bedingungen zu verstehen: doch unverständlich scheint eben dies, wie das Phantomglied, einerseits deutlich bedingt durch physiologische

Umstände, insofern Folge einer Kausalität dritter Person, gleichwohl zu einem anderen Teil mit der persönlichen Geschichte des Kranken, seinen Erinnerungen, Erschütterungen und seinem Willen zusammenhängen kann« (101). Jede einseitige Erklärung des Phantomgliedes muss also scheitern, denn dieses lässt sich weder ausschließlich als Willensschwäche noch als Wahrnehmungstäuschung beschreiben. Es scheint, als könnte nur eine psychophysische Theorie der komplexen Phänomenlage gerecht werden. Weit davon entfernt, Physiologismus und Psychologismus einfach miteinander zu verschwistern, versucht Merleau-Ponty das Phänomen nun in der Folge von einem alternativen Ansatz aus zu beleuchten.

Die existenzielle Analyse

Der Ansatz, von dem ausgehend Merleau-Ponty zu einem alternativen Verständnis des Phantomgliedes gelangen möchte, bildet eine »existenzielle Analyse« (159) nach dem Vorbild Sartres. Was ist damit gemeint? Unter einer existenziellen Analyse versteht Merleau-Ponty einen Ansatz, der nicht mehr vom cartesischen Paradigma ausgeht, in welchem ein Subjekt der Welt als einer neutralen Ansammlung von Daten gegenübersteht, welche dann in einem zweiten Schritt gedeutet werden, um schließlich mit einer Handlung in dieser Welt zu intervenieren, sondern vom ursprünglichen »Zur-Welt-sein« (159) des Subjekts. Gemeint ist damit, dass uns die Welt nie als Ansammlung neutraler Daten begegnet, weil wir je schon in eine Tätigkeit in der Welt verstrickt sind. Noch bevor wir eine neutrale Beobachterperspektive einzunehmen in der Lage sind, sind wir in der Bewegung des Existierens befangen, in welcher wir in der Welt ein bestimmtes Projekt verfolgen. Und im Ausgang von einem solchen Projekt erscheint die Welt immer schon in einem bestimmten Licht und von bestimmten Kraftlinien durchzogen. Wir können hier etwa an das Beispiel eines Felsblocks denken, der für die Bauarbeiterin, die ihn aus dem Weg räumen will, ein Hindernis darstellt, während er für die Spaziergängerin, die die Landschaft betrachten will, ein willkommener Aussichtspunkt ist.

Leib und Körper

Merleau-Ponty folgt nun zwar prinzipiell der existenziellen Analyse Sartres, unterscheidet sich jedoch von ihm hinsichtlich der Frage, auf welcher Ebene das in der Welt engagierte Ich anzusiedeln ist. Während Sartre das Cogito zum Ausgangspunkt des jeweiligen Weltentwurfs macht, nimmt Merleau-Ponty den Organismus als Ausgangspunkt. Und genau hier kommt das

Konzept der Leiblichkeit zum Tragen: Der Organismus, so will Merleau-Ponty deutlich machen, ist nicht einfach ein Apparat zur Aufnahme von Sinnesdaten, vielmehr ist der Organismus selbst schon eine sinnhaft organisierte Einheit. Je nach Engagement befindet er sich in einer gewissen tonischen Spannung, seine Gliedmaßen nehmen eine bestimmte Haltung ein und seine Motorik ist in Bereitschaft, spezifische Aktionen auszuführen. Der Organismus, so drückt es Merleau-Ponty aus, ist auf die Welt als ein »Feld von Möglichkeiten« (194) ausgerichtet. Und diese Gerichtetheit ist für Merleau-Ponty nicht mehr sinnvoll als Resultat von bewussten Prozessen zu verstehen – denn nur selten bringen wir unseren Körper bewusst in eine ganz bestimmte Lage –, vielmehr zeugt sie von der präreflexiven Sinnhaftigkeit des Organismus. Es ist eben diese Dimension unserer Existenz, die Merleau-Ponty mit dem Begriff des Leibes zu fassen versucht.[4] Und in diesem Sinne ist der Leib nicht mit dem Körper zu verwechseln: Während letzterer die materielle Faktizität des Organismus meint, meint ersterer dessen sinnhafte Gesamtorganisation.

Die Auflösung des Phantomgliedes

Ausgehend vom Konzept des Leibes lässt sich das Phänomen des Phantomgliedes nun auf neue Weise verstehen: Wir haben es dabei weder mit einer Willensschwäche, noch mit einer Wahrnehmungstäuschung zu tun, sondern stattdessen mit einem temporalen Überhangseffekt unserer leiblichen Organisation. Was den Amputierten auf das nicht mehr vorhandene Glied zurückgreifen lässt, ist sein *habitueller Leib*. Dieser ist noch auf die Welt als das gewohnte Feld von Möglichkeiten ausgerichtet und hat sich den neuen Bedingungen noch nicht angepasst. Habitueller Leib und aktueller Möglichkeitsspielraum klaffen in der Folge auseinander

[4] Zur Geschichte der Leib/Körper-Unterscheidung vgl. auch Käte Mayer-Drawe, »Leib, Körper«, in: Christian Bermes u. Ulrich Dierste (Hg.), *Schlüsselbegriffe der Philosophie des 20. Jahrhunderts*, Hamburg: Meiner 2010, 207–220. Merleau-Ponty selbst spricht auch wiederholt vom Körperschema – ein Begriff, der mehr oder weniger synonym zum Begriff des Leibes verwendet werden kann, jedoch terminologisch irreführend ist. Dass Merleau-Ponty nicht von einem leiblichen Schema spricht, ist der Tatsache geschuldet, dass er sich beim Begriff des Körperschemas um einen von Paul Schilder etablierten *terminus technicus* handelt. Vgl. hierzu auch ausführlich: Stefan Kristensen, »Maurice Merleau-Ponty – Körperschema und leibliche Subjektivität«, in: Emmanuel Alloa u. a. (Hg.), *Leiblichkeit. Geschichte und Aktualität eines Konzepts*, Tübingen: Mohr Siebeck 2012, 23–36.

– und eben dieses Auseinanderklaffen hat das Phantomglied zur Folge. Der Organismus des Amputierten lebt gleichsam noch in der Vergangenheit und hat den Sprung in die Gegenwart noch nicht geschafft. Merleau-Ponty kann damit die Erklärungsschwierigkeiten lösen, an denen Physiologismus und Psychologismus gescheitert sind. Er kann nämlich sowohl erklären, warum das Phantomglied mit zunehmender Dauer verschwindet – nämlich aufgrund der Ausbildung eines neuen leiblichen Habitus –, als auch, wieso das Phantomglied durch die Entfernung der Nervenleiter zum Verschwinden gebracht werden kann – die leibliche Organisation des Organismus hängt nicht in der Luft, sondern zehrt von den durch die vom Stumpf ausgehenden Erregungen.[5] »Was es uns ermöglicht, ›Physiologisches‹ und ›Psychologisches‹ zueinander in Bezug zu setzen, ist also dies, daß eines und das andere, integriert in die Existenz, nicht mehr sich unterscheidet als Bereich des An-sich und Bereich des Für-sich, vielmehr beide auf den intentionalen Pol einer Welt hin orientiert sind.« (112) Die Sphäre des Leibes erweist sich nun insofern als eine Zwischensphäre, als der Leib weder einfach einen auf kausale Reiz-Reaktions-Mechanismen reduzierten Körper meint, noch auf ein sich selbst transparentes Bewusstsein zurückgeführt werden kann. Vielmehr handelt es sich um eine Sphäre eigener Sinnhaftigkeit, die sowohl an der Faktizität des Körpers als auch an der Transzendenz des Bewusstseins partizipiert.

Leibliches Handeln und der Fall Schneider

Nachdem nun geklärt ist, in welchem Zusammenhang Merleau-Ponty den Begriff des Leibes entfaltet, will ich jetzt in einem zweiten Schritt zeigen, inwiefern der Leib für Merleau-Ponty die tragende Schicht unseres Zur-Welt-seins darstellt. Auch das lässt sich wieder an einer konkreten Fallanalyse plastisch machen: dem Fall des kleinhirngeschädigten Pa-

[5] »Wenn Erinnerung und Erschütterung das Phantomglied zur Erscheinung bringen können, so nicht in der Weise, wie eine *cogitatio* die andere notwendig macht […], vielmehr in solcher Weise, wie ein existenzielles Verhalten das andere motiviert, und weil Erinnerung, Erschütterung und Phantomglied dem Zur-Welt-sein das gleiche bedeuten.« (111) Und weiter: »Warum endlich bringt die Entfernung der entsprechenden Nervenleiter das Phantomglied zum Verschwinden? Unter dem Gesichtspunkt des Zur-Welt-seins betrachtet, bedeutet dies, daß es die vom Stumpf ausgehenden Erregungen sind, die das amputierte Glied im Kreislauf der Existenz erhalten. Sie bezeichnen und bewahren seinen Platz, lassen es nicht gänzlich zu nichte werden.« (ebd.).

tienten Schneider, den Merleau-Ponty in der *Phänomenologie der Wahrnehmung* ausführlich diskutiert. Merleau-Ponty greift hier auf eine Reihe von Arbeiten der Berliner Psychiater Gelb und Goldstein zurück, welche ab 1915 zusammen in einem Lazarett für hirnverletzte Soldaten gearbeitet haben. Beide beschreiben die Pathologie Schneiders folgendermaßen: Bei geschlossenen Augen ist der Kranke unfähig, so genannte ›abstrakte Bewegungen‹ auszuführen. Gemeint sind damit Bewegungen, die nicht in eine lebensweltliche Situation eingebettet sind: etwa auf Befehl Arme und Beine zu bewegen, einen Finger zu beugen oder einen militärischen Gruß auszuführen. Dagegen gelingt es Schneider ohne Probleme, bei geschlossenen Augen so genannte ›konkrete Bewegungen‹ durchzuführen. Darunter sind solche Bewegungen zu verstehen, die zum alltäglichen Leben des Kranken dazugehören, wie etwa ein Taschentuch aus der Tasche zu ziehen, ein Streichholz anzuzünden oder sich an einer juckenden Körperstelle zu kratzen.[6] Deutlich wird an dieser Unterscheidung, dass Schneider mit all jenen Bewegungen Probleme hat, die nicht in eine konkrete Situation eingebettet sind, sondern es verlangen, sich in die fiktive Situation des *als-ob* zu versetzen. Im Gegensatz zum so genannten Normalen, der sich spielerisch problemlos in solche Situationen versetzen und seinen Organismus entsprechend bewegen kann, ist Schneider zu solchen Bewegungen nur auf Umwegen in der Lage.

Abstrakte Bewegungen

Der Fall Schneider lässt sich nun in zweierlei Richtungen ausdeuten: Einerseits lässt uns Schneiders Unfähigkeit, sich in eine abstrakte Situation zu versetzen, vermuten, dass beim ›Normalen‹ eine leibliche Projektionsfunktion am Werk ist, welche es ihm erlaubt, sich auf kreative Weise in der Welt zu situieren. Was Schneider durch seine Hirnverletzung verloren gegangen

[6] »Ein Kranker, den die traditionelle Psychiatrie unter die Seelenblinden einreihen würde, ist bei geschlossenen Augen unfähig, ›abstrakte‹ Bewegungen auszuführen, solche nämlich, die keiner tatsächlichen Situation entsprechen, etwa wie auf Befehl Arme und Beine zu bewegen, einen Finger auszustrecken oder zu beugen. […] Mit außerordentlicher Schnelligkeit und Sicherheit führt der Kranke, auch bei geschlossenen Augen, zum alltäglichen Leben notwendige Bewegungen aus, wenn sie ihm nur gewohnt sind: er holt sein Taschentuch aus der Tasche und putzt sich die Nase, nimmt ein Streichholz aus der Schachtel und zündet die Lampe an. […] Diese konkreten Bewegungen kann er auch ohne jede vorbereitende Bewegung auf Aufforderung ausführen.« (128).

ist, ist eben diese Fähigkeit, sich mit seinem Leib in eine fiktive Situation zu versetzen. Stattdessen muss er die Situation intellektuell bewältigen, was nur geht, wenn man ihm erlaubt, die Augen zu öffnen. Mithilfe des Blicks gelingt es ihm dann, seine Glieder – gleichsam wie Gegenstände – visuell zu erfassen und anschließend deren Zusammenspiel zu koordinieren. Daher hat nun auch die Aufforderung, einen militärischen Gruß durchzuführen, Erfolg: Es gelingt Schneider, die Lage seiner Glieder abzuschätzen, die Bewegung zu planen und die Geste auszuführen. So wird deutlich, dass Schneider in abstrakten Situationen nicht auf seinen Leib zurückgreifen kann, sondern nur zur instrumentellen Handhabung seines Körpers fähig ist. Sein Fall führt uns damit plastisch einen Unterschied vor Augen, den Helmuth Plessner in seiner philosophischen Anthropologie treffend als denjenigen zwischen ›Körper haben‹ und ›Leib sein‹ bezeichnet hat.

Konkrete Bewegungen

Andererseits zeigt uns Schneiders Fähigkeit, sich in konkreten Situationen versiert zu verhalten, dass der habituelle Leib Fähigkeiten, die er einmal gelernt hat, immer wieder in Anschlag zu bringen vermag. So betonten Gelb und Goldstein, dass Schneider in Bezug auf sein Handwerk (die Herstellung von Brieftaschen) fast seine volle Arbeitsleistung erreicht. Daran wird deutlich, dass sich ein großer Teil unseres alltäglichen Handelns gerade nicht auf einer intellektuellen Ebene, sondern vielmehr präreflexiv und gewohnheitsmäßig vollzieht. Merleau-Ponty spricht davon, dass Leib und Welt in diesen Fällen zu einem »intentionalen Bogen« (159) zusammengeschlossen sind. Einerseits ist der Leib am Entwurf der Welt als einem Feld von Möglichkeiten beteiligt (wie im Fall des Phantomgliedes) und andererseits ist er dazu in der Lage, auf Anforderungen der Welt unmittelbar zu antworten (wie im Fall der konkreten Bewegungen). Der Fall Schneider macht damit die sozialphilosophischen Konsequenzen des leibtheoretischen Ansatzes deutlich: Während das cartesianische Subjekt seinen Organismus in dem Sinn *hat*, dass sein Körper vom Bewusstsein besessen und gesteuert wird und dieser einzig als Instrument des Handelns zu verstehen ist, *ist* das leibliche Subjekt sein Organismus insofern, als der Leib als eigenständige präreflexive Handlungsinstanz verstanden wird, durch die ein Großteil der alltäglichen Handlungssituationen bewältigt wird.

Der Leib als geschichtliche Idee

Nachdem Merleau-Ponty mithilfe des Phantomgliedes die Instanz des Leibes als eine Zwischensphäre des Zur-Welt-seins eingeführt und dann am Fall Schneider die Bedeutung dieser Zwischensphäre für unser alltägliches Dasein herausgekehrt hat, gilt es für ihn noch die Frage zu beantworten, wie sich der habituelle Leib durch Praktiken der Verleiblichung konstituiert. Weit davon entfernt, den Leib als eine natürliche Wesenheit zu verstehen, deutet er ihn als eine »geschichtliche Idee« (203). Die leiblichen Schemata, die wir im Zuge unseres Zur-Welt-seins in Anschlag bringen, sind nicht Ausdruck einer natürlichen Fähigkeit, sondern Effekte von Praktiken der Verleiblichung. Solche Praktiken lassen sich weder ausgehend vom Intellektualismus noch vom Behaviorismus begreifen. Sich ein leibliches Schema anzueignen bedeutet nämlich weder intellektuelles Wissen zu erwerben, welches dann als Regel in Anschlag gebracht wird, noch bedeutet es eine einfache Abrichtung auf bestimmte Reize. Gegen den Intellektualismus spricht, dass leibliches Wissen präreflexiv ist und im Zweifelsfall gar nicht explizit gemacht werden kann – Merleau-Ponty führt diesbezüglich das Schreiben auf einer Schreibmaschine an, das beherrscht wird, ohne explizit angeben zu können, wo sich welche Buchstaben auf der Tastatur befinden.[7] Gegen den Behaviorismus spricht wiederum, dass ein einmal erlerntes leibliches Schema auf vielfältige Situationen angewendet werden kann und nicht auf die Lernsituation beschränkt bleibt – so kann beispielsweise eine Orgelspielerin ihr Können auf ganz unterschiedlichen Instrumenten zur Geltung bringen. Wenn also weder Intellektualismus noch Behaviorismus hinreichend erklären können, wie der habituelle Leib zustande kommt, wie müssen wir uns seinen Erwerb dann vorstellen?

[7] »Man kann Schreibmaschine schreiben können, ohne anzugeben zu wissen, wo sich auf der Klaviatur die Buchstaben befinden, aus denen man die Worte zusammensetzt. Maschinenschreiben können heißt nicht, die Stelle jedes Buchstabens auf der Klaviatur kennen, noch auch für jeden einen bedingten Reflex sich angeeignet haben, der sich beim Hinblicken auf ihn auslöste. Was aber ist die Gewohnheit dann, wenn sie weder eine Kenntnis noch ein Automatismus ist? Ein Wissen, das in den Händen ist, das allein in der leiblichen Betätigung zur Verfügung steht, ohne sich in objektive Bezeichnungen übertragen zu lassen.« (173 f.)

Praktiken der Verleiblichung

Merleau-Pontys Antwort auf diese Frage lautet, dass wir ein leibliches Schema durch Gewöhnung erlernen. Wir lernen, wie etwas zu tun ist, indem wir etwas wieder und wieder tun. Dabei kann explizites Wissen durchaus vorläufig eine tragende Rolle spielen. Wer etwa lernen will, die Orgel zu spielen, der muss sich mit den Tasten und Registern vertraut machen, ihre Bedeutung lernen und zu Beginn genau darauf achten, wie und wo er seine Glieder in Stellung bringt. Im Verlauf des Repetierens tritt dieses explizite Moment jedoch immer weiter in den Hintergrund: Das Wissen lagert sich nach und nach in das leibliche Schema ein. Ist die Organistin nun gezwungen, auf einer neuen Orgel zu spielen, so ist kein Vermessen der Abstände zwischen den Registern und Tasten ihrerseits notwendig – vielmehr spielt sie sich an der neuen Orgel ein, um Leib und Instrument aufeinander abzustimmen und sich die neuen Relationen einzuverleiben. Im Begriff der Gewöhnung steckt daher nicht umsonst der Begriff des Wohnens. Er verweist darauf, dass die Lernende nach und nach am Instrument heimisch wird und ohne Hemmungen und Stockungen zu spielen vermag. Gewöhnung meint also nicht die Einverleibung von exakten Bewegungsabläufen, sondern vielmehr bestimmte Strukturen und Relationen leiblich kennen und beherrschen zu lernen. Der Leib, so Merleau-Ponty, erwirbt durch Gewöhnung das Vermögen, »Situationen gewisser Gestalt in Lösungen eines gewissen Typs zu entsprechen, wobei die Situationen von einem Fall zum anderen sehr verschiedene sein können« (172).

Leibliche Responsivität

Die leibliche Eingewöhnung im Umgang mit bestimmten Dingen hat noch eine weitere Folge: Sind wir mit einem bestimmten Gegenstand vertraut geworden, vermag dieser eine besondere, gleichsam »magische« Anziehungskraft auszuüben. So wird diejenige, die mit der Orgel vertraut ist und ein solches Instrument in neuer Umgebung antrifft, automatisch von diesem angesprochen werden. Das Instrument fordert den Leib gleichsam dazu auf, sich seiner zu bedienen. Die Eingewöhnung bestimmter leiblicher Praktiken strukturiert das Zur-Welt-sein des Subjekts also in ganz bestimmter Weise. Sie versetzt es, so können wir sagen, in eine Situation. Und es ist eben dieses leibliche Situiertsein, von dem der kritische Impuls von Merleau-Pontys Philosophie ausgeht. Deutlich wird das ganz am Ende der *Phänomenologie der Wahrnehmung*, wo sich Merleau-Ponty kritisch mit Sartres Philosophie der Freiheit auseinandersetzt. Das präreflexive Zur-Welt-sein, so argumentiert er hier, bildet die Grenze, an welcher die Freiheit des Cogito beständig zu scheitern droht. Freilich, so gesteht Merleau-Ponty zu, vermögen wir prinzipiell stets mit unserer Vergangenheit zu brechen und uns auf neue Weise zu wählen, stets jedoch muss die Freiheit dabei mit der Macht der Gewohnheit ringen: »[U]nsere Situation ist, solange wir leben, eine offene, was zugleich besagt, daß sie privilegierte Weisen ihrer Auflösung fordert […]« (502).

Zusammenfassung

Fassen wir zusammen: (i) Merleau-Ponty hat uns zunächst die *Weltlichkeit des Leibes* vor Augen geführt. Der Einsatzpunkt seiner Überlegungen besteht darin, den Leib als eine dritte Instanz jenseits von Geist und Körper zu verstehen. Er zeigt, dass ein Großteil der Handlungen, die wir alltäglich in der Welt vollziehen, weder als Leistung des Bewusstseins noch als Reiz-Reaktions-Mechanismen aufzufassen sind, sondern sich vielmehr auf der präreflexiven Ebene des Leibes vollziehen. (ii) Zweitens war es die *Geschichtlichkeit des Leibes,* die Merleau-Ponty ins Zentrum seiner Überlegungen gestellt hat. Der Leib, so hat er gezeigt, ist nicht als eine vorsoziale und natürliche Instanz zu verstehen, sondern als Resultat einer Reihe von Praktiken der Eingewöhnung. Den Leib sozialtheoretisch zu untersuchen bedeutet daher, sich jenen gesellschaftlichen Arrangements und Institutionen zuzuwenden, die unseren Leib langfristig prägen und ihm so eine bestimmte Existenzweise einverleiben. (iii) Drittens hat Merleau-Ponty die *Eigensinnigkeit des Leibes* herausgestellt. Gemeint ist damit, dass der Leib zwar zu spontanen Handlungen in der Lage ist und kreativ auf immer neue Anforderungen zu reagieren vermag, dass er dabei aber bestimmten Mustern folgt. Dem durch Praktiken der Eingewöhnung hervorgebrachten leiblichen Habitus kommt eine Beharrlichkeit zu, an welcher der freie Entwurf von Möglichkeiten beständig seine Grenze findet.

Rezeption und Wirkung

Wer sich heute mit dem Thema Leiblichkeit auseinandersetzen möchte, kommt nicht um die Arbeiten von Merleau-Ponty herum. Doch auch wenn Merleau-Ponty als die Schlüsselfigur eines Denkens der Leiblichkeit gelten kann, finden sich doch auch bei anderen Phänomenologen wichtige Analysen unserer Leiblichkeit.[8] Neben der ›Neuen Phänomenologie‹ von Her-

[8] Einen ausführlichen Überblick bietet: Emmanuel Alloa, Thomas Bedorf, Christian

mann Schmitz ist dabei vor allem die ›Phänomenologie des Lebens‹ von Michel Henry hervorzuheben. Beide haben im Zuge der Ausarbeitung ihrer jeweiligen theoretischen Positionen reichhaltige und weitführende Beschreibungen unserer leiblichen Existenzweise geliefert.[9] Merleau-Pontys Denken der Leiblichkeit wird heute vor allem in drei theoretischen Feldern rezipiert: Einen wichtigen Einfluss haben seine Arbeiten zunächst auf die *Soziologie* von Pierre Bourdieu ausgeübt. Wenngleich Merleau-Ponty von Bourdieu nur selten erwähnt wird, so zeugt die im Mittelpunkt seines Denkens stehende *Theorie des Habitus* doch von einer intensiven Auseinandersetzung mit den Arbeiten Merleau-Pontys.[10] Während dieser freilich mehr an der Analyse von Einzelphänomenen interessiert war, macht Bourdieu den Habitus zum Ausgangspunkt einer ganzen Gesellschaftstheorie. Ein zweiter theoretischer Strang, in welchem Merleau-Ponty heute rezipiert wird, sind die *Kognitionswissenschaften* und die *Psychopathologie*. Der Psychiater Thomas Fuchs etwa macht Merleau-Pontys Arbeiten für die Beschreibung und Analyse von Phänomenen wie Autismus, Schizophrenie und Depression fruchtbar und entwickelt daraus eine phänomenologische Anthropologie.[11] In eine ähnliche Richtung gehen die Arbeiten von Shaun Gallagher, die sich intensiv mit den empirischen Ergebnissen und Problemen der Kognitionswissenschaften auseinandersetzen und diese auf der Basis einer Phänomenologie der verkörperten Wahrnehmung zu lösen versuchen.[12] Ein dritter Strang schließlich macht Merleau-Pontys Arbeiten für die *Geschlechtertheorie* fruchtbar. Männlichkeit und Weiblichkeit werden dabei weder auf die physische noch auf die psychische Ausstattung von Individuen zurückgeführt, sondern als Inkorporation bestimmter leiblicher Schemata verstanden. Was uns scheinbar als Natur der Geschlechter gegeben ist, wird so als ein leiblicher Stil der Existenz dechiffriert.[13]

Grüny und Tobias Klass (Hg.), *Leiblichkeit. Geschichte und Aktualität eines Konzepts,* Tübingen: UTB 2012.

9 Hermann Schmitz, *Der Leib,* in: *System der Philosophie,* Bd. 2, Bonn: Bouvier 1965; Michel Henry, *Inkarnation. Eine Philosophie des Fleisches,* Freiburg: Alber 2011.

10 Pierre Bourdieu, *Sozialer Sinn. Kritik der theoretischen Vernunft,* Frankfurt am Main: Suhrkamp 1993.

11 Peter Fuchs, *Leib, Raum, Person. Entwurf einer phänomenologischen Anthropologie,* Stuttgart: Klett-Cotta 2000.

12 Shaun Gallagher, *How the body shapes the mind,* Oxford: Oxford University Press 2005.

13 Silvia Stoller, *Existenz – Differenz – Konstruktion. Phänomenologie der Ge-*

Empfohlene Literatur zum Weiterlesen:

Alloa, Emmanuel, Thomas Bedorf, Christian Grüny und Tobias Klass (Hg.), *Leiblichkeit. Geschichte und Aktualität eines Konzepts*, Tübingen: UTB 2012.

Landes, Donald, *The Merleau-Ponty Dictionary*, London: Bloomsbury 2013.

Waldenfels, Bernhard, *Das leibliche Selbst. Vorlesungen zur Phänomenologie des Leibes*, Frankfurt am Main: Suhrkamp 2000.

---

schlechtlichkeit bei Beauvoir, Irigaray und Butler, München: Fink 2010, sowie: Steffen Herrmann, »Politik der Leiblichkeit. Von Maurice Merleau-Ponty zu Iris Marion Young und Judith Butler«, in: Thomas Bedorf, Tobias N. Klaas (Hg.), *Leib – Körper – Politik. Untersuchungen zur Leiblichkeit des Politischen*, Weilerswist: Velbrück 2015, 61–82.

3. Unbewusstes (Freud)

Freud als Gründer der Psychoanalyse

Sigmund Freud (1856–1939) hat die Wissenschaft der Psychoanalyse an der Wende zum 19. Jahrhundert entwickelt. Als Privatdozent für Neuropathologie lernte er durch eine Studienreise nach Paris im Jahr 1885 den französischen Pathologen Jean-Martin Charcot kennen, welcher ihn mit der Heilungskraft der Hypnosetechnik vertraut machte. An seinen Lebensmittelpunkt Wien zurückgekehrt, versuchte Freud im Anschluss gemeinsam mit seinem Freund Josef Breuer, die Hypnosetechnik für die Heilung der Hysterie fruchtbar zu machen. Weil sich damit jedoch nur temporäre Heilungserfolge einstellten, veränderte Freud seine Behandlungstechnik in den nächsten Jahren, was ihn schließlich zur Entdeckung des Unbewussten und den zu seiner Erschließung notwendigen Techniken der freien Assoziation und der Traumdeutung führte. Die 1899 veröffentlichte (und auf 1900 datierte) Schrift *Die Traumdeutung* stellt dabei das erste umfassende Dokument dar, in welchem Freud seine Theorie der Psychoanalyse vorstellt.[1] Im Zentrum von Freuds Überlegungen steht dabei das Vorhaben, diejenigen psychischen Grundkonflikte freizulegen, welche Individuen in ihrer Entwicklungsgeschichte notwendig durchlaufen. Ihre Bewältigung ist für Freud nämlich grundlegend, um zu verstehen, was unser Erleben prägt, welche Motive uns zum Handeln veranlassen und welche Wünsche, Sehnsüchte, Bedürfnisse und Ängste uns beherrschen. In den nächsten knapp 30 Jahren wird Freud im Zuge dieses Programms die Psychoanalyse nicht nur immer weiter umbauen und verfeinern, sondern seine psychopathologischen Überlegungen auch zu einer umfassenden Kulturtheorie fortentwickeln. Das hat nicht zuletzt dazu geführt, dass die Psychoanalyse im 20. Jahrhundert zu einer der

[1] Sigmund Freud, *Die Traumdeutung*, in: *Gesammelte Werke* Bd. 2 und 3, London: Fischer 1942. Zur Biographie Freuds vgl. Peter Gay, *Freud: Eine Biographie für unsere Zeit*, Frankfurt am Main: Fischer 2006.

einflussreichsten Denkströmungen geworden ist, haben ihre Methoden und Erkenntnisse doch schnell Eingang in Literatur-, Kunst- und Filmwissenschaft, aber auch in Anthropologie, Soziologie oder Philosophie gefunden.

Trieb und Begehren

In den vorangegangenen Kapiteln haben wir gesehen, wie der Existenzialismus Sartres das präreflexive Cogito und die Phänomenologie Merleau-Pontys den Leib in den Mittelpunkt der Konstitution von Subjektivität gestellt haben. In der Tradition der Psychoanalyse tritt nun die Libido ins Zentrum.[2] Auch wenn Freud für sie in seinen Schriften meist den Begriff des Triebes verwendet, werde ich im Folgenden im Anschluss an die französischsprachige Tradition der Psychoanalyse (Jean Laplanche, Jacques Lacan) terminologisch vom Begehren sprechen.[3] Das hat seinen Grund darin, dass sich mit diesem Begriff das Missverständnis vermeiden lässt, es gehe der Psychoanalyse Freuds um eine biologische Antriebskraft, die ausschließlich auf sexuelle Aktivitäten gerichtet sei. Demgegenüber umfasst der Begriff des Begehrens all jene Strebungen, die unser Zur-Welt-sein vermittels bestimmter Wünsche, Vorstellungen und Phantasien strukturieren. Das Begehren wird von Freud dabei als eine unbewusste Kraft verstanden, die ihre Formung in den frühen Jahren der Kindheit erfährt. Da genau dieser Lebensabschnitt aber gemeinhin der Amnesie verfallen ist, steht Freud vor der schwierigen Aufgabe, diese vergessene Zeit wieder ans Licht zu holen – nicht zuletzt deshalb vergleicht er die psychoanalytische Tätigkeit auch immer wieder mit der archäologischen Ausgrabungsarbeit. Da Freud zu seiner Zeit dabei noch nicht auf eine umfassende Säuglings- und Kleinkindforschung zurückgreifen konnte, versuchte er ausgehend von den Träumen seiner Patientinnen und Patienten auf diese Phase zurückzuschließen. Ergebnis dieser Rekonstruktionsarbeit, die Freud in *Die Traumdeutung* von 1899 ausführlich dargelegt hat, ist eine sich

---

[2] Sowohl Sartre als auch Merleau-Ponty haben sich natürlich mit der Psychoanalyse auseinandergesetzt. Beide stehen dem Programm und der Methode der Psychoanalyse jedoch skeptisch gegenüber. Einen Überblick über die sich verändernde Haltung zur Psychoanalyse von Sartre und Merleau-Ponty gibt: Hans-Dieter Gondek, »Die französische Phänomenologie und die Freudsche Psychoanalyse«, in: Hans-Martin Lohmann und Joachim Pfeiffer (Hg.), *Freud-Handbuch. Leben – Werk – Wirkung*, Stuttgart: Metzler 2006, 348–357.

[3] Vgl. dazu ausführlich. Ilka Quindeau, *Verführung und Begehren: Die psychoanalytische Sexualtheorie nach Freud*, Stuttgart: Klett-Cotta 2008.

nach und nach entwickelnde Sozialisationstheorie, die uns anhand von einschlägigen Schlüsselszenen die Formung des menschlichen Begehrens vor Augen führt.

Die Fehlleistungen

»Das Ich ist nicht Herr im eigenen Haus«[4] lautet eine der programmatischen Formeln Freuds. Was damit gemeint ist, lässt sich an unseren alltäglichen Fehlhandlungen deutlich machen, denen Freud sich in seiner 1901 veröffentlichten Studie *Zur Psychopathologie des Alltagslebens* widmet. Freud stellt sich dort die Frage, woher Fehlleistungen wie das Versprechen, Verlesen, Verhören, Vergessen, Verlegen oder Verlieren kommen. Die klassische Antwort auf die Frage, was diese Quelle sein könnte, lautet dabei, dass wir in der entsprechenden Situation entweder ermüdet, aufgeregt oder eigentlich auf etwas Anderes konzentriert sind. Freud wendet nun ein, dass Fehlleistungen auch bei Menschen vorkommen, die weder ermüdet noch aufgeregt oder zerstreut sind, sondern sich mehr oder weniger im alltäglichen Normalzustand befinden. Der Ansatz der Aufmerksamkeitsverzerrung scheint ihm daher ungeeignet und er schlägt stattdessen vor, sich den Versprechern von einer anderen Seite aus zu nähern: Statt zu fragen, unter welchen situativen Bedingungen wir uns versprechen, will er danach fragen, warum wir uns in bestimmter Weise versprechen. Mit dieser Wendung der Fragestellung rückt Freud den *Sinn* des Versprechens in den Mittelpunkt.

Die Sinnhaftigkeit von Versprechern

Im Alltagsleben werden Versprecher oftmals als sinnlos und unbedeutend übergangen. Exemplarisch hierfür sind etwa jene linguistischen Ansätze, welche das Versprechen durch die Wertigkeit einzelner sprachlicher Silben zu erklären versuchen. Freud wendet nun ein, dass der Sinn mancher Versprecher ganz offen zu Tage liege. Er gibt dafür zunächst folgendes Beispiel: »Meine Damen und Herren, hiermit erkläre ich die Sitzung für geschlossen (statt eröffnet).«[5] Der Präsident, der die Sitzung mit diesen Worten eröffnet, erwartet sich offensichtlich nichts Gutes von dem bevorstehenden Austausch und wäre froh, wenn er jetzt schon beendet wäre. Im Versprechen kommt in diesem Fall also ein Wunsch

---

[4] Sigmund, Freud, *Vorlesungen zur Einführung in die Psychoanalyse*, in: *Gesammelte Werke* Bd. 11, London: Fischer 1944, 295.

[5] Sigmund Freud, *Zur Psychopathologie des Alltagslebens*, in: *Gesammelte Werke* Bd. 4, London: Imago 1941, 67.

zum Ausdruck. Freilich sind nicht alle Versprecher derart klar und deutlich. Freud wendet sich daher im nächsten Schritt Fällen zu, wo wir es nicht mit einer Ersetzung (»geschlossen« statt »eröffnet«), sondern mit einer Verdrehung zu tun haben. Exemplarisch hierfür ist etwa folgende Äußerung: »Dann sind aber Tatsachen zum Vorschwein gekommen …«[6]. Befragt man die betreffende Person, was ihr zu diesem Versprecher einfällt, erhält man die Auskunft, dass sie bestimmte Vorgänge eigentlich für eine Schweinerei hält – ein Gedanke, der sich in Form einer Verdrehung in die Rede eingeschlichen hat. Als letzten Fall führt Freud schließlich eine Situation an, in welcher ein Festredner folgende Äußerung tut: »Ich fordere sie auf, auf das Wohl unseres Chefs aufzustoßen (statt anzustoßen).«[7] Befragt man den Festredner, was ihm zu dieser Wendung einfällt, so bleibt dieser allerdings stumm – mehr noch: auf Freuds Nachfrage, ob er dem Chef gegenüber vielleicht einen Groll hege, bestreitet der Befragte dies.

Unbewusste Motive

Fragt man danach, welcher Sinn in den genannten Versprechern zum Ausdruck kommt, lassen sich drei Antworten geben: Erstens finden wir Fälle, in denen die störende Tendenz dem Redenden bekannt ist (Sitzung ist geschlossen), zweitens finden wir Fälle, in denen der Redner die Intention nachträglich ausfindig machen kann (Vorschwein) und drittens finden wir Fälle, in denen eine bestimmte Intention vom Sprecher abgelehnt wird (auf das Wohl aufstoßen). Aus einer Reihe von weiteren Beispielen schließt Freud nun, dass sich die Sprechenden in den ersten beiden Fällen offensichtlich dazu entschlossen haben, eine bestimmte störende Intention zurückzudrängen, die sich dann entgegen ihrem Willen in der Rede Ausdruck verschafft hat. Freud schließt daraus, dass es sich auch im dritten Fall so verhalten muss, er sich von den anderen jedoch dadurch unterscheidet, dass der Sprecher hier nichts von seiner zurückgedrängten Intention weiß. Das, was hier zum Ausdruck kommt, muss daher eine unbewusste Motivation sein. Um uns das verständlich zu machen, können wir beispielsweise annehmen, dass der Redner einen Groll gegen seinen Vater hegt, den er sich diesem gegenüber aber nicht zum Ausdruck zu bringen erlaubt. Sein Groll ist daher ein verdrängter und wartet im Unbewussten auf eine

[6] Ebd., 65.
[7] Ebd.

Gelegenheit, sich zu äußern. Da der Chef den Festredner nun aufgrund bestimmter paternaler Züge an seinen Vater erinnert, bahnt sich die Wut auf den Vater dann ihm gegenüber ihren Weg. Der Versprecher würde sich damit auch in diesem Fall auf eine gegenläufige Intention zurückführen lassen, allerdings mit dem Unterschied, dass diese aus dem Unbewussten stammt.

Das Unbewusste des Seelenlebens ist das Infantile

In Versprechern können also Dinge zur Sprache kommen, die sich auf unbewusste Motive zurückführen lassen. Freuds Überzeugung besteht nun darin, dass solche unbewussten Motive aus der frühen Kindheit herrühren. Er hält daher fest, »daß das Unbewußte des Seelenlebens das Infantile ist.«[8] Die frühe Kindheit zeichnet sich für Freud nun dadurch aus, dass das Begehren des Kindes in Anlehnung an die Entwicklung bestimmter Organfunktionen geformt und strukturiert wird. Um das deutlich zu machen, entwickelt er seine Phasentheorie der kindlichen Entwicklung, in der sich orale, anale und phallische Phase unterscheiden lassen. Freud spricht diesbezüglich auch gerne von seiner Entdeckung der »infantilen Sexualität«, da in allen drei Phasen die lustvolle Befriedigung bestimmter erogener Zonen im Zentrum steht.[9] Sehen wir uns das im Folgenden genauer an.

Die orale Phase

Freud beschreibt die Entwicklung der infantilen Sexualität erstmals in der zweiten seiner *Drei Abhandlungen zur Sexualtheorie* von 1905. Als orale Phase bezeichnet er dabei die Lebensspanne des ersten Jahres, in welcher das Sexualziel des Kindes in »der *Einverleibung* des Objektes« besteht.[10] Um besser zu verstehen, was damit gemeint ist, müssen wir uns vor Augen führen, dass der Ausgangspunkt der oralen Phase der Übergang vom intrauterinen zum extrauterinen Leben ist, welcher für das Neugeborene mit einer abrupten Umstellung seiner Umgebungs- und Ernährungsbedingungen einhergeht. Mit der Durchtrennung der Nabelschnur lernt das Kind den Hunger kennen, der sich ihm als diffuses Unlustgefühl zeigt. Dieses Unlustgefühl bringt das Neugeborene durch sein Schreien so lange zum Ausdruck, bis mit der Brust (oder dem Fläsch-

[8] Freud, *Vorlesungen zur Einführung in die Psychoanalyse,* a. a. O., 215.

[9] Vgl. ebd., Vorlesung Nr. XX.

[10] Vgl. Sigmund Freud, *Drei Abhandlungen zur Sexualtheorie,* in: *Gesammelte Werke* Bd. 5, London: Fischer 1942, 98.

chen) jenes befriedigende Objekt auftaucht, dass ihn von seinem Unlustgefühl befreit. Freud betont nun, dass der Akt der wiederholten Nahrungsaufnahme im Kind nicht nur ein befriedigendes Sättigungsgefühl hervorruft, sondern das Saugen an der Brust zu einer eigenen Lustquelle wird. Die Reizung der Mundschleimhaut wird vom Säugling ganz unabhängig von der Gabe der Nahrung als ein lustvoller Akt erfahren.[11] Das Stillen mit der Brust sättigt also einen Hunger, weckt aber zugleich einen anderen: den Hunger nach Zuwendung. Auch wenn der Säugling bald daraufhin lernt, sich seine orale Befriedigung nicht nur an der Brust zu holen, sondern am eigenen Körper mittels »Ludeln« (Daumenlutschen), bleibt die Befriedigung durch die Brust doch eine besondere, da die orale Lust hier mit der befriedigenden Erfahrung zwischenmenschlicher Zuwendung einhergeht. Wir können nun besser verstehen, warum Freud die ›Einverleibung‹ als Sexualziel dieser Zeit bezeichnet: Gemeint ist damit, dass der Säugling Mund und Lippen als erogene Zonen kennenlernt und dadurch ein orales Begehren entwickelt, welches völlig unabhängig von seinem Hunger nach Nahrung besteht.

Frustration | Das Begehren des Säuglings wird nun früher oder später von den Eltern frustriert werden müssen. Zunächst wird der Säugling lernen müssen, dass die Brust nicht immer genau dann zur Verfügung steht, wenn ihm danach ist, was Gefühle der Wut, Hilflosigkeit und Verzweiflung zur Folge hat. Diese Gefühle werden dann schnell mit dem von außen kommenden Objekt in Zusammenhang gebracht. Die Brust wird dann ein ambivalentes Objekt werden, was unter anderem darin zum Ausdruck kommt, dass der Säugling der Brust gegenüber aggressive Verhaltensweisen wie etwa Beißen zeigt. Das Ausleben dieser Ambivalenzen wird es dem Säugling erleichtern, den Vorgang der Entwöhnung zu ertragen. Gleichwohl steht er vor der Herausforderung, seine Frustrationserfahrung und die damit verbundenen Unlustempfindungen zu bewältigen. Das gelingt ihm unter anderem dadurch, dass die Abwesenheit der elterlichen Bezugsperson es erlaubt, ein eigenes Selbstgefühl zu entwickeln. Erlebt sich der Säugling zunächst mit seiner Umwelt verschmolzen und ohne feste Ich-Grenzen, lernt er sich jetzt als von der Umwelt getrenntes, abgrenzbares Wesen kennen. Die erste große Herausforderung in der psychosexuellen Entwicklung des Säuglings be-

[11] Vgl. ebd., 80.

steht also darin, den Konflikt zwischen dem Wunsch nach *Einheit* und der Notwendigkeit von *Getrenntheit* zu überwinden.

Die anale Phase

Um das zweite Lebensjahr kann mit Freud der Beginn der analen Phase angesetzt werden. Die mit der Entwöhnung einhergehende Trennung von der Mutter wird in dieser Zeit durch die motorische Reifung des Säuglings komplettiert, was es dem Kleinkind erlaubt, seine Umwelt aktiv zu erkunden. Freud rückt in seinen Überlegungen jedoch weniger diese Bemächtigung der Umwelt in den Vordergrund, als vielmehr wieder eine Organfunktion: nämlich diejenige der Ausscheidung. Das Kleinkind erlebt die Reizung seiner Afterschleimhaut während des Ausscheidungsvorgangs als einen lustvollen Vorgang, den es gerne wiederholen möchte. Schnell lernt es dabei, dass es die Lust der Ausscheidung durch Zurückhaltung vergrößern kann. Hält es nämlich seine Stuhlmassen zurück, rufen sie später beim Durchgang durch den After umso größere Lust hervor. Für Freud ist nun entscheidend, dass sich an dieses anale Lusterleben, ähnlich wie in der oralen Phase, ein neues Lusterleben anschließt: Das Kleinkind lernt die Freude des Gebens kennen. Dazu tragen nicht zuletzt die elterlichen Bezugspersonen bei, die seine Ausscheidungen bewundern (»Was für ein schönes Kaka!«), wodurch das Kleinkind lernt, seine Fäzes als ein kostbares Geschenk zu schätzen, mittels dessen es die Zuneigung seiner Eltern hervorzurufen vermag.[12] Der Ausscheidungsvorgang erlaubt es dem Kind also, den Eltern gegenüber zum ersten Mal in eine aktive Rolle zu gelangen – es ist nicht mehr einfach nur abhängig von ihnen, sondern kann sie durch seine Präsente abhängig von sich machen.

Privation

Auch für die anale Phase ist jedoch wieder ein spezifischer Konflikt kennzeichnend. Schon bald, so Freud, tritt dem Kleinkind die Außenwelt nämlich als »feindliche Macht« gegenüber.[13] Ähnlich wie der Säugling sich die Brust abgewöhnen musste, muss sich das Kleinkind nun die Kontrolle über seinen Stuhlgang angewöhnen. Das Kind muss also feststellen, dass sein Geschenk nicht jederzeit willkommen ist, sondern nur unter ganz bestimmten Bedingungen gewürdigt wird. Eine Liebesreaktion seiner Eltern kann es nur dann hervorrufen, wenn es sein ›Kaka‹ ins ›Töpfchen‹ macht.

---

12 Vgl. ebd., 87.

13 Vgl. Freud, *Vorlesungen zur Einführung in die Psychoanalyse,* a. a. O., 325.

Ist das nicht der Fall, muss das Kleinkind die Erfahrung der Privation der elterlichen Liebe machen. Auch wenn das Kleinkind daraufhin mit Trotz reagiert, um auf die Selbstständigkeit seiner Ausscheidungsphasen zu pochen, wird es schon bald feststellen müssen, dass es im Kräftemessen mit den Eltern unterlegen ist. Seine Erfahrungen in dieser Zeit schwanken daher zwischen Allmacht und Ohnmacht. Einerseits lernt sich das Kleinkind als aktiver sozialer Akteur kennen, der durch sein selbstgemachtes Geschenk die Zuneigung seiner Eltern aktivieren kann, andererseits muss es feststellen, dass es den elterlichen Wünschen hoffnungslos ausgeliefert ist. Die zweite große Herausforderung der psychosexuellen Entwicklung besteht also darin, den Konflikt zwischen dem Streben nach *Autonomie* und der eigenen *Abhängigkeit* von Anderen zu lösen.

Die phallische Phase

Im Alter von 4 bis 5 Jahren, so Freud, tritt das Kind in die phallische Phase ein, in welcher die Erkundung des eigenen Körpers eine wichtige Rolle spielt. In dieser Zeit entdeckt das Kind seine Genitalien, was sich in Form infantiler Masturbation, aber auch im Herzeigen der Geschlechtsteile gegenüber anderen Kindern (Doktorspiele) ausdrücken kann. Diese Handlung trifft jedoch schnell das Missfallen der Erwachsenen, welche dem Kind die genitale Stimulation verbieten – nicht selten, so Freud, spielen dabei scherzhafte Kastrationsdrohungen eine Rolle, welche die Entfernung des Genitals oder der Hand bei weiteren Verstößen ankündigen. Freud glaubt nun, dass diese Kastrationsdrohung in dem Moment virulent wird, wo sich die Kinder zum ersten Mal des anatomischen Geschlechtsunterschiedes bewusst werden. Waren Jungen und Mädchen bisher beide davon ausgegangen, die gleiche Anatomie zu haben, so zeigt sich nun, dass der Junge etwas ›hat‹, was dem Mädchen ›fehlt‹. Dieser Eindruck lässt den Knaben die Kastrationsdrohung plötzlich ernst nehmen, wohingegen das Mädchen den Eindruck haben muss, bereits kastriert worden zu sein.[14] Angstgefühle auf Seiten des Jungen und Minderwertigkeits- bzw. Neidgefühle auf Seiten des Mädchens sind die Folge. Diese asymmetrische Schilderung der Bedeutung des Geschlechtsunterschiedes hat Freud schon nach kurzer Zeit Kritik von verschiedenen Seiten eingebracht.[15] Be-

[14] Vgl. Sigmund Freud, »Der Untergang des Ödipuskomplexes«, in: *Gesammelte Werke* Bd. 13, London: Fischer 1940, 393–402.

[15] Vgl. Karen Horney, *New Ways in Psychoanalysis*, New York: Norton 1939; sowie

sessen von der Bedeutung des männlichen Genitals übersehe Freud völlig die Bedeutung des Vaginal- und Gebärneids, der es erlauben würde, eine symmetrische Konzeption des Ödipuskomplexes zu entwerfen. Rücken wir nun ein Stück weit von Freud ab, und fragen analog zur oralen und analen Phase danach, welche soziale Bedeutung sich an die Entdeckung der erogenen Genitalzone anlehnt, so können wir seine Überlegungen folgendermaßen reformulieren: Zentral an der Entdeckung des Geschlechtsunterschiedes ist, dass sich die Kinder dadurch ihrer unterschiedlichen sozialen Positionen als Mann und als Frau bewusst werden und dadurch jeweils zu einer Identifikation mit dem gleichgeschlechtlichen Elternteil gelangen, was sich in der Folge darin zeigt, das sie nun gerne »Vater« oder »Mutter« spielen. Es ist eben diese Reproduktion geschlechtlicher Rollen, aus welcher das Kind in der phallischen Zeit einen besonderen Lustgewinn zieht.

Kastration

Freilich zeichnet sich aber auch die phallische Phase wieder durch einen bestimmten Konflikt aus. Schildern wir diesen zunächst wieder aus der Perspektive Freuds: Früher oder später wird der Knabe für seine Mutter bzw. anders herum das Mädchen für seinen Vater Verliebtheitsgefühle äußern – Freud spricht diesbezüglich vom ›Ödipuskomplex‹. Dieser hat zur Folge, dass das Kind in ein Rivalitätsverhältnis zu einem der beiden Elternteile gerät: Möchte es die Mutter verführen, steht es in Konkurrenz zum Vater, wie es anders herum mit der Mutter in Konkurrenz gerät, wenn es den Vater verführen möchte. In diesem Liebeswettstreit können die Gefühle gegenüber Vater oder Mutter destruktive Züge annehmen: Das Kind wünscht sich, der Vater oder die Mutter möge verschwinden und nicht wiederkommen, damit es den Elternteil, den es begehrt, jeweils ganz für sich allein habe. Neben die zärtlichen Liebesgefühle für die jeweils gleichgeschlechtliche Elternfigur treten so Hassgefühle. Für Freud wird dieses Liebeswerben im Fall des Jungen jäh durch eine (phantasierte) Kastrationsdrohung durch den Vater beendet, im Fall des Mädchens, das diese Kastration an sich schon vollzogen glaubt, findet der Ödipuskomplex dagegen nur ein schleichendes Ende, insofern das Mädchen nach und nach einsehen muss, dass ihr der Vater

---

Bruno Bettelheim, *Die symbolischen Wunden. Pubertätsriten und der Neid des Mannes* (1954), Frankfurt am Main 1982.

kein Kind schenken wird. Versuchen wir nun auch in diesem Fall wieder danach zu fragen, wie sich Freuds Idee jenseits der Kastrationsphantasie verstehen lässt, können wir die Szene so reformulieren: Das Kind realisiert, dass seine geschlechtliche Position in einer heterosexuellen Gesellschaftsordnung damit einhergeht, dass es in einer Attraktionsbeziehung zum gegengeschlechtlichen Elternteil und in einer Konkurrenzsituation zum gleichgeschlechtlichen Elternteil steht. Im Zuge dieser Konstellation muss es feststellen, dass es sich nicht beliebig an die Stelle von Mutter und Vater setzen kann, weil die Mutter etwas am Vater liebt wie umgekehrt der Vater etwas an der Mutter, was es selbst nicht ersetzen kann. Es muss also einsehen, dass Vater und Mutter eine eigenständige und von ihm unabhängige Beziehung unterhalten, was nicht zuletzt starke Neidgefühle in ihm hervorruft. So formuliert besteht die entscheidende Herausforderung für das Kind in der phallischen Phase darin, sein Begehren nach *Exklusivität* aufzugeben und die *Andersheit der Anderen* akzeptieren zu lernen.

Die Grundkonflikte und ihre Abwehr

Der Durchgang durch die drei Phasen der psychosexuellen Entwicklung des Kindes macht uns deutlich, dass der ontogenetische Entwicklungsprozess von Freud als ein Vorgang beschrieben wird, in dem in Anlehnung an bestimmte erogene Körperzonen jeweils ein spezifisches Begehren auftaucht (Verschmelzungswünsche, Autonomiestreben, Exklusivitätsansprüche), das dann in der Folge bestimmter sozialer Umstände (Frustration, Privation, Kastration) in einen Konflikt mit seiner Umwelt gerät. In diesen sozialen Konflikten wird das Kind jeweils dazu genötigt, sein Begehren anzupassen und zu regulieren: Es muss lernen, dass es nicht mit Anderen verschmelzen kann, weil es von ihnen getrennt ist; es muss einsehen, dass seine Autonomie auf einer grundlegenden Abhängigkeit von der Bestätigung durch Andere beruht und es muss feststellen, dass sein Verlangen nach Exklusivität seine Grenze an der Andersheit der Anderen findet. Um die genannten Konflikte zu meistern, muss das Kind Bewältigungsmechanismen einsetzen, die in der Psychoanalyse allgemein unter dem Begriff der ›Abwehr‹ gefasst werden. Auch wenn Freud in seinen Überlegungen ganz unterschiedliche Abwehrmechanismen beschreibt, war es doch erst seine Tochter Anna Freud, die erstmals eine systematische Klassifikation dieser Mechanismen vorgelegt hat. Neben der klassischen Verdrängung führt sie dabei Regression, Reaktionsbildung, Isolierung, Ungeschehenmachen, Projektion, Introjektion, Wendung gegen die eigene Person, Verkehrung ins Gegenteil und Sublimierung an.[16]

Die Charakterneurosen

Wie einige der genannten Abwehrmechanismen zur Bewältigung der oben genannten Grundkonflikte eingesetzt werden, zeigt sich, wenn man sich dem Prozess der Charakterbildung zuwendet. So versucht Freud etwa in seinem kurzen Aufsatz »Charakter und Analerotik« zu zeigen, dass Eigenschaften wie Ordnungsliebe, Sparsamkeit und Eigensinn das Resultat der Abwehr des Begehrens der analen Phase sind.[17] Die Sparsamkeit, so Freud, gehe auf die Lust am Zurückhalten des Kots zurück. Dass es sich dabei um eine Form der Sublimierung dieser Zurückhaltung handelt, zeigt sich für ihn daran, dass Geld und Kot in einer engen Verbindung stehen. Schon von Alters her wird das Geld nämlich immer wieder mit Schmutz und Unreinheit in Verbindung gebracht, was nicht zuletzt in der Figur des »Dukatenscheißers« zum Ausdruck kommt. Die Lust am Zurückhalten von Geld in Form des Geizes lässt sich daher als ein sublimiertes analerotisches Begehren verstehen. Anders verhält es sich bei der Ordnungsliebe: Hier haben wir es mit einer Reaktionsbildung zu tun, insofern damit ein Vorgang bezeichnet ist, durch den unerwünschte oder unerlaubte Wünsche durch die Entwicklung in entgegengesetzte Haltungen abgewehrt werden. Das kindliche Interesse an seinen Fäzes wird durch Reaktionsbildung in sein Gegenteil transformiert. Grundlage dafür ist die Identifikation mit den primären Bezugspersonen, welche die ersten Sauberkeitsforderungen gegenüber dem Kind erhoben und es für seine Reinlichkeit mit Lob und Liebe belohnt haben. Die Lust am Eigensinn versteht Freud schließlich als Fortsetzung des ursprünglichen analen Begehrens. Es war ja eben die selbstbestimmte Verfügung über die eigenen Ausscheidungsvorgänge, welche in der analen Phase zunächst besondere Lust erzeugt hatte. Der enge Zusammenhang zwischen Trotz und Analerotik zeigt sich für Freud auch deutlich in der bekannten Formel von Goethes *Götz von Berlichingen:* »Er aber, sag's ihm, er kann mich im Arsche lecken!«. Ordnungsliebe, Sparsamkeit und Eigensinn sind für Freud also allesamt Charaktereigenschaften, die

[16] Vgl. Anna Freud, *Das Ich und die Abwehrmechanismen* (1936), Frankfurt am Main: Fischer 1984.
[17] Vgl. Sigmund Freud, »Charakter und Analerotik«, in: *Gesammelte Werke* Bd. 7, London: Fischer 1941, 203–212.

durch bestimmte Bewältigungsmechanismen der analen Phase hervorgerufen wurden: »Diese bleibenden Charakterzüge«, so schreibt er, »sind entweder unveränderte Fortsetzung der ursprünglichen Triebe, Sublimierungen derselben oder Reaktionsbildungen gegen dieselben.«[18]

Von der Versagung zur Verdrängung

Freud ist einer psychoanalytischen Charakterlehre trotz seiner eigenen Versuche stets skeptisch gegenübergestanden. Zu einzigartig und vielfältig, so hatte ihm seine psychoanalytische Praxis gezeigt, sind die Entwicklungswege der Einzelnen, als dass sie sich nachträglich in einfache Gruppen einteilen ließen. Den eigentlichen Anwendungsbereich seiner Theorie des Begehrens sieht Freud daher weniger in der Einteilung von Charaktergruppen, als vielmehr in der Aufklärung psychoneurotischer Störungen, zu denen er in erster Linie die Zwangsneurose, die Paranoia und die Hysterie zählt. Wie aber kommen solche Psychoneurosen für Freud zustande?[19] Ausgangspunkt der Symptombildung ist für Freud die *Versagung* des reifen Begehrens im nachkindlichen Alter – etwa wenn sich eine Frau ihre Liebe zu einem Mann versagt, weil dieser aus schlechten Verhältnissen kommt und es daher in ihrem Umfeld unangemessen wäre, ihn zu heiraten. Eine solche Form der Versagung des reifen Begehrens kann für Freud zu einer *Regression* auf eine infantile Begehrensstufe führen, auf welcher sich das Individuum dann quasi eine Ersatzbefriedigung zu verschaffen versucht. Auf welche Stufe (oral, anal, phallisch) dabei genau regrediert wird, hängt für Freud damit zusammen, welche der Entwicklungsstufen in früher Kindheit als besonders lustvoll erlebt worden ist und so eine *Fixierung* hinterlassen hat. Das genannte Zusammenspiel von Versagung, Regression und Fixierung führt für Freud zu einer Wiederbelebung des infantilen Begehrens, das sich dann in der Folge vor allem in Form von ›perversen‹ sexuellen Wünschen zeigt. Exemplarisch hierfür steht für ihn das inzestuöse (phallische Phase) oder homoerotische (anale Phase) Begehren. Freud betont dabei wiederholt, dass diese sexuellen Perversionen für ihn *keine* Krankheiten darstellen, sondern *alternative* Formen des Begehrens, von denen sich auch in der ganz ›normalen‹ Sexualität stets Überreste finden lassen.

---

18 Ebd., 209.

19 Vgl. zum folgenden: Freud, *Vorlesungen zur Einführung in die Psychoanalyse*, a. a. O., Vorlesung Nr. XIII.

Eine pathologische Form nimmt das infantile Begehren für ihn erst dann an, wenn dieses selbst noch einmal der Verdrängung unterzogen wird. Dort wo ein Subjekt seine inzestuösen oder homoerotischen Wünsche nicht zulässt, wird das Begehren ins Unbewusste verdrängt, wo es dann jedoch weiter virulent bleibt und sich auf dem Weg der ›Symptombildung‹ zum Ausdruck bringt. Zwangshandlungen, hysterische Anfälle und paranoide Wahnvorstellungen gelten Freud daher allesamt als Ausdrucksformen des verdrängten sexuellen Begehrens. Eben diese Einsicht hält er pointiert fest, wenn er schreibt, »dass die Symptome die Sexualbetätigung der Kranken darstellen«.[20] Das verdrängte orale, anale oder phallische Begehren bleibt für Freud also im Unbewussten so lange virulent, bis es eine Ausdrucksform findet, die es ihm erlaubt – zumindest in entstellter Form – Befriedigung zu finden.

Der Fall Dora

Machen wir uns den geschilderten Prozess abschließend noch an einer Fallgeschichte deutlich. In seinen *Bruchstücken einer Hysterie-Analyse* von 1905 setzt sich Freud ausführlich mit den Beschwerden seiner zum damaligen Zeitpunkt 18-jährigen Patientin ›Dora‹ auseinander.[21] Der Fall ist insgesamt sehr komplex, eignet sich jedoch in rudimentärer Form dazu, das Vorhergehende besser deutlich zu machen. Dora leidet unter nervösem Husten, Aphonie und Verstimmung, als sie von Freud in die Therapie aufgenommen wird. Im Verlauf der nächsten drei Monate wird nun eine komplexe Liebesgeschichte entworren, die damit beginnt, dass Dora von einem Freund des Hauses (Herrn K.), mit dessen Frau ihr Vater eine Affäre unterhält, umworben wird und sich daraufhin in ihn verliebt. Die Werbungen von Herrn K. beginnen dabei schon in der Kindheit von Dora, so dass sie bereits in der Pubertät heftig in K. verliebt ist. Diese Verliebtheit zeigt sich unter anderem darin, dass Dora immer dann, wenn Herr K. verreist ist, Anfälle von Aphonie hat. Freud deutet dies so, dass es Dora in Abwesenheit des Geliebten die Sprache verschlägt: »Wenn der Geliebte ferne war, verzichtete sie auf das Sprechen; es hatte seinen Wert verloren, da sie mit ihm nicht

[20] Sigmund Freud, »Meine Ansichten über die Rolle der Sexualität in der Ätiologie der Neurosen«, in: *Gesammelte Werke* Bd. 5, London: Fischer 1942, 147–160, hier: 157.

[21] Vgl. Sigmund Freud, »Bruchstücke einer Hysterie-Analyse«, in: *Gesammelte Werke* Bd. 5, London: Fischer 1942, 161–286.

sprechen konnte.«[22] Als Dora 16 Jahre alt ist, intensiviert Herr K. sein Liebeswerben um sie und macht ihr einen Liebesantrag. Dora reagiert auf diesen Antrag jedoch sehr unwirsch und gibt K. eine Ohrfeige. Diese zunächst scheinbar unverständliche Handlung klärt sich am Ende der Therapie dadurch auf, dass Herr K. seinen Liebesantrag mit den Worten »An meiner Frau habe ich nichts« einleitet. Mit genau eben diesen Worten aber, so hat Dora kurz zuvor erfahren, hat Herr K. auch um das im Haus ansässige Kindermädchen geworben. Sein Liebesantrag bedeutet für sie daher eine Beleidigung, insofern Herr K. sie genauso wie das Dienstmädchen und nicht wie seine Geliebte behandelt. Entsprechend versagt sich Dora die Beziehung mit Herrn K. und weist dessen Liebesantrag zurück. Die damit verbundene Versagung ihres eigenen Begehrens, so Freud, führt in der Folge jedoch zu einer Regression in die phallische Phase: An die Stelle der Liebe zu Herrn K. tritt die Liebe für den Vater. Dieses inzestuöse Begehren wird von Dora jedoch verdrängt, was zur Folge hat, dass ihr Begehren auf dem Weg der Symptombildung Abfuhr sucht. Den nervösen Husten Doras deutet Freud daher so, dass er den Wunsch nach sexuellem Verkehr mit dem Vater symbolisiert. Mit ihrem Kitzel im Hals, so Freud, stellt sich Dora die Befriedigung *per os* zwischen sich und dem Vater vor. Dass das inzestuöse Begehren eine solche orale Ausdrucksform findet, liegt für ihn zum einen daran, dass diese Region durch die Aphonie bereits erotisch aufgeladen ist, zum anderen daran, dass Dora aufgrund der Impotenz ihres Vaters vermutet, dass dieser nur noch für diese Art des sexuellen Verkehrs empfänglich ist. Auch Doras Verstimmung, die in der Ankündigung eines Selbstmordversuchs gipfelt, erklärt sich schließlich aus ihrer Verliebtheit in den Vater, da sie diesen so dazu bewegen wollte, sich von seiner Geliebten (Frau K.) zu trennen. Die Ankündigung des Selbstmordversuchs war also in erster Linie ein Anlauf, die Rivalin im Kampf um den Vater zu verdrängen. Die Symptome, mit denen Dora in die Analyse eintrat (Aphonie, nervöser Husten und Verstimmung) sind damit aufgeklärt. Allerdings kommt es nicht zu einer Durcharbeitung dieser Symptome, da Dora die Analyse nach drei Monaten abbricht – daher auch der Titel *Bruchstücke einer Hysterie-Analyse*. Der therapeutische Verlauf der psychoanalytischen Kur erleidet dadurch jedoch Schaden: Anliegen der *talking cure* ist es ja, durch die Auf-

[22] Ebd., 199.

deckung des verdrängten Begehrens dafür zu sorgen, dass es zu einer kathartischen Abfuhr kommt, sodass sich dieses nicht mehr auf dem Weg der Symptombildung seine Abfuhr suchen muss. Eigentliche Aufgabe der Psychoanalyse ist es daher, ineffektive Abwehrmechanismen aufzudecken und im Anschluss für eine Neubearbeitung der Grundkonflikte zu sorgen. Das wiederum ist freilich nur möglich, wenn es im Zuge der Theorie zu einer Übertragungsbeziehung kommt, in welcher die Patientin ihre inneren Konflikte im Verhältnis zum Therapeuten zum Gegenstand der Bewältigung machen kann. Eine solche Übertragungsbeziehung konnte sich aber zwischen Dora und Freud nur ansatzweise herstellen, so dass die Kur letztlich unvollständig geblieben ist.

Individuelle und kollektive Neurose

Wenn Freud als Ziel der therapeutischen Kur die Formel ausgibt »Wo Es war, soll Ich werden«[23], dann will er damit nicht sagen, dass sich das Ich im Rahmen der Psychoanalyse zur Herrschaft über sein Begehren aufzuschwingen und dieses beliebig umzumodellieren vermag, sondern vielmehr, dass sich das Ich mithilfe der Psychoanalyse in seinem Begehren transparent werden kann. Es steht sich dann nicht mehr in Form von Symptombildungen als Fremdes und Unheimliches gegenüber, sondern wird als Resultat der je individuellen Auflösung der psychischen Grundkonflikte gewusst. Scheint das Programm der Psychoanalyse damit zunächst ganz und gar individualistisch zu sein, erhält es eine sozialphilosophische Rahmung in dem Moment, wo es durch die strukturelle Ordnung der Gesellschaft zu kollektiven Störungen im Umgang mit den psychoanalytischen Grundkonflikten kommt. So führt Freud in seinem Aufsatz »Die ›kulturelle‹ Sexualmoral und die moderne Nervosität« das rapide Ansteigen von Psychoneurosen um die Jahrhundertwende beispielsweise auf die zu seiner Zeit institutionalisierte Sexualmoral zurück. Die libidinösen Kräfte, die sich nach einer auf den Ödipuskomplex folgenden Latenzphase in der Pubertät wieder zu Worte melden, werden durch die gesellschaftliche Forderung nach sexueller Abstinenz vor der Ehe und strikter Monogamie an ihrer Abfuhr gehindert. »Die Erfahrung zeigt, daß die Mehrzahl der unsere Gesellschaft zusammensetzenden Personen der Aufgabe der Abs-

[23] Sigmund Freud, *Neue Folge der Vorlesungen zur Einführung in die Psychoanalyse,* in: *Gesammelte Werke* Bd. 15, London: Imago 1944, 86.

tinenz konstitutionell nicht gewachsen ist.«[24] Mit dem Andrängen des Begehrens gehen die beiden Geschlechter nun ganz unterschiedlich um: Während es bei Männern in der Zeit vor der Ehe zu einem exzessiven Anwachsen masturbatorischer Praktiken kommt, flüchten sich die Frauen in eine Idealisierung der Keuschheit, die zu einer vollkommenen Unterdrückung aller Liebesregungen führt, die nicht auf die Ehe zielen. Beide Abwehrmechanismen haben jedoch zur Folge, dass, wenn es im Zuge der Eheschließung endlich zum Geschlechtsverkehr kommt, dieser für beide Seiten unbefriedigend ausfällt. Der Mann hat durch die Verwöhnung der Masturbation nicht nur seinen Charakter verdorben, sondern das Sexualobjekt, durch die seine Befriedigung begleitenden Phantasien, zu einer Vorzüglichkeit erhoben, die in der Realität nur enttäuscht werden kann. In der Ehe, so Freud, ist der Mann daher oftmals nur zu verminderter Potenz fähig. Dem entspricht auf der anderen Seite eine Unempfänglichkeit auf Seiten der Frau, die aufgrund ihrer sexuellen Unwissenheit und emotionalen Anhänglichkeit nicht zu einem befriedigenden Sexualgenuss in der Lage ist. Freud fasst zusammen: »Alle die Männer, die infolge masturbatorischer oder perverser Sexualübung ihre Libido auf andere als die normalen Situationen und Bedingungen der Befriedigung eingestellt haben, entwickeln in der Ehe eine verminderte Potenz. Auch die Frauen, denen es nur durch ähnliche Hilfen möglich blieb, ihre Jungfräulichkeit zu bewahren zeigen sich in der Ehe für den normalen Verkehr anästhetisch.«[25] Die für beide Seiten unbefriedigende eheliche Situation führt für Freud nun schnell dazu, dass die Beteiligten aufgrund ihrer gestauten sexuellen Energien nervös werden und Psychoneurosen entwickeln. Deutlich wird damit, dass die Ursachen psychischen Leidens nicht nur in der individuellen Entwicklungsgeschichte, sondern auch in der gesellschaftlichen Organisation der geschlechtlichen Reproduktion wurzeln können. Entsprechend lassen sich solche Psychopathologien auch nicht durch individuelle Behandlung vollständig auflösen, sondern nur dadurch, dass die gesellschaftlichen Strukturzusammenhänge, die sie verursachen, aufgehoben werden. Es ist diese Idee der Notwendigkeit einer ›sexuellen Revolution‹, die dann im Zuge der Studentenbewegung in den 1960er Jahren ihre Verwirklichung gefunden hat, wobei sich jedoch schnell gezeigt

---

[24] Sigmund Freud, »Die ›kulturelle‹ Sexualmoral und die moderne Nervosität«, in: *Gesammelte Werke* Bd. 7, London: Imago 1941, 143–170, hier: 156.

[25] Ebd., 164.

hat, dass der sexuelle Spannungsbogen nicht nur durch radikale Monogamie, sondern auch durch radikale Polygamie überspannt werden kann.

Zusammenfassung

Fassen wir zusammen: (i) Freuds Entwicklung der Psychoanalyse beginnt mit der Entdeckung der *infantilen Sexualität*. Im Unterschied zum Erwachsenen ist die Sexualität des Kindes für Freud noch nicht auf die Fortpflanzungsfunktion festgeschrieben, sondern vielmehr polymorph-pervers organisiert. Im Zuge der individuellen Entwicklungen werden in Anlehnung an naturnotwendige Reproduktionsvorgänge unterschiedliche Körperregionen wie Mund, After und Genitalien erotisch aufgeladen und zur Quelle von Lustempfindungen. (ii) Im Zuge der psychosexuellen Entwicklung werden in der Ontogenese eine Reihe *Grundkonflikte* durchlaufen. In der oralen Phase handelt es sich dabei um den Konflikt von Einheit und Getrenntheit, in der analen Phase um den von Autonomie und Abhängigkeit und in der genitalen Phase um den von Selbstheit und Andersheit. Im Zuge von Frustrations-, Privations- und Kastrationserfahrungen muss der Einzelne dabei lernen, seine Verschmelzungswünsche, sein Autonomiestreben und seine Exklusivitätsansprüche zu bewältigen. (iii) Eine unzureichende Bewältigung der Konflikte führt für Freud entweder zur Entstehung von *Perversionen* oder *Neurosen*. Beide zeichnen sich durch eine Regression auf eine frühe Stufe der Sexualorganisation aus, wobei die entsprechenden sexuellen Wünsche in der Perversion unmittelbar, in der Neurose dagegen durch Ersatzhandlungen zum Ausdruck gebracht werden. Die mit Psychoneurosen einhergehenden Symptome (Zwangshandlungen, Paranoia, Hysterie) müssen entsprechend als unbewusste Wunscherfüllungen verstanden werden, deren eigentlicher Sinn und Zweck sich nicht auf der Ebene ihres Erscheinens, sondern nur auf der Ebene der ihnen zugrunde liegenden unbewussten Motive entschlüsseln lässt.

Rezeption und Wirkung

Die Entwicklung der Psychoanalyse ist im 20. Jahrhundert rasant verlaufen. Neben der von Freud vertretenen klassischen *Triebpsychologie* (heute etwa noch von Jean Laplanche vertreten), haben sich dabei eine Reihe Schulen herausgebildet, die heute meist folgendermaßen eingeteilt werden: Die so genannte *Ich-Psychologie* (Anna Freud, Heinz Hartmann, Margret Mahler) hat sich auf die Analyse der Abwehrmechanismen und Anpassungsleistungen des Ich spezialisiert, während in der *Objektbeziehungstheorie* (Melanie Klein, Donald Winnicott, Otto Kernberg) vor allem die Beziehung zu Anderen und damit einhergehende Verinnerlichungsprozesse zum Gegenstand werden, wohingegen in der *Selbstpsychologie* (Heinz Kohut, Daniel Stern) die Reifung und Entwicklung des Selbst und die damit verbunden Erfahrungen der Anerkennung und der Zurückweisung im Zentrum stehen. Eine gesonderte, für die Philosophie jedoch wirkmächtige Rolle hat zusätzlich die *strukturale Psychoanalyse* (Jacques Lacan, Françoise Dolto, Jacques-Alain Miller) gespielt. Als prominentester Vertreter der Lacanschule kann dabei heute Slavoj Žižek gelten, der die Psychoanalyse in seinen Publikationen nicht nur wiederholt mit dem Deutschen Idealismus ins Gespräch gebracht, sondern auch für das Feld der Gesellschaftskritik und der Populärkultur fruchtbar gemacht hat.[26] Jenseits dieser innerpsychoanalytischen Ausdifferenzierungen ist die Psychoanalyse sozialtheoretisch vor allem in drei Bereichen besonders wirkmächtig geworden: In den 1940er und 50er Jahren waren es vor allem Vertreter der *Kritischen Theorie,* welche die freudsche Psychoanalyse für ein besseres Verständnis von Totalitarismus und Antisemitismus in Anschlag gebracht haben. So entwickeln etwa Theodor W. Adorno und Max Horkheimer gemeinsam mit Erich Fromm das Modell eines ›autoritären Charakters‹, dessen Ich-Schwäche sie als Grundlage der faschistischen Massenbewegung ausmachen,[27] während Herbert Marcuse in seinen Studien deutlich zu machen versucht, wie die kapitalistische Gesellschaft durch die Verdrängung des Lustprinzips durch das Realitätsprinzip destruktive Potentiale freisetzt.[28] Im Rahmen der *Geschlechtertheorie* wiederum ist nicht nur Freuds androzentrische und misogyne Ausrichtung der Psychoanalyse in den Blick geraten (Nancy Chodorow), sondern es wurden auch alternative Konzeptionen der Entstehung und Verarbeitung des Geschlechtsunterschieds vorgelegt (Irene Fast), als auch der

---

[26] Slavoj Žižek, *Psychoanalyse und die Philosophie des deutschen Idealismus,* 2 Bde, Wien: Turia & Kant 1992, 1994, sowie: Slavoj Zizek, *Liebe Dein Symptom wie dich selbst: Jacques Lacans Psychoanalyse und die Medien,* Berlin: Merve 1991.

[27] Vgl. exemplarisch: Theodor W. Adorno, *Studien zum autoritären Charakter,* Frankfurt am Main: Suhrkamp 1973. Einen Überblick liefert: Eva-Maria Ziege, *Antisemitismus und Gesellschaftstheorie. Die Frankfurter Schule im amerikanischen Exil,* Frankfurt am Main: Suhrkamp 2009.

[28] Herbert Marcuse, *Triebstruktur und Gesellschaft. Ein philosophischer Beitrag zu Sigmund Freud,* Frankfurt am Main: Suhrkamp 1995.

Versuch unternommen, die Unterdrückung der Frau in psychoanalytischen Begriffen zu verstehen (Jessica Benjamin).[29] Schließlich sind aus der Psychoanalyse immer wieder wirkmächtige Zeitdiagnosen hervorgegangen. Bekannt geworden ist dabei vor allem Alexander Mitscherlichs Theorem der vaterlosen Gesellschaft aus den 1960er Jahren, das auf die Beobachtung zurückgeht, dass mit dem Fordismus verbunden Technisierung und Arbeitsteilung die Rolle des Vaters zunehmend unterminieren.[30] In jüngster Zeit haben vor allem die Arbeiten von Alain Ehrenberg Aufmerksamkeit auf sich gezogen: Ehrenberg diagnostiziert, dass heute an die Stelle von neurotischen Erkrankungen zunehmend Depressionserkrankungen getreten sind. Als Ursache für dieses Massenphänomen macht er dabei die mit dem Neoliberalismus verbundene Forderung nach authentischer Selbstverwirklichung aus, welche in ihrer Permanenz die Einzelnen an den Rand der Erschöpfung treibt.[31]

Empfohlene Literatur zum Weiterlesen:

Lohmann, Hans-Martin und Joachim Pfeiffer (Hg.), *Freud-Handbuch. Leben – Werk – Wirkung*, Stuttgart: Metzler 2006.

Mentzos, Stavros, *Neurotische Konfliktverarbeitung. Einführung in die psychoanalytische Neurosenlehre unter Berücksichtigung neuer Perspektiven*, Frankfurt am Main: Fischer 1984.

Quindeau, Ilka, *Verführung und Begehren: Die psychoanalytische Sexualtheorie nach Freud*, Stuttgart: Klett-Cotta 2008.

---

[29] Nancy Chodorow, *Das Erbe der Mütter. Psychoanalyse und Soziologie der Geschlechter*, München: Frauenoffensive 1985; Irene Fast, *Von der Einheit zur Differenz. Psychoanalyse der Geschlechtsidentität*, Heidelberg: Springer 1991; Jessica Benjamin, *Die Fesseln der Liebe. Psychoanalyse. Feminismus und das Problem der Macht*, Basel: Stroemfeld 1990.

[30] Alexander Mitscherlich, *Auf dem Weg zur vaterlosen Gesellschaft: Ideen zur Sozialpsychologie*, München: Piper 1963.

[31] Alain Ehrenberg, *Das erschöpfte Selbst. Depression und Gesellschaft in der Gegenwart*, Frankfurt am Main: Suhrkamp 2008.

Andere

4. Rivalität (Rousseau)

Rousseau als Denker der Aufklärung

Jean-Jacques Rousseau (1712–1778) ist einer der prominentesten Denker der Aufklärung und Wegbereiter der Französischen Revolution. In seinen philosophischen Arbeiten prangert er nicht nur bestehende Ungleichheitsverhältnisse an, sondern räumt den Werten Freiheit und Gleichheit einen zentralen Stellenwert bei der Einrichtung der politischen Ordnung ein. Als Rousseau 1778 stirbt, hat er ein bewegtes Leben hinter sich: Unter prekären Bedingungen aufgewachsen führt er ein stetes Wanderleben, als er 1728 mit 15 Jahren Madame de Warens kennenlernt, die ihn bei sich aufnimmt und mit ihm ein langjähriges Liebesverhältnis unterhält. Nach seiner Übersiedlung in die Hauptstadt im Jahr 1742 findet Rousseau als Schriftsteller und Komponist schnell Eingang in die intellektuellen Kreise von Diderot, d'Alambert und Voltaire, mit denen er sich jedoch nach und nach zerstreitet, da er ihnen eine dekadente Lebensweise vorwirft. In Paris lernt er auch Marie-Thérèse Levasseur kennen, mit der er vier Kinder zeugt, die er jedoch gleich nach der Geburt dem Findelhaus in Paris übergibt, was ihm sein Leben lang vorgehalten wird. Nach der Veröffentlichung wichtiger philosophischer Schriften *(Vom Gesellschaftsvertrag, Emil)* im Jahr 1762 muss er ins Exil fliehen und unter prekären Bedingungen leben, bevor er, in die Nähe von Paris zurückgekehrt, 1776 nach einem Unfall irrtümlich für tot erklärt wird, was der inzwischen zum Intimfeind avancierte Voltaire mit Begeisterung aufnimmt. Nach einem Spaziergang am 2. Juli 1778 bricht Rousseau tot zusammen. Rousseaus Lebensweg, so zeigt schon dieser kurze Überblick, enthält Stoff für Legendenbildung. Dazu haben nicht zuletzt auch seine eigenen autobiographischen Schriften beigetragen, die einzelne Stationen stilisieren und dabei die Grenze zwischen Fiktion und Realität verwischen. Rousseaus Selbstzeugnisse zeigen jedoch, dass er mehr als einfach nur Philosoph war: Im Zuge seiner größtenteils autodidaktischen Studien eignete er sich auch Kenntnisse auf den Feldern der Literatur, Musik, Pädagogik und Naturwissenschaften an, was in allen diesen Bereichen wichtige Veröffentlichungen nach sich zog. Schon bald werden seine Schriften in der Klassischen Deutschen Philosophie und in der literarischen Romantik großen Anklang finden. Setzt Rousseau für letztere mit seinen Briefromanen, die persönliche Geschichte und subjektive Erlebnisperspektive vermischen, neue Maßstäbe, so werden für erstere die von Rousseau vertretenen Werte der Freiheit und der Selbstregierung leitend.

Freiheit und Abhängigkeit

Aus sozialphilosophischer Perspektive liegt die von Rousseau ausgehende Provokation nun darin, dass er dem Zeitgeist gegenüber eine kritische Position einnimmt, wenn er programmatisch festhält: »Der Mensch ist frei geboren, und überall liegt er in Ketten.«[1] Mit diesem Zitat wird einer der Hauptgedanken von Rousseaus Überlegungen deutlich: die Abhängigkeit von anderen Menschen. Diese Abhängigkeit, so macht das Zitat deutlich, ist für Rousseau keinesfalls natürlich, sondern das Resultat der Vergesellschaftung des Menschen. In seinem berühmtem *Diskurs über die Ungleichheit* von 1755 versucht er ausgehend von der Konzeption eines Urzustandes zu zeigen, dass erst der Prozess der Zivilisation die Individuen in eine Abhängigkeit von Anderen gebracht hat. Erst im Zuge eines geregelten Zusammenlebens ist der Mensch daher »Sklave seiner Mitmenschen« geworden.[2] Von dieser Diagnose ausgehend lassen sich in Rousseaus weiteren Arbeiten zwei unterschiedliche Lösungsansätze finden: Während er in den *Bekenntnissen* (1782) oder den *Träumereien eines einsamen Spaziergängers* (1782) ein Leben in einsamer Selbstbescheidung empfiehlt, um der ursprünglichen Freiheit wieder nahezukommen, macht er es sich in Schriften wie dem *Emil* (1762) oder dem *Gesellschaftsvertrag* (1762) zur Aufgabe, zu zeigen, wie die Abhängigkeit von Anderen so gewendet werden kann, dass sie für das Subjekt nicht als Beschränkung, sondern als Verwirklichung seiner Freiheit erlebt wird. Im Zentrum von Rousseaus Arbeiten steht also die Freiheit des Menschen

[1] Jean-Jacques Rousseau, *Vom Gesellschaftsvertrag oder Grundsätze des Staatsrechts*, Stuttgart: Reclam 2003, 5.

[2] Jean-Jacques Rousseau, *Diskurs über die Ungleichheit*, Paderborn: Schöningh 2008, 207. Alle weiteren Seitenangaben in Klammern in diesem Kapitel beziehen sich auf diese Ausgabe.

und die damit verbundene Frage, was aus dieser Freiheit wird, sobald der Mensch ein soziales Wesen geworden ist.

Die Frage nach der Ungleichheit

Ich werde mich im Folgenden vor allem mit Rousseaus Zeitdiagnose aus dem *Diskurs über die Ungleichheit* beschäftigen, da hier die folgenschwere These formuliert wird, dass der Zivilisationsprozess nicht als ein kontinuierlicher Fortschrittsprozess aus den Tiefen der Dunkelheit und der Sklaverei zu den Höhen des Lichts und der Freiheit gedeutet werden muss, sondern vielmehr umgekehrt als ein Verfallsprozess. Es ist daher nicht verwunderlich, dass Rousseau den zivilisationsgeschichtlichen Errungenschaften in den Bereichen von Kunst, Wissenschaft und Gesellschaft skeptisch gegenübersteht: Sie gelten ihm, so macht er in seiner »Abhandlung über die Wissenschaften und Künste« (dem so genannten *Ersten Diskurs*) deutlich, nicht als Ausdruck der Vorrangstellung des Menschen, sondern vielmehr als Zeichen seiner Dekadenz.[3] Diese pessimistische Zeitdiagnose gilt für Rousseau auch und vor allem im zwischenmenschlichen Bereich: Die sozialen Beziehungen seiner Zeit sieht Rousseau von Prestigegehabe, Eitelkeit und Geltungssucht geprägt. Die Ursache dieser Verhaltensweisen glaubt er dabei in einer gefährlichen menschlichen Leidenschaft ausgemacht zu haben: der *amour propre*. Diese im Deutschen meist mit ›Eigenliebe‹ wiedergegebene Leidenschaft besteht für Rousseau darin, dass der Einzelne in dem Moment, wo er zu einem Gesellschaftswesen geworden ist, nicht mehr ohne die Bewunderung von Anderen auskommen kann. Die *amour propre* fördert entsprechend das Distinktionsverhalten der Einzelnen und bringt so nach und nach immer größere Ungleichheiten zwischen den Menschen hervor. Dass solche Ungleichheiten für Rousseau keinesfalls in der Natur des Menschen angelegt, sondern vielmehr das Resultat einer fehlgeleiteten sozialen Entwicklung des Menschen sind – das zu zeigen, ist die Aufgabe, die zu bewältigen sich Rousseau im *Diskurs über die Ungleichheit* (dem so genannten *Zweiten Diskurs*) vorgenommen hat.

[3] Jean-Jacques Rousseau, »Abhandlung über die Wissenschaften und Künste« (1750), in: *Schriften*, Bd. 1, München: Hanser 1978, 27–60.

Die Genealogie der bürgerlichen Gesellschaft

Zur Begründung der These, dass die Ungleichheit zwischen den Menschen nicht natürliche, sondern gesellschaftliche Ursachen hat, entwirft Rousseau im ersten Teil des *Diskurses über die Ungleichheit* das Bild eines menschlichen Naturzustandes, vor dessen Hintergrund er dann im zweiten Teil seiner Überlegungen jenen unheilvollen Prozess abheben kann, der die Menschen in eine schlechte Abhängigkeit voneinander geführt hat. Im Zuge einer solchen Darstellung musste für die Leserschaft schon bald die Frage auftauchen, welchen normativen Status die Konzeption des Naturzustandes besitzt. Stellt die Beschreibung des wilden und animalischen Menschen gleichsam ein verlorenes Ideal dar, dem es sich wieder anzunähern gilt? In diese Richtung scheint Rousseaus Zeitgenosse Voltaire den Status des Naturzustandes verstanden zu haben, wenn er gegenüber Rousseau ironisch festhält: »Bei der Lektüre des Werks bekommt man Lust, auf allen vieren zur kriechen.« Es zählt heute zu den Allgemeinplätzen in der Rousseau-Forschung, dass diese Deutung falsch ist. Rousseau wollte uns mit seinen Überlegungen nicht zu einem »Zurück zur Natur!« auffordern, vielmehr war er der Überzeugung, dass ein solcher Naturzustand wahrscheinlich niemals existiert hat.[4] Wenn damit aber angedeutet ist, dass der Naturzustand ein hypothetisches Konstrukt ist, inwiefern kann er dann als normativer Maßstab dienen? Eine Antwort auf diese Frage lautet, dass Rousseaus Schilderungen des Zivilisationsprozesses als *Genealogie* zu verstehen sind, welcher die Aufgabe zukommt, den kulturgeschichtlichen Weg in die abendländische Moderne in Frage zu stellen.[5] Rousseaus Anliegen wäre es dann gewesen, eine Erzählung zu entwerfen, die seine Leserschaft dazu bringt, die bestehenden Ungleichheiten nicht als naturgegeben, sondern als menschengemacht zu verstehen. Die im *Diskurs über die Ungleichheit* entworfene Zivilisationsgeschichte hat also den Sinn, die Leserschaft davon zu überzeugen, dass die bestehenden sozialen Ungleichheiten *gesellschaftliche Ursachen* haben, um so zu der Ein-

[4] Vgl. hierzu die einschlägige Passage im Vorwort: »Denn es ist kein geringes Unterfangen zu unterscheiden, was in der aktuellen Natur des Menschen ursprünglich und was künstlich ist, und einen Zustand zu erkennen, der nicht mehr existiert, der vielleicht nie existiert hat, der wahrscheinlich niemals existieren wird und von dem zutreffende Begriffe zu haben dennoch notwendig ist, um über unseren gegenwärtigen Zustand zu urteilen.« (49 f.)

[5] Vgl. dazu auch: Frederick Neuhouser, »The Critical Function of Genealogy in the Thought of J.-J. Rousseau«, in: *Review of Politics* Bd. 74, 2012, 371–387.

sicht zu motivieren, dass die sozialen Verhältnisse kein unveränderbares Schicksal darstellen, sondern kollektiv umgestaltet werden können. Anders gesagt: Der tiefere Sinn von Rousseaus Bild des Naturzustandes und seiner Genealogie der bürgerlichen Gesellschaft ist performativer Natur. Es geht ihm darum, bei seiner Leserschaft eine Einstellungsänderung zu erzielen, die darin bestehen soll, soziale Ungleichheitsverhältnisse nicht mehr als Teil der menschlichen Naturgeschichte, sondern vielmehr als Teil der menschlichen Kulturgeschichte zu verstehen.

Rousseaus minimale Anthropologie

Den Ausgangspunkt von Rousseaus Überlegungen im *Diskurs über die Ungleichheit* bildet der Entwurf einer minimalen Anthropologie. Wie wenig Voraussetzungen Rousseau in sein Menschenbild hineinzulegen versucht, zeigt sich bereits im Entwurf des Naturzustandes. Der Mensch ist hier zunächst nicht vom Tier zu unterscheiden. Ebenso wie dieses zeichnet er sich nämlich im Wesentlichen durch zwei Grundstrebungen aus: die Selbstliebe *(amour de soi-même)* und das Mitleid *(pitié)*.[6] Bei der Selbstliebe, so hält Rousseau in einer wichtigen Anmerkung zum Text fest, handelt es sich um ein »natürliches Gefühl«, das den Menschen ebenso wie jedes andere Tier dazu veranlasst, »über seine eigene Erhaltung zu wachen« (369). Zur Selbsterhaltung zählt Rousseau dabei all jene Bedürfnisse, wie etwa Essen, Schlafen und Sexualität, welche auf die Reproduktion der materiellen Existenz des Einzelnen zielen (vgl. 107). Da der Mensch in Rousseaus Konzeption des Naturzustandes in erster Linie als ein solitäres Wesen verstanden wird, das alleine durch die Wälder streift, geraten die Menschen hier nur selten in Konflikt. Und dort, wo sich Konfliktpotentiale zwischen ihnen auftun, werden sie durch das natürliche Mitleid in Grenzen gehalten. Ebenso wie das Tier besitzt der Mensch für Rousseau nämlich einen »angeborenen Widerwillen [...] seinen Mitmenschen leiden zu sehen« (141). Der Ausdruck von Schmerzen an einem anderen Wesen ist dem Menschen nicht angenehm, er wird daher jede Form

[6] Rousseau spricht beide bereits im Vorwort des *Diskurses über die Ungleichheit* an: »Wenn ich [...] über die ersten und einfachsten Operationen der menschlichen Seele nachdenke, glaube ich zwei Prinzipien in ihr wahrzunehmen, die der Vernunft vorausliegen, von denen das eine uns brennend an unserem Wohlbefinden und unserer Selbsterhaltung interessiert sein läßt und das andere uns einen natürlichen Widerwillen einflößt, irgendein empfindendes Wesen, und hauptsächlich unsere Mitmenschen, umkommen oder leiden zu sehen.« (57)

von Grausamkeit vermeiden und Gewalt nur dort zum Einsatz bringen, wo diese unmittelbar für seine Selbsterhaltung notwendig ist. Selbstliebe und Mitleid stellen für Rousseau also zunächst jene beiden Antriebe dar, die Lebewesen im Naturzustand einschließlich des Menschen auszeichnen.

Rousseau contra Hobbes

Führt man sich nun vor Augen, dass in Rousseaus Naturzustand ein prinzipieller Güterüberfluss herrscht, da die Natur alle zum Überleben notwendigen Ressourcen bereitstellt, ist es nicht verwunderlich, dass er sich den wilden Menschen als ein weitestgehend glückliches Wesen vorstellt. Dieses Bild eines mehr oder weniger vollkommenen Naturzustandes unterscheidet sich drastisch von jenem düsteren Bild, das ein anderer einschlägiger Naturrechtstheoretiker gezeichnet hat. Ganz im Gegensatz zu Rousseau war nämlich Thomas Hobbes in seinem 1651 veröffentlichten *Leviathan* davon ausgegangen, dass im Naturzustand Güterknappheit vorherrscht und daher zwischen den sozialen Akteuren eine grundsätzliche Konfliktsituation herrscht. Darüber hinaus wird dieser Zustand bei Hobbes nicht durch natürliches Mitleid abgeschwächt und moderiert, sondern vielmehr durch ein wechselseitiges Streben nach Ehre befeuert. Rousseau wirft nun Hobbes vor, in den Naturzustand eine Reihe von menschlichen Eigenschaften hineinprojiziert zu haben, die doch in Wahrheit erst das Werk der Gesellschaft sind (vgl. 139 f.). Das Streben nach Ehre, der Verlust des Mitleids, ja Sozialität überhaupt, sind für Rousseau kulturelle Erscheinungen. Ich hatte oben bereits darauf hingewiesen, dass der Naturzustand für Rousseau eine methodische Fiktion ist. Wenn wir diesen Gedanken ernstnehmen und uns vergegenwärtigen, was Rousseau mit seinen Überlegungen einer Genealogie der bürgerlichen Gesellschaft im Auge hat, dann können wir seinen Einwand gegen Hobbes so verstehen, dass die Defizite der bürgerlichen Gesellschaft erst dann sichtbar werden, wenn methodisch noch voraussetzungsloser angesetzt wird. Was Hobbes als Natur ansetzt (Sozialität, Konflikt, Streben nach Ehre) will Rousseau selbst noch einmal als von Menschen gemachte Kultur entlarven.

Freiheit und Perfektibilität

Der Mensch scheint im Naturzustand mehr oder weniger ein Tier zu sein. Es gibt jedoch eine Eigenschaft, die ihn für Rousseau vom Tier abhebt: seine Freiheit. Während das Tier durch seine Instinkte determiniert ist, ist der Mensch dazu fähig, von seinen natürlichen Bedürfnissen abzuweichen. Er hat also potentiell die Fähigkeit, auf der Basis seines Willens entgegen demjenigen zu handeln, was ihm Selbstliebe und Mitleid jeweils nahelegen. Mehr noch: Der Mensch hat die Möglichkeit, Selbstliebe und Mitleid mit seinem Willen zu durchdringen und sich beide reflexiv anzueignen. Dasjenige, was zunächst als reines natürliches Gefühl existiert, vermag der Mensch also zu kultivieren. Rousseau spricht diesbezüglich davon, dass dem Menschen die Fähigkeit zur »Perfektibilität« (103) eigen ist. Was damit gemeint ist, macht Rousseau an jenen Stellen deutlich, wo er das natürliche Mitleid einführt. Hier beschreibt er, dass das Mitleid im Zuge seiner reflexiven Durchdringung zur Quelle gesellschaftlicher Tugenden werden kann: Großmut, Wohlwollen und Freundschaft, so Rousseau, müssen als Erzeugnisse eines »auf einen besonderen Gegenstand fixierten Mitleids« (147) verstanden werden. Menschliche Perfektibilität, so scheint es daher zunächst, wird von Rousseau als Fähigkeit zur Vervollkommnung verstanden – doch auch wenn Perfektibilität prinzipiell zu Vervollkommnung führen kann, ist beides für Rousseau nicht gleichzusetzen. Die willentliche reflexive Aneignung des Mitleids, so führt uns Rousseau nämlich gleich im Anschluss vor Augen, kann auch dazu führen, das Leiden von Anderen zu übergehen oder gar als legitim zu erachten (vgl. 149). Perfektibilität meint also nicht, dass ein natürliches Endziel der Entwicklung unserer menschlichen Fähigkeiten vorgegeben wäre. Gemeint ist vielmehr, dass die menschliche Natur eine grundsätzliche Plastizität besitzt: Aufgrund seiner Freiheit hat der Mensch die Fähigkeit, sich selbst seine eigene Natur zu verleihen. Eben dieses Potential hat für Rousseau jedoch zu tiefgreifenden gesellschaftlichen Fehlentwicklungen geführt: Seine Perfektibilität hat den Menschen in einen Zustand gebracht, in dem er seine Freiheit für die Ketten der Abhängigkeit geopfert hat. Wie nun sind diese Ketten der Abhängigkeit für Rousseau entstanden?

Die Entstehung der Ungleichheit

Die Entwicklung der Abhängigkeit zwischen den Menschen beginnt für Rousseau mit der »Entwicklung des menschlichen Geistes« (167). Den ganzen zweiten Teil seines Diskurses über die Ungleichheit verwendet Rousseau daher darauf nachzuzeichnen, wie diese Entwicklung angestoßen worden ist. Ausgehend von einer Reihe von mehr oder weniger zufälligen Einflüssen und Ereignissen (Klimawandel, Vulkanausbrüche) haben sich, so Rousseau, im Verlauf der Zivilisationsgeschichte Veränderungen in der menschlichen Lebensweise (Hütten, Familien, Arbeitsteilung) ergeben, welche wiederum der Grund dafür waren, dass sich im menschlichen Geist nach und nach die Fähigkeit zu immer höherstufiger Reflexion entwickelte. Die relevanten zivilisationsgeschichtlichen Veränderungen lassen sich dabei im Wesentlichen in drei Etappen gliedern. Sie beginnen mit der von Rousseau so genannten »Epoche der ersten Revolution« (vgl. 181 ff.), in welcher die bis dahin vereinzelt umherziehenden Menschen beginnen, sich niederzulassen und in Behausungen als Familien zusammenzuleben. Auf diese erste Etappe folgt dann in jenem Moment, in welchem das Eigentum und die Arbeitsteilung Einzug in die menschliche Gesellschaft erhalten, die »Epoche der großen Revolution« (vgl. 197 ff.). Abgeschlossen wird Rousseaus Abriss der Zivilisationsgeschichte dann durch eine dritte Epoche, in welcher durch die Stiftung eines Gesellschaftsvertrags Recht, Gesetz und staatliche Einrichtungen institutionalisiert werden (215 ff.). Die drei genannten Stufen zeichnen sich für Rousseau nun dadurch aus, dass mit ihnen jeweils eine signifikante Weiterentwicklung des menschlichen Geistes verbunden ist, in deren Gefolge sich auf einer ganzen Reihe von Ebenen – wie etwa Liebe, Mitleid, Freiheit, Ungleichheit, Sprache oder Moral – Veränderungen in der menschlichen Lebensweise vollziehen. Da ich diese Entwicklungen hier nicht Schritt für Schritt und Ebene für Ebene nachzeichnen kann, will ich mich im Folgenden auf einen entscheidenden Grundgedanken Rousseaus konzentrieren. Dieser besteht darin, dass die Entwicklung des menschlichen Geistes die Herausbildung jener verhängnisvollen Leidenschaft möglich gemacht hat, die Rousseau mit dem Namen *amour propre* bezeichnet.

Die Entwicklung des menschlichen Geistes

Die Entwicklung des menschlichen Geistes setzt für Rousseau damit ein, dass der Mensch im Zuge seiner Reproduktion die Fähigkeit entwickelt, seine Erfahrungen aufeinander zu beziehen, was die Bildung von *Verhält-*

nisbegriffen zur Folge hat: »Diese Verhältnisse, die wir mit den Wörtern groß, klein, stark, schwach, schnell, langsam, furchtsam, kühn ausdrücken [...] brachten schließlich eine Art von Reflexion, oder vielmehr eine mechanische Klugheit hervor« (177). Im Zuge des Zusammenlebens führen diese Relationsbegriffe für Rousseau nun unweigerlich dazu, dass die Individuen in dem Moment, wo sie zusammenzuleben beginnen, auch unter sich solche Relationsbegriffe in Anschlag bringen (vgl. 187). Rousseau spricht davon, dass die Menschen so nach und nach Vorstellungen von Verdienst und Schönheit ausbilden. Die Verhältnisbestimmungen, so können wir sagen, bekommen hier einen *evaluativen Gehalt:* Die Relationsbegriffe schnell/langsam, stark/schwach, groß/klein dienen nicht mehr einfach zur faktischen Bestimmung eines Sachverhaltes, sondern sie dienen dazu, diesen zu bewerten. Der nächste Schritt in der Entwicklung des menschlichen Geistes besteht dann darin, dass der Mensch die Fähigkeit der *Vorsorge* entwickelt (vgl. 201). Auf der Basis einer auf die Zukunft gerichteten Vernunft kann der Mensch den Hunger von morgen schon heute empfinden. Die Sorge um die eigene Existenz lässt so eine ganz neue Form des menschlichen Handelns entstehen: Um die Befriedigung der eigenen Bedürfnisse auch noch in der Zukunft sicher zu stellen, beginnt der Mensch im Hier und Jetzt strategisch zu handeln – etwa indem er Triebverzicht leistet und sich Nahrung vom Munde abspart oder indem er angehende Konkurrenten vertreibt oder unterwirft. Drei Momente sind es also, die Rousseau im Zuge seiner Entwicklungsgeschichte des Geistes herauskehrt: die Fähigkeit, Relationsbegriffe zu bilden, das Vermögen, relative Begriffe in eine evaluative Reihenfolge zu bringen, und die Kompetenz, vorausschauend und zukunftsgerichtet zu handeln.

Von der *amour de soi-même* zur *amour propre*

Die eben skizzierte Entwicklung des Geistes führt uns nun zum Kernstück von Rousseaus Überlegungen. Sie hat nämlich zur Folge, dass sich aus der Selbstliebe *(amour de soi-même)* heraus eine neue Form der Liebe entwickelt: die so genannte Eigenliebe *(amour propre)*. Während die Selbstliebe im Wesentlichen das Bedürfnis nach physischer Selbsterhaltung meint, steht letztere für das Begehren nach einer sozialen Stellung. An anderer Stelle spricht Rousseau daher auch davon, dass ein Wesen mit *amour propre* davon angetrieben ist, »eine Stellung einzunehmen, mitzuzählen und für etwas gehalten zu werden.«[7] Die neue Form der Liebe, die für Rousseau mit dem Leben in der Gemeinschaft zum ersten Mal auftaucht, besteht also in dem Verlangen, in eben dieser Gemeinschaft eine Stellung einzunehmen. Wenn Rousseau die Eigenliebe nun im weiteren Verlauf als ein »relatives Gefühl« (369) bezeichnet, dann bringt er zum Ausdruck, dass eine solche soziale Stellung nur durch Andere hervorgebracht werden kann. Seiner Stellung in der sozialen Welt vermag sich ein Subjekt nicht in monologischer Selbstverständigung zu versichern, vielmehr ist diese ein Ergebnis dessen, wie das Subjekt von Anderen eingeschätzt wird. Die Eigenliebe ist daher im Wesentlichen von der Meinung Anderer abhängig. »[D]er soziable Mensch«, so drückt es Rousseau aus, »weiß, immer außer sich, nur in der Meinung der anderen zu leben« (269). Ein relatives Gefühl ist die Eigenliebe aber nicht nur in dem Sinn, dass die Meinung Anderer für sie konstitutiv ist, sondern auch dadurch, dass die soziale Stellung, um die es hier geht, selbst ein stellungsrelatives Gut ist. Ob eine Person schön, schnell oder groß ist, lässt sich nur im Vergleich zu Anderen beantworten. Die Eigenliebe bringt das Subjekt daher in eine doppelte Abhängigkeit von Anderen. Diese besteht zum einen darin, dass das Subjekt für die Anerkennung seiner Stellung auf die Meinung von Anderen angewiesen ist und zum anderen darin, dass es eine solche Stellung nur im Vergleich zu Anderen einzunehmen vermag. Wir sehen also, warum die Entwicklung des Geistes Voraussetzung der *amour propre* ist: Ohne die Fähigkeit zur Bildung von Relationsbegriffen wäre es dem Subjekt gar nicht möglich, sich als ein soziales Wesen zu verstehen und eine soziale Stellung für sich zu reklamieren.

Die Entfachung der *amour propre*

Nun hat Rousseau ja bereits in seiner Entwicklungsgeschichte des Geistes relative und evaluative Begriffe in ein enges Verhältnis zueinander gesetzt. Dieses enge Verhältnis spiegelt sich auch in den menschlichen Sozialbeziehungen wieder. Denn Rousseau zufolge entsteht aus dem Verlangen, eine soziale Stellung im Vergleich zu Anderen einzunehmen, schnell das Verlangen, diesen gegenüber auch eine bevorzugte Stellung einzunehmen. Verantwortlich hierfür macht er die zwischengeschlechtliche Liebe. An ihr wird nämlich deutlich, wie sich die *amour propre*

[7] Jean-Jacques Rousseau, *Emil oder über die Erziehung*, Paderborn: Schöningh 1978, 152.

beim Menschen aufgrund seiner besonderen geistigen Fähigkeiten aus dem Naturtrieb heraus entwickelt: Das liegt daran, dass der Mensch mit der Fähigkeit zur Freiheit begabt ist, was zur Folge hat, dass er seine Liebesobjekte nicht instinkthaft vorfindet, sondern diese wählen muss. Und diese Wahl ist bei ihm keine blinde Wahl, sondern basiert aufgrund seiner Fähigkeiten zum Vergleich auf einem qualifizierenden Urteil. Das Liebesobjekt zeichnet sich für Rousseau so von Anbeginn an durch eine gewisse Vortrefflichkeit aus. Diese Einsicht gilt jedoch sowohl für das Subjekt als auch für das Objekt der Liebe: »Gibt man jemandem den Vorzug, so will man auch vorgezogen werden: die Liebe muss gegenseitig sein«.[8] Was an dieser Stelle deutlich wird, ist, dass wir für Rousseau in der geschlechtlichen Beziehung immer auch die Tatsache genießen, von einer anderen Person für vortrefflich gehalten zu werden. Demzufolge erwächst aus der geschlechtlichen Liebe stets eine zweifache Befriedigung: die ›natürliche‹ Befriedigung der physischen Liebe in Form des Geschlechtstriebes und die ›soziale‹ Befriedigung der geistigen Liebe, die darin besteht, als Geschlechtspartner anerkannt und bestätigt worden zu sein. Sobald es im Zuge einer auf Dauer gestellten Reproduktion zu regelmäßigem Kontakt zwischen den Geschlechtern kommt, wird für Rousseau nun das »süße Gefühl« der geistigen Liebe (189) entfacht, das die Grundlage aller weiteren Formen der Abhängigkeit von anderen Menschen bildet. Verhängnisvoll ist dieses Gefühl für Rousseau, weil es nicht mehr wie die physische Liebe einfach nur auf Bedürfnisbefriedigung aus ist, sondern vielmehr darauf, von einer anderen Person auf bevorzugte Weise behandelt zu werden. Entsprechend hält er fest: »Um geliebt zu werden, muß man sich liebenswert machen. Um vorgezogen zu werden, muß man liebenswerter sein als ein anderer, liebenswerter als alle anderen, wenigstens in den Augen der Geliebten.«[9] Mit der Liebe kommt so für Rousseau eine Dynamik in Gang, die schon bald die Domäne der zwischengeschlechtlichen Attraktion übersteigen wird. Denn, so Rousseau weiter: »Wer fühlt, wie süß es ist, geliebt zu werden, möchte von aller Welt geliebt werden.«[10] Das Verlangen, von Anderen bevorzugt behandelt zu werden, betritt für Rousseau also in jenem Moment die Bühne, in dem Men-

---

[8] Ebd., 214.
[9] Ebd.
[10] Ebd.

schen zum ersten Mal Gefühle der Zuneigung für eine andere Person fassen.

Die Sklaverei der *amour propre*

Ausgehend von der geschlechtlichen Liebe entwickelt sich aus der *amour propre* eine kompetitive Dynamik. Die Individuen begnügen sich nicht mehr damit, sich mit Anderen zu vergleichen, vielmehr bemühen sie sich darum, eine bevorzugte Stellung in den Augen von Anderen zu erlangen, indem sie darum ringen, wer schöner, schneller oder größer ist. Schnell, langsam oder groß sind dann nicht mehr einfach deskriptive, sondern vielmehr normative Begriffe, die für die Einzelnen als erstrebenswert gelten. Für Rousseau ist damit der Punkt erreicht, an dem der Ursprung der Ungleichheit unter den Menschen sichtbar wird: »Jeder begann, die anderen zu beachten und selbst beachtet werden zu wollen, und die öffentliche Wertschätzung hatte einen Wert. Derjenige, der am besten sang, tanzte, der Schönste, der Stärkste, der Gewandteste oder der Eloquenteste wurde zum Geachtetsten: und das war der erste Schritt hin zur Ungleichheit und gleichzeitig zum Laster« (189). Sobald die Subjekte einmal der Überzeugung sind, dass sie ihre Eigenliebe nur dann befriedigen können, wenn sie im Vergleich zu Anderen eine überlegene soziale Stellung einnehmen, werden aus individuellen Unterschieden plötzlich soziale Hierarchien. Dadurch wird Anerkennung zu einem knappen Gut, und die Individuen werden zu Rivalen und Rivalinnen im Streben nach Anerkennung. Eine destruktive Dynamik bekommt diese Rivalität für Rousseau nun in dem Moment, wo die Individuen ihre geistige Fähigkeit zum strategischen Handeln in Anschlag bringen und mittels dieser alle ihre Handlungen daraufhin befragen, was sie zu einer zukünftigen Steigerung ihres Prestiges beitragen. Das führt nämlich schnell dazu, dass sich die Einzelnen beständig darum sorgen, ob sie ihre soziale Stellung auch in Zukunft werden halten können oder ob sie nicht davon bedroht sind, von Anderen überholt zu werden. Die entfachte *amour propre* setzt die Individuen jedoch nicht nur in eine umfassende Konkurrenz zueinander, sondern sie bringt sie auch gegeneinander auf: Insofern die eigene Stellung nämlich relativ ist und der Ansehensverlust des Anderen unmittelbar einen Ansehensgewinn für das eigene Selbst bedeutet, stattet das Verlangen nach *amour propre* die Individuen mit einem Anreiz dafür aus, das Unglück von anderen anzustreben. Mehr noch: Da das Verlangen nach Anerkennung von der Meinung von Anderen abhängig ist, haben die Individuen ein Interesse, durch Täuschung, Heuchelei und Doppelzüngigkeit jene Fähigkeiten und Eigenschaften, die gesellschaftlich wertgeschätzt werden, vorzutäuschen, wodurch sie nicht nur in ein entfremdetes Verhältnis zu Anderen, sondern auch zu sich selbst geraten.

Arbeitsteilung, Eigentum und Recht

Die durch die *amour propre* angestoßene zivilisatorische Entwicklung der Ungleichheit wird für Rousseau nun in dem Moment dramatisch, in dem die Gesellschaft eine Reihe von Institutionen hervorbringt, welche dazu angetan sind, die durch die Eigenliebe hervorgerufene Ungleichheit zu vergrößern und zu verstetigen. Arbeitsteilung, Eigentum und Recht stellen aus Rousseaus Perspektive solche Institutionen dar. So bringt die Arbeitsteilung für ihn schnell die Möglichkeit hervor, Andere für sich arbeiten zu lassen und im Kommando über ihre Arbeitskraft die eigene Überlegenheit zur Schau zu stellen. Das gesetzlich verbürgte Eigentum macht es wiederum möglich, Güter als Zeichen der eigenen Macht anzuhäufen, wodurch die Konkurrenz um soziale Überlegenheit eine prinzipiell offene und endlose Dynamik annimmt. Der Gesellschaftsvertrag schließlich gilt Rousseau als ein geschicktes Mittel, die sozialen Ungleichheiten gesellschaftlich zu legitimieren und auf Dauer zu stellen. Indem Rousseau die Errungenschaften der modernen Zivilisation unter dem Gesichtspunkt betrachtet, was sie zur Entfachung der *amour propre* beitragen, kommt er zu einem fatalen Urteil: Sie alle tragen Schuld daran, dass sich gesellschaftliche Ungleichheit ausdehnt, steigert und verstetigt. Er kommt daher zu folgendem Schluss: »Aus dieser Darstellung folgt, dass die Ungleichheit, die im Naturzustand nahezu null ist, ihre Macht und ihr Wachstum aus der Entwicklung unserer Fähigkeiten und den Fortschritten des menschlichen Geistes bezieht und durch die Etablierung des Eigentums und des Gesetzes schließlich dauerhaft und legitim wird.« (271) Rousseaus Gegenwartsdiagnose ist also düster: Während der Mensch im Naturzustand ein glückliches Wesen war, dem Ungleichheit unbekannt war, ist er in der Gesellschaft ein böses Wesen geworden, das nur noch nach seiner Bevorzugung strebt.

Wege zum Guten

Scheint Rousseau im *Diskurs über die Ungleichheit* noch eine scheinbar ausweglose gesellschaftliche Entwicklung zu beschreiben, machen seine beiden sieben Jahre nach dem Diskurs veröffentlichten Schriften *Emil* und *Gesellschaftsvertrag* deutlich, dass er die von ihm skizzierte Entwicklung nicht für alternativlos hält. *Amour propre*, so lautet Rousseaus Überzeugung, ist nicht nur für das Schlechteste, sondern auch für das Beste zwischen den Menschen verantwortlich (vgl. 257). Die Grundfrage, die sich Rousseau daher in beiden Schriften stellt, lautet: Wie lassen sich die menschlichen Leidenschaften in eine Form bringen, in der sie der Selbstverwirklichung des Menschen zugute kommen? Rousseau wird dabei in beiden Schriften zwei ganz unterschiedliche Antworten geben. Im *Emil* stellt er die zähmende Kraft des Mitleids in den Mittelpunkt seiner Überlegungen. Er macht es sich hier zur Aufgabe, zu zeigen, wie aus dem unmittelbaren und präreflexiven Gefühl des Mitleids durch Reflexion ein unparteilicher und neutraler Standpunkt der Moral gewonnen werden kann. Im *Gesellschaftsvertrag* dagegen rückt Rousseau das Verlangen nach Anerkennung ins Zentrum seiner Überlegungen, um zu zeigen, wie die Bürger eines Staates im Zuge der Ausbildung eines Gemeinwillens eine Form der Bestätigung durch Andere finden können, die sie nicht in Konkurrenz zueinander setzt. Ich kann hier nicht weiter auf diese beiden Stränge von Rousseaus Werk eingehen, jedoch werden wir in den nächsten beiden Kapiteln mit ganz ähnlichen Grundfragen konfrontiert werden: Fragt Hegel nämlich danach, unter welchen Bedingungen die Abhängigkeit von der Anerkennung der Anderen eine Verwirklichung der eigenen Freiheit bedeuten kann, zeigt Levinas, wie uns die Verantwortung für den anderen Menschen heimsucht und dabei auf das Gute verpflichtet.

Zusammenfassung Kommen wir nun abschließend noch einmal auf Rousseaus Aussage zurück, dass der Mensch in der modernen Gesellschaft überall in Ketten der Abhängigkeit liege, dann können wir diese Äußerung jetzt besser verstehen: (i) Die Abhängigkeit von Anderen hat ihre Grundlage in der *Entwicklung des menschlichen Geistes*. Durch die zivilisatorische Herausbildung von Verhältnisbegriffen, evaluativen Schemata und zukunftsgerichteter Sorge entwickelt der Mensch die Kapazität, sich zu Anderen ins Verhältnis setzen zu können. Daraus entsteht jene Leidenschaft, die Rousseau als *amour propre* bezeichnet und die darauf zielt, in der Meinung von Anderen einen ausgezeichneten Platz einnehmen zu wollen. (ii) Wenn Rousseau davon spricht, dass der moderne Mensch der Sklave seiner Mitmenschen geworden ist, dann hat er nicht die Unterwerfung durch eine materielle Gewalt vor Augen, sondern vielmehr eine symbolische Gewalt, die darin besteht, dass der Mensch auf der Grundlage seiner *amour propre* ein *fremdbestimmtes Wesen* geworden ist. Weil er danach strebt, in den Augen seiner Mitmenschen eine bevorzugte Stellung einzunehmen, ist er dazu bereit, seine Handlungen an ihren Erwartungen auszurichten und damit seine ursprüngliche Freiheit gegen die Ketten der Abhängigkeit einzutauschen. (iii) Das Verlangen, Anderen gegenüber eine bevorzugte Stellung einzunehmen, setzt die Menschen schließlich in ein umfassendes *Rivalitätsverhältnis*, das zur Ausbreitung von Lastern führt: Gewalt, Herrschaft und Unterdrückung, aber auch Täuschung, Heuchelei und Betrug werden zu Mitteln, Andere herabzusetzen und sich selbst als überlegen zu erweisen. Die Entwicklung der Ungleichheitsverhältnisse, die uns Rousseau schildert, haben daher nicht in erster Linie einen materialen Zweck: Sie dienen nicht zunächst dem Genuss und Konsum von materiellen Gütern, sondern vielmehr der Erlangung eines sozialen Gutes: der Anerkennung und Bestätigung durch Andere.

Rezeption und Wirkung

In der Rousseau-Rezeption lautet eine wiederkehrende Frage, welchen normativen Status Rousseau der *amour propre* zuspricht. Während die einen *amour propre* als eine durch und durch negative Eigenschaft sehen, deren Ausbildung es zu verhindern gilt,[11] muss sie für die anderen nur in die richtigen Bahnen gelenkt werden, indem das Streben nach einer überlegenen Stellung in das Streben nach einer egalitären Stellung transformiert wird.[12] Demgegenüber argumentieren wieder andere dafür, dass *amour propre* auch in ihrem Streben nach Überlegenheit eine positive menschliche Eigenschaft darstellt, da die ihr zugrunde liegende Fähigkeit zum Vergleich die Voraussetzung für die Ausbildung von Vernünftigkeit ist.[13] In einem zweiten Rezeptionsstrang steht nun nicht mehr allein die Ausdeutung der Leidenschaft der *amour propre* im Zentrum, sondern Rousseaus philosophisches Projekt als Ganzes. Fokussiert wird dabei auf die Frage, wie sich die verschiedenen und disparaten Themen seiner Schriften zu einer schlüssigen philosophi-

---

[11] Vgl. etwa Arthur Lovejoy, *Reflections on Human Nature,* Baltimore: University Press 1961.

[12] Vgl. dazu etwa Joshua Cohen, »The Natural Goodness of Humanity«, in: Barbara Hermann, Christine M. Korsgaard und Andrews Reath (Hg.), *Reclaiming the History of Ethics,* Cambridge: University Press 1997, 102–139.

[13] Vgl. dazu Frederick Neuhouser, *Pathologien der Selbstliebe. Freiheit und Anerkennung bei Rousseau,* Frankfurt am Main: Suhrkamp 2012, 294 ff.

schen Konzeption verdichten lassen. Einschlägig ist hier zunächst Ernst Cassirers Studie »Das Problem Jean-Jacques Rousseau«[14], die sich mit der Frage beschäftigt, wie der im *Zweiten Diskurs* vertretene Individualismus mit dem Absolutismus und Staatswillen des Gesellschaftsvertrages zusammengeht. Jean Starobinski versucht dagegen in seiner Studie *Rousseau: Eine Welt von Widerständen,* Rousseaus philosophisches Werk vor dem Hintergrund seiner literarischen Selbsterkundungen als Suche nach den Ursprüngen zu entschlüsseln.[15] Frederick Neuhouser wiederum will in seiner Studie *Pathologien der Selbstliebe* Rousseaus Zivilisationskritik als Problem der Theodizee lesen, das im *Gesellschaftsvertrag* und im *Emil* seine Auflösung findet.[16] Neben den drei genannten Studien zum Werk Rousseaus ist zuletzt noch Axel Honneths Aufsatz »Pathologien des Sozialen« zu nennen, der Rousseau als Begründer der Sozialphilosophie sieht, insofern er der erste moderne Denker ist, der systematisch nach den Beschränkungen fragt, welche dem Menschen durch die im Entstehen begriffene kapitalistische Lebensform auferlegt werden.[17]

Empfohlene Literatur zum Weiterlesen

Fetscher, Iring, *Rousseaus politische Philosophie,* Frankfurt am Main: Suhrkamp, 1993.

Neuhouser, Frederick, *Pathologien der Selbstliebe. Freiheit und Anerkennung bei Rousseau,* Frankfurt am Main: Suhrkamp 2012.

Dent, Nicholas, *Rousseau. An Introduction to his Psychological, Social and Political Theory,* Oxford: Blackwell 1988.

[14] Ernst Cassirer, »Das Problem Jean-Jacques Rousseau« (1932), in: *Über Rousseau,* Frankfurt am Main: Suhrkamp 2012, 7–90.

[15] Jean Starobinski, *Rousseau: Eine Welt von Widerständen,* Frankfurt am Main: Fischer 1993.

[16] Frederick Neuhouser, *Pathologien der Selbstliebe. Freiheit und Anerkennung bei Rousseau,* Frankfurt am Main: Suhrkamp 2012.

[17] Axel Honneth, »Pathologien des Sozialen« (1994), in: *Das Andere der Gerechtigkeit. Aufsätze zur praktischen Philosophie,* Frankfurt am Main: Suhrkamp 2000, 11–87.

5. Anerkennung (Hegel)

Hegel und die Klassische Deutsche Philosophie

Georg Wilhelm Friedrich Hegel (1770–1831) ist einer der bekanntesten Vertreter der Klassischen Deutschen Philosophie. 1788 wird er für ein Studium der Evangelischen Theologie am Tübinger Stift – eine Einrichtung für besonders begabte Stipendiaten – aufgenommen, wo er zeitweilig ein Zimmer mit Friedrich Hölderlin und Friedrich Schelling teilt. Die schnell aufblühende Freundschaft zwischen den dreien gründet sich nicht nur auf eine gemeinsame Abneigung gegen die beengenden und autoritären Verhältnisse am Stift, sondern auch auf die gemeinsame Begeisterung für die Antike und die Französische Revolution (Hegel und Hölderlin, so heißt es, waren gar als Jakobiner verschrien). Die gemeinsamen philosophischen Diskussionen der drei fließen später dann in *Das älteste Systemprogramm des deutschen Idealismus* ein, das bereits viele Motive enthält, die für Hegels spätere Philosophie grundlegend sind: »Die erste Idee«, so heißt es dort etwa, »ist natürlich die Vorstellung von *mir* als einem absolut freien Wesen.«[1] Es ist eben diese Idee der Freiheit, die Hegel im Zuge seines philosophischen Werdegangs, der von Tübingen über Jena, Nürnberg und Heidelberg nach Berlin führt, immer weiter begleiten und schließlich in den 1821 in Berlin veröffentlichten *Grundlinien der Philosophie des Rechts* ihre abschließende Gestalt annehmen wird.[2] Dabei hat nicht zuletzt der berühmte Satz aus der Vorrede der *Grundlinien der Philosophie des Rechts,* »Was vernünftig ist, das ist wirklich; und was wirklich ist, das ist vernünftig«,[3] Hegels Philosophie in

---

[1] Georg Wilhelm Friedrich Hegel, »Das älteste Systemprogramm des deutschen Idealismus« (1796/97), in: *Werke,* Bd. 1, Frankfurt am Main: Suhrkamp 1986, 234–236.

[2] Zum Lebensweg Hegels vgl. Terry Pinkard, *Hegel. A Biography,* Cambridge: University Press 2000.

[3] Georg Wilhelm Friedrich Hegel, *Grundlinien der Philosophie des Rechts oder Naturrecht und Staatswissenschaft im Grundrisse* (1821), in: *Werke* Bd. 7, Frankfurt am Main: Suhrkamp 1986, 24.

den Verruf gebracht, bloße konservative Affirmation des Bestehenden zu sein. Rudolf Hayms Etikettierung von Hegel als restaurativem preußischen Staatsphilosophen ist diesbezüglich legendär geworden, beruht jedoch auf einem schwerwiegenden Missverständnis: Der Satz ist nicht deskriptiv, sondern normativ zu lesen. Er lautet: Alles wirkliche Recht ist vernünftig und was vernünftig ist, das soll sein! Hegel liefert damit gerade keine Rechtfertigung des Bestehenden, sondern vielmehr einen Aufruf, die Wirklichkeit vernünftig zu gestalten.

Hegels Grundidee

Im Gegensatz zu Rousseau, der – wie wir im letzten Kapitel gesehen haben – die Angewiesenheit auf die Anerkennung von Anderen als Ursache von Rivalität und sozialer Ungleichheit ausgemacht hat, versucht Hegel zu zeigen, dass die Anerkennung durch Andere Voraussetzung für eine freie Selbstverwirklichung ist. Nur dadurch nämlich, dass Andere das Bild, das sich ein Subjekt von sich macht, bestätigen, vermag dieses Subjekt eine gelungene Beziehung zu sich aufzubauen. Ist das nicht der Fall, wird sich voraussichtlich ein Leiden an mangelndem Selbstvertrauen oder Selbstwertgefühl einstellen. Da Selbstverwirklichung für Hegel in erster Linie darin besteht, dass ein Subjekt darüber zu bestimmen vermag, wie es sich entfalten möchte, besteht die eigentliche Herausforderung für Hegels Theorie darin, zu zeigen, wie sich Anerkennung und Freiheit miteinander versöhnen lassen. Dies ist nur möglich, indem die Individuen ein angemessenes Verständnis ihrer Freiheit erlangen. Für Hegel entspricht das dem Übergang von einem abstrakten hin zu einem konkreten Freiheitsverständnis. Unter abstrakter Freiheit versteht er dabei jene Form der Willkürfreiheit, die sich an der Abwesenheit von äußeren Beschränkungen bemisst, während er unter konkreter Freiheit eine Form der Freiheit fasst, die im *Bei-sich-selbst-sein im Anderen* besteht. Hier wird die äußere Welt vom Selbst nicht mehr als Beschränkung erfahren, sondern vielmehr als Ausdruck des eigenen Willens verstanden. Da dies für Hegel aber nur dann möglich ist, wenn das Subjekt von Anderen anerkannt wird, bedingen sich Anerkennung und Freiheit wechselseitig: Nur anerkannte Wesen können wirklich frei sein und nur freie Wesen können sich wahrhaftig anerkennen.

Die Phänomenologie des Geistes

Hegel entwickelt seine Überlegungen zum Zusammenhang von Freiheit und Anerkennung bereits in seiner so genannten »Jenaer Zeit«, worunter die Schaffensperiode von 1801 bis 1807 gerechnet wird. Sein Denken bringt er dabei erstmals mit der 1807 veröffentlichten *Phänomenologie des Geistes,* die als Einleitung in sein System gedacht ist, in eine strukturierte Form. Hegel macht es sich in diesem Werk zur Aufgabe, eine Entwicklungsgeschichte des menschlichen Geistes vorzulegen, wobei er unter Geist im Wesentlichen dasjenige versteht, was die menschliche Lebensform von der tierischen unterscheidet: ihr Bestimmtsein zur Freiheit. Wie sich dieses Bestimmtsein zur Freiheit entwickelt, das versucht Hegel in der *Phänomenologie des Geistes* im Rahmen einer Stufenfolge zu zeigen, die vom Bewusstsein über das Selbstbewusstsein hin zur Vernunft führt, wobei jede Stufe noch einmal verschiedene Unterstufen enthält. An den drei Hauptstufen hat Hegel im wesentlichen sein Leben lang festgehalten, was daran deutlich wird, dass sie noch in der *Enzyklopädie der Wissenschaft* von 1830, auf die ich mich im Folgenden hauptsächlich konzentrieren werde, den Dreh- und Angelpunkt seiner Philosophie des subjektiven Geistes bilden. Für unsere Zwecke ist dabei vor allem die Stufe des Selbstbewusstseins von Interesse, weil das Subjekt auf dieser Stufe sein Bestimmtsein zur Freiheit entdeckt. Obwohl Hegel seine Überlegungen zur Konstitution des Selbstbewusstseins in Form einer Entwicklungsgeschichte präsentiert, verfährt er dabei doch ganz anders als etwa Rousseau. Im Gegensatz zu diesem geht er weder von einem Naturzustand aus, noch folgt er in seiner Darstellung einer genealogischen Methode, vielmehr versucht er ausgehend vom *Begriff* des Selbstbewusstseins mithilfe der dialektischen Methode eine *logische* Entwicklungsgeschichte nachzuzeichnen.

Die dialektische Methode

Hegels dialektische Methode besteht im Wesentlichen aus drei Schritten, die nicht – wie irrtümlicherweise oftmals angenommen – mit dem Dreischritt von These, Antithese und Synthese übereinstimmen: Der erste Schritt besteht vielmehr darin, dass etwas unmittelbar Positives thematisiert und expliziert wird, von dem dann im zweiten Schritt gezeigt wird, dass es sein Gegenteil, das Negative, enthält und sich daher an ihm ein Widerspruch auftut. Der dritte Schritt schließlich besteht in der Aufhebung dieses Widerspruchs durch eine Negation der Negation, welche die Hervorbringung eines neuen Positiven zur Folge hat. Das von

Hegel so genannte ›spekulative Moment‹ dieses Verfahrens bezieht sich nun in erster Linie auf diesen letzten Schritt, insofern die Negation der ersten Negation nicht einfach zum Ausgangspunkt der Überlegung zurückführt, sondern in einer neuen höherstufigen Auffassung ›aufgehoben‹ wird. Dabei hat Hegel den dreifachen Sinn des deutschen Wortes im Sinn, das eben nicht nur Beenden *(negare)*, sondern zugleich auch Bewahren *(conservare)* und Emporheben *(elevare)* meinen kann. Machen wir uns das an einem Beispiel aus Hegels *Wissenschaft der Logik* deutlich:[4] Der Satz der Identität A = A bringt ein Positives zum Ausdruck (erster Schritt der Dialektik). Der klassischen Logik scheint dieser Satz inhaltsleer und tautologisch zu sein. Nicht jedoch für Hegel. Bei genauerer Betrachtung zeigt sich vielmehr, dass die Identität die Verschiedenheit bereits in sich trägt (zweiter Schritt der Dialektik): Im Satz A = A nehmen die beiden Seiten nämlich ganz unterschiedliche Rollen ein. Das A steht einmal in Subjektposition und einmal in Prädikatposition. Auch wenn Subjekt und Prädikat sich dabei gleichen, wird in der Gleichung doch die Verschiedenheit der Rollen von Subjekt und Prädikat angezeigt, was sich formell so ausdrücken lässt, dass A grundsätzlich durch etwas bestimmt wird, was es nicht selbst ist. Formell gilt daher: A = Nicht-A. Der damit entstandene Widerspruch (A = A und A = Nicht-A) lässt sich für Hegel nun folgendermaßen auflösen (dritter Schritt der Dialektik): Da sich Subjekt und Prädikat nicht vollständig ineinander übersetzen lassen, ist auch die Formel A = Nicht-A einseitig und verkehrt. Ein Gegenstand ist stets reichhaltiger als es ein, zwei oder viele Prädikate zum Ausdruck zu bringen vermögen. Diese Einsicht führt Hegel nun jedoch nicht zur Ausgangsformel zurück, sondern sie lässt sich vielmehr als Negation der Negation in folgender Form ausdrücken: A ≠ Nicht-A. Auch wenn Hegel die letztgenannte Formel nicht selbst verwendet, so wird an ihr doch deutlich, dass eine Bestimmung durch die doppelte Negation reichhaltiger ist als eine durch einfache Gleichsetzung. Im Gegensatz zur Formel A = A zeigt sich hier nämlich, dass Identität »die Unterschiedenheit in einer Beziehung« ist.[5] Ihr eigentliches Wesen besteht nicht in der Sichselbstgleichheit, sondern in einer Bewegung des Unterscheidens, in der sowohl die Identität als auch die Nichtidentität aufgehoben sind.

---

[4] Vgl. hierzu Georg Wilhelm Friedrich Hegel, *Wissenschaft der Logik II*, in: *Werke* Bd. 6, Frankfurt am Main: Suhrkamp 1986, 41 ff.

[5] Vgl. ebd., 45.

Das abstrakte Selbstbewusstsein

Kommen wir nun zu Hegels Überlegungen zur Konstitution des Selbstbewusstseins in der *Enzyklopädie* zurück, dann zeigt sich schnell, dass die in der *Wissenschaft der Logik* entwickelte Gedankenfigur dort zur Anwendung gebracht wird. Hegel hält hier fest: »Der Ausdruck des Selbstbewußtseins ist Ich = Ich.«[6] Die Formel Ich = Ich soll dabei die Fähigkeit des Selbstbewusstseins zur Selbstbestimmung zum Ausdruck bringen. Das Problem besteht für Hegel nun darin, dass die Fähigkeit zur Selbstbestimmung mit dieser Formel zunächst nur begrifflich gegeben ist, weswegen er diesbezüglich auch vom »abstrakten Selbstbewusstsein« (§425) spricht. Ganz in Analogie zu seinen eben skizzierten Überlegungen zum Satz der Identität konstatiert er daher, dass sich dem abstrakten Selbstbewusstsein der Unterschied noch nicht verwirklicht hat: Es ist noch ein »unterschiedslose[s] Ich = Ich« (§427). Was es daher zu zeigen gilt, ist, wie sich das Ich als Unterschiedenes setzen und seine Fähigkeit zur Selbstbestimmung realisieren kann. Für Hegel kann das nur dadurch geschehen, dass sich das Ich in einem ersten Schritt durch Negation einem Nicht-Ich entgegensetzt, um dann in einem zweiten Schritt diese Negation durch eine weitere Negation aufzuheben, so dass wir auch in Bezug auf das Selbstbewusstsein letztlich auf die Formel Ich ≠ Nicht-Ich kommen. Erst wenn diese Struktur realisiert ist, lässt sich mit Hegel sinnvoll davon sprechen, dass sich die Fähigkeit des Selbstbewusstseins zur Selbstbestimmung (also seine Freiheit) verwirklicht hat.

Die Suche nach Gewissheit

Nachdem nun deutlich geworden ist, wie Hegel den Status und die Entwicklung des Selbstbewusstseins auf einer logischen Ebene fasst, sollten wir uns im nächsten Schritt vergegenwärtigen, wie sich diese logische Struktur dem Selbst in seiner *Erfahrung* zeigt. Verstehen wir unter dem Selbstbewusstsein zunächst einmal ein Wissen von sich selbst, das sich dadurch ausdrückt, dass wir bestimmte Vorstellungen von uns hegen, dann muss dieses Selbstbewusstsein so lange als abstrakt gelten, wie es nur in der Vorstellungswelt eines Subjekts existiert. Erst wenn ein Subjekt seine Vorstellung von sich in der Welt verwirklicht, verliert

[6] Georg Wilhelm Friedrich Hegel, *Enzyklopädie der philosophischen Wissenschaften im Grundrisse III* (1830), in: *Werke* Bd. 10, Frankfurt am Main: Suhrkamp 1986, §424. Alle Paragraphenangeben in Klammern in diesem Kapitel beziehen sich auf diese Ausgabe.

sein Selbstbewusstsein diesen abstrakten Charakter und wird konkret. Solange das aber nicht der Fall ist, klaffen Selbstbewusstsein und Weltbewusstsein auseinander, d. h. das Subjekt kann seine Vorstellung von sich noch nicht in der Welt wiederfinden. Dem Subjekt zeigt sich dieses Auseinanderklaffen von Selbst und Welt als ein *Mangel an Gewissheit*. Es kann sich nicht sicher sein, ob die Vorstellung, die es sich von sich macht, wirklich ist, oder ob es sich diese nur einbildet. Um sich eine solche Gewissheit zu verschaffen, wird es daher danach streben, »dem abstrakten Wissen von sich Inhalt und Objektivität zu geben.« (§ 425) Das Selbstbewusstsein steht also vor der Aufgabe, sich in der Welt zu verwirklichen, wenn es Gewissheit seiner selbst erlangen will. Wir können uns Hegels Überlegungen an folgendem Beispiel plastisch machen: Ein phantasievolles Individuum hegt von sich das Selbstverständnis, ein besonders guter Schriftsteller zu sein. Auch wenn diese Vorstellung ihre Berechtigung haben mag, so wird sie für das betreffende Individuum doch so lange abstrakt und leer bleiben, wie sie nur in seiner inneren Gedankenwelt existiert. Gewissheit davon, ein kreativer Schriftsteller zu sein, kann das entsprechende Individuum nur dadurch erlangen, dass es seine Vorstellung von sich in der Welt zu objektivieren versucht – etwa indem es einen besonders guten Roman schreibt. Ich werde auf dieses Beispiel im Verlauf meiner Darstellung wieder zurückkommen. Zunächst gilt es jedoch, Hegels Gedankengang weiter zu folgen. Er konzipiert die Suche nach der Gewissheit seiner selbst als eine Entwicklungsgeschichte, die in drei Schritten von der Stufe des *begehrenden* Selbstbewusstseins über das *anerkennende* Selbstbewusstsein hin zum *allgemeinen* Selbstbewusstsein verläuft. Sehen wir uns diese Entwicklungsgeschichte nun genauer an:

Das begehrende Selbstbewusstsein

Als begehrendes Selbstbewusstsein bezeichnet Hegel zunächst jene Form des Selbstbewusstseins, die bereits im natürlichen Lebensvollzug am Werk ist. Bereits dort, wo das Selbst in seinem Weltbezug durch physiologische Bedürfnisse bestimmt ist, vermag sich dieses nämlich in der Welt wiederzufinden. Das liegt daran, dass die ›Begierde‹ – wie Hegel die physiologischen Bedürfnisse nennt – die Welt grundsätzlich in mindestens zwei Gegenstandsbereiche einteilt: solche Gegenstände, die als begehrenswert gelten, und solche, die als vermeidenswert gelten. Diese selbst gesetzte Einteilung verwirklicht sich für Hegel nun in eben jenem Moment, in dem das Selbst diese Gegenstände konsumiert. Der Verzehr des

Gegenstandes stellt für ihn daher mehr als einen reinen Akt der Sättigung dar, vielmehr handelt es sich *auch* um einen Akt der Verwirklichung der eigenen Selbstbestimmung. Und eben deshalb stellt sich durch den Verzehr der Gegenstände nicht nur ein Sättigungsgefühl ein, sondern ebenso ein »Selbstgefühl« (§429), welches als erster Ausdruck jener Objektivität gelten kann, die das abstrakte Selbstbewusstsein zu erreichen aufgebrochen ist. Die mit der Begierde einhergehende Befriedigung hält für Hegel jedoch nur kurz an: Einerseits ist die Form der Selbstbestimmung, die hier realisiert wird, noch primitiv, da sie nur begehrenswerte und vermeidenswerte Objekte kennt, andererseits währt die durch die Begierde erlangte Gewissheit nur kurz – nämlich genau so lange, wie das Gefühl der Sättigung anhält. Schon nach kurzer Zeit muss daher ein neues Objekt verschlungen werden, um wieder Gewissheit herzustellen. Insofern jedoch auch diese Gewissheit wieder nur von begrenzter Dauer sein kann, ist das begehrende Selbstbewusstsein in einem rastlosen Prozess der Selbstvergewisserung gefangen, der zu keinem Abschluss kommen kann.

Das Arbeiten

In einem mündlichen Zusatz zum §428 erwähnt Hegel, dass dort, wo die Begierde noch ein zerstörerisches Verhältnis zu den Gegenständen unterhält, die ›bildende Tätigkeit‹ die Gegenstände zu erhalten vermag. Hegel spielt hier darauf an, dass der Prozess der Arbeit den Mangel der Begierde, nur temporäre Befriedung zu gewähren, überwinden kann. Sofern der Arbeitende durch den Prozess des Herstellens der Materie eine von ihm gewählte Form aufprägen kann, tritt ihm sein Selbstbewusstsein im Objekt als etwas Gegenständliches gegenüber. Die Tätigkeit des Herstellens ist daher nicht nur einfach eine Verausgabung von Arbeitskraft, sondern zugleich auch eine Realisierung von Selbstbewusstsein. Denken wir diesbezüglich etwa an den Schriftsteller, der einen Roman schreibt und anschließend an diesem seine kreativen Fähigkeiten anschauen kann, dann wird klar, inwiefern das Arbeiten eine Verwirklichung von Selbstbewusstsein bedeutet: Im Gegenstand sind diese Fähigkeiten materialisiert, wodurch sie nicht mehr nur ideell in Gedanken, sondern objektiv in der Welt existieren. Es ist eben dieser Selbstverwirklichungscharakter der Arbeit, der Marx später dazu bringt, in der herstellenden Tätigkeit das eigentliche Wesen des Menschen zu erblicken. Für Hegel jedoch ist das Arbeiten genauso wie die Begierde eine noch unvollkommene Form der Realisierung von Selbstbewusstsein. Das liegt daran, dass die Objektivität, die der Schriftsteller seinem Selbstverständnis durch die Niederschrift des Romans gegeben hat, nicht *an sich,* sondern nur *für sich* existiert. Zwar ist es dem Schriftsteller gelungen, sein Selbstverständnis zu vergegenständlichen, letztlich findet er in diesem Gegenstand aber nur das wieder, was er in ihn hineinlegt hat – nämlich seine Überzeugung, dass es sich um das Werk einer kreativen Persönlichkeit handelt. Der Praxis der Vergegenständlichung mangelt es also an Objektivität. Diese kann für Hegel nur erreicht werden, wenn zur Praxis der Vergegenständlichung eine andere Praxis hinzutritt: *die Praxis der Anerkennung*. Erst in dem Moment, in welchem ein zweites Subjekt den Wert des vom ersten Subjekt produzierten Gegenstandes anerkennt, kann sich dieses erste Subjekt sicher sein, dass das Selbstverständnis, welches es darin vergegenständlicht hat, auch soziale Existenz besitzt. Nur dann also, wenn Andere das Bild, das wir von uns selbst haben, bestätigen und ihm eine soziale Existenz verleihen, können wir eine gelungene Beziehung zu uns selbst aufbauen.

Das anerkennende Selbstbewusstsein

Die Überlegungen zur Arbeit machen deutlich, weshalb Hegel auf das begehrende Selbstbewusstsein das anerkennende Selbstbewusstsein folgen lässt: Das Subjekt vermag seinem Selbstverständnis erst in jenem Moment wirkliche Objektivität zu verleihen, in dem dieses auch von Anderen geteilt wird. Für Hegel führt diese Einsicht jedoch nicht unmittelbar dazu, dass sich die Subjekte wechselseitig anerkennen, vielmehr entfaltet sich zunächst eine konfliktgeladene Dynamik. Ursache dieser Dynamik ist der Umstand, dass ein jedes der beiden Subjekte den Anspruch erhebt, dass das jeweils Andere seinen unumschränkten Anspruch auf Freiheit anerkennen soll. Insofern aber beide Subjekte unter Freiheit eine Form der negativen Freiheit verstehen, in der sie von äußeren Beschränkungen frei sind, stellt der jeweils Andere für sie eine Bedrohung ihrer Freiheitsansprüche dar. Der Konflikt nimmt für Hegel daher eine gewaltsame Wendung und wird zum berühmten ›Kampf um Anerkennung‹. Eine gewaltsame Form muss diese Auseinandersetzung für Hegel vor allem deshalb annehmen, weil die beteiligten Subjekte nur dadurch, dass sie ihr Leben für ihr Selbstverständnis aufs Spiel setzen, zeigen, dass sie wahrhaft freie Wesen sind. Erst dort, wo wir für unsere Vorstellung von uns selbst eine existenzielle Gefahr in Kauf nehmen, so Hegel, zeigen wir, dass wir unsere tierische Existenz hinter uns gelassen haben und wahrhaft freie Wesen sind. Im Zuge des Kampfes zeigt sich jedoch, dass der Tod eines der Beteiligten zwar die Realisierung der absoluten Freiheit des je Anderen bedeuten würde, dieser seine Freiheit dann aber nicht mehr anerkannt wissen könnte. Im Zuge des Kampfes um Anerkennung entsteht bei den Beteiligten daher die Einsicht, dass ihr Leben ebenso wesentlich wie ihre Freiheit ist. Da diese Einsicht nach Hegel jedoch nicht von beiden Subjekten zur selben Zeit und in gleichem Maße gemacht wird, mündet der Kampf um Anerkennung in das Verhältnis von Herrschaft und Knechtschaft (§ 433). Dieses Verhältnis ist für Hegel jedoch nur von kurzer Dauer, da es auf einem ungleichen Anerkennen beruht, das beide Beteiligten unbefriedigt zurücklässt. Auf der einen Seite haben wir nämlich den Knecht, der an seiner Unfreiheit leidet und auf der anderen Seite haben wir den Herrn, der mit der Zeit feststellen muss, dass seine Freiheit äußerst prekär ist. Das liegt daran, dass er den Knecht eigentlich verachtet und daher die Anerkennung, die er durch ihn erhält, nicht schätzen kann. Der Herr steht also vor dem Problem, dass die Anerkennung, die er erhält, von jemandem kommt, den er aufgrund seines minderwertigen Selbstverständnisses nicht wirklich für anerkennenswert hält. Er befindet sich in einer entwicklungsgeschichtlichen Sackgasse. Das eigentliche Fortschreiten auf dieser Stufe verortet Hegel daher auch auf Seiten des Knechts: Indem dieser nämlich für den Herrn arbeiten muss, muss er seine selbstsüchtige Begierde aufschieben und überwinden lernen. Mit eben dieser Fähigkeit zur Selbstbeschränkung entwickelt der Knecht aber die Voraussetzungen dafür, eine gehaltvollere Form der Freiheit realisieren zu können.

Anerkennung zwischen Herr und Knecht

Um zu verstehen, worin die gehaltvollere Form der Freiheit besteht, zu welcher Hegel den Knecht am Ende des Abschnitts über das anerkennende Selbstbewusstsein kommen lässt, sollten wir uns zunächst noch einmal die Anerkennungsverhältnisse dieser Stufe genauer vor Augen führen. Zwar konstatiert Hegel ein Scheitern dieser Beziehung, doch bei genauerem Hinsehen wird deutlich, dass die Verhältnisse weit komplexer sind:[7] Während der Knecht durch seinen Gehorsam gegenüber dem Willen des Herrn dessen Rolle anerkennt, muss sich der Herr um das Leben des Knechts sorgen, wodurch er diesen in seiner Verletzbarkeit anerkennt. Sowohl der Herr als auch der Knecht können

7 Vgl. dazu auch Heikki Ikäheimo, *Anerkennung*, Berlin: de Gruyter 2014, 73 ff.

im Zuge dieser Anerkennung durch den jeweils Anderen einen Teil ihres Selbstbewusstseins verwirklichen. Der Herr sieht im Gehorsam des Knechts seinen freien Willen anerkannt, während der Knecht im Herrn das Interesse an seiner eigenen Selbsterhaltung anerkannt sieht. In beide Anerkennungsdimensionen können dabei auch evaluative Momente Einzug erhalten: So kann der Knecht den Herrn nicht einfach nur als Befehlenden anerkennen, sondern auch als jemanden, der weise und besonnen Befehle zu geben vermag. Anders herum kann sich der Herr nicht einfach nur um das Überlebensinteresse des Knechts sorgen, sondern auch anerkennen, dass dieser ein würdiges und angemessenes Leben führen möchte. Die Überlegungen machen deutlich, dass es zwischen Herr und Knecht durchaus zu wechselseitigen Anerkennungsbeziehungen kommen kann. Nichtsdestotrotz aber hält Hegel diese Beziehungen für unbefriedigend. Warum? Vergegenwärtigen wir uns zunächst, dass sowohl die Anerkennung des Herrn als auch die Anerkennung des Knechts wesentlich instrumentellen Charakter hat: Der Knecht gehorcht dem Herrn aus Furcht vor Repression (oder aus Angewiesenheit auf Lohn), wohingegen der Herr am Wohlergehen des Knechts aufgrund seines eigenen Wohlergehens interessiert ist. Die Anerkennungsbeziehung wird also von beiden Seiten nicht um ihrer selbst willen, sondern jeweils aus externen Gründen gewollt. Eben dieser Umstand droht sie zu gefährden: Sobald der Knecht sich nicht mehr von der Macht des Herrn einschüchtern lässt oder der Herr einen anderen Knecht gefunden hat, droht sich das Anerkennungsverhältnis aufzulösen. Die Beziehung zwischen Herr und Knecht ist also nur eine bedingte, durch äußere Abhängigkeiten aufrechterhaltene. Solange das der Fall ist, kann das Selbstbewusstsein jedoch nur eine eingeschränkte Form der Gewissheit seiner selbst erreichen. Wirkliche Gewissheit seiner selbst würde voraussetzen, dass der Andere das Subjekt um seiner selbst willen anerkennt. Das ist für Hegel jedoch erst in dem Moment möglich, in dem es seine selbstsüchtige Begierde zu unterwerfen und zu kontrollieren gelernt hat. Da der Knecht im Zuge seiner Arbeit für den Herrn aber genau diese Fähigkeit hat ausbilden müssen, ist er und nicht der Herr derjenige, der das Potential zum Sprung auf die nächste Entwicklungsstufe mitbringt.

Das allgemeine Selbstbewusstsein

Die letzte Stufe in der Entwicklungsgeschichte des Selbstbewusstseins stellt für Hegel das allgemeine Selbstbewusstsein dar. Das Subjekt vermag auf dieser Stufe seine volle Objektivität zu finden, insofern es »im freien anderen sich anerkannt weiß und dies weiß, insofern es das andere anerkennt und es frei weiß« (§ 436). Was uns Hegel hier sagen möchte, ist, dass die Anerkennung durch Andere dem Wissen nur dann Objektivität verleiht, wenn sich beide beteiligten Subjekte als zur Freiheit fähige Subjekte verstehen, die sich wechselseitig aus freien Stücken anerkennen. »Sie *anerkennen* sich als *gegenseitig* sich *anerkennend*« hält Hegel diesbezüglich an anderer Stelle fest und bringt damit zum Ausdruck, dass auf der Stufe des allgemeinen Selbstbewusstsein die jeweils andere Person als eine Person anerkannt wird, auf deren Anerkennung es ankommt.[8] Das wechselseitige Anerkennen hat hier also keine strategischen Gründe mehr, sondern vielmehr inhaltliche: Die Beteiligten haben realisiert, dass die Anerkennung der Freiheit des Anderen keine Einschränkung ihrer eigenen Freiheit bedeutet, sondern vielmehr die Bedingung der Möglichkeit der Realisierung ihrer Freiheit. Kommen wir nochmal auf das bereits erwähnte Beispiel des Schriftstellers zurück, um dies deutlich zu machen: Hatte dieser auf der Stufe des begehrenden Selbstbewusstsein realisiert, dass es nicht ausreicht, sein Selbstverständnis, ein herausragender Schreiber zu sein, in einem Roman zu vergegenständlichen, da diese Vergegenständlichung erst dann objektiven Charakter annimmt, wenn sie von Anderen bestätigt wird, so hat er auf der Stufe des anerkennenden Selbstbewusstseins realisiert, dass diese Anerkennung für ihn wertlos ist, wenn sie von einem von ihm abhängigen Individuum wie etwa seinem Verleger kommt, der sich von dem Werk einzig profitable Verkaufszahlen verspricht. Er realisiert, dass die Anerkennung seines Selbstverständnisses erst dann wertvoll ist, wenn sie von einem von ihm unabhängigen Individuum, wie etwa einem Kritiker kommt, da er sich nur in diesem Fall sicher sein kann, dass es sich um eine intrinsisch motivierte Anerkennung handelt.

[8] Vgl. Georg Wilhelm Friedrich Hegel, *Phänomenologie des Geistes*, in: *Werke* Bd. 3, Frankfurt am Main: Suhrkamp 1986, 147.

Vom subjektiven zum objektiven Geist

Hegel fasst die bisher skizzierte Entwicklungsgeschichte in der *Enzyklopädie* insgesamt unter dem Begriff des ›subjektiven Geistes‹ zusammen. Dessen Verwirklichung im allgemeinen Selbstbewusstsein stellt jedoch noch nicht den Endpunkt der Entwicklungsgeschichte des Geistes dar. Vielmehr folgt – mit einigen Zwischenschritten, die ich hier auslasse – auf den subjektiven Geist der von Hegel so genannte objektive Geist. Darunter fasst er jene gesellschaftlichen Institutionen, welche die Freiheit des Subjekts garantieren und verstetigen sollen. Unter den Begriffen ›abstraktes Recht‹, ›Moralität‹ und ›Sittlichkeit‹ stellt Hegel dabei drei gesellschaftlich institutionalisierte Handlungssphären vor, deren Aufgabe es ist, zur Verwirklichung der Freiheit des Subjekts beizutragen. Als solche übernehmen sie jeweils eine doppelte Funktion: Erstens nehmen sie eine *vermittelnde Funktion* ein, welche es den Individuen in einer Gesellschaft, in der nicht alle Beziehungen auf direkten *face-to-face* Interaktionen beruhen, ermöglichen soll, sich in ihrer Selbstverwirklichung auf Andere bezogen zu erfahren. Die Institutionen repräsentieren in diesem Sinn einen verallgemeinerten Anderen, durch welchen sich die Einzelnen auf alle Anderen beziehen können. Zweitens haben die Institutionen auch eine *edukative Funktion,* insofern es ihre Aufgabe ist, die Einzelnen zu einem Verständnis ihrer Freiheit zu befähigen. Der von Hegel in Auseinandersetzung mit dem subjektiven Geist dargestellte Entwicklungsprozess setzt sich also auf der Ebene des objektiven Geistes fort: Ging es dort darum, unter welchen Bedingungen sich das Subjekt im konkreten Anderen wiederzufinden vermag, so geht es nun darum, wie es sich im verallgemeinerten Anderen wiedererkennen kann. Nur dann nämlich, wenn dieser Schritt gelingt, steht die gesellschaftliche Ordnung dem Einzelnen nicht mehr als etwas Fremdes gegenüber, sondern wird als Ausdruck des eigenen Selbst erfahren. Da Hegels Überlegungen zur Realisierung des objektiven Geistes umfangreich und komplex sind, werde ich diesen Gedankengang abschließend nur sehr kurz und summarisch zusammenfassen.

Negative Freiheit

Unter dem Titel ›abstraktes Recht‹ behandelt Hegel zunächst das Eigentumsrecht. Dieses stellt für ihn insofern eine institutionalisierte Handlungssphäre der Freiheit dar, als sich die Einzelnen hier einen Raum für die Verwirklichung ihrer spontanen Impulse zuerkennen. Anerkannt wird hier vor allem die negative Freiheit des Subjekts, die darin besteht, frei von äußerlichen Zwängen nach selbstgesetzten Zwecken handeln zu können. Freilich findet diese Realisierung negativer Freiheit ihre Grenze an der negativen Freiheit der Anderen – deren Freiheit wird aber nicht als Beschränkung erfahren, da ihre Anerkennung dem Subjekt garantiert, überhaupt einen gesicherten Spielraum zur Verwirklichung seiner negativen Freiheit in Anspruch nehmen zu können. Das Eigentumsrecht stellt daher eine institutionelle Realisierung jener Form der Freiheit dar, welche auf der Stufe des allgemeinen Selbstbewusstseins erreicht worden ist. Gleichwohl ist diese Form der Institutionalisierung für Hegel nicht ausreichend dafür, dass sich die Individuen mit der gesellschaftlichen Ordnung als ganzer identifizieren können. Im Gegenteil: Zögen sich die Subjekte ganz auf ihre negative Freiheit zurück, würde es im gesellschaftlichen Zusammenleben schnell zu einer Atomisierung kommen, welche den gesellschaftlichen Zusammenhalt auflösen würde.

Reflexive Freiheit

Unter dem Titel der ›Moralität‹ untersucht Hegel im Anschluss eine Handlungssphäre, die nicht durch Rechte verbrieft, sondern nur durch kulturelle Praktiken kodifiziert ist. In ihr erkennen sich die Individuen in ihrem Miteinander eine Form der Freiheit zu, die nicht mehr allein darin besteht, zwischen unterschiedlichen Zwecken zu wählen, sondern darin, nur in Übereinstimmung mit selbstgesetzten moralischen Prinzipien zu handeln – im Anschluss an Hegel lässt sich diesbezüglich von einer *reflexiven Freiheit* sprechen. Exemplarisch hierfür ist Kants kategorischer Imperativ, der mit dem Anspruch einhergeht, Handlungsmaximen auf ihre Universalisierbarkeit hin zu prüfen, um überall dort, wo sich eine Maxime nicht als verallgemeinerungsfähig erweist, die Zustimmung zu verweigern und Einspruch zu erheben. Im Gegensatz zur rechtlichen Freiheit, die die Einzelnen voneinander trennt, spornt die reflexive Freiheit die Einzelnen an, sich in einem Verfahren der Deliberation einander wechselseitig zuzuwenden. Die Ausübung reflexiver Freiheit bannt dadurch die Gefahr der Atomisierung. Dennoch ist auch die reflexive Freiheit für Hegel noch defizitär, da das Verfahren der moralischen Urteilsfindung so lange abstrakt und leer bleibt, wie es sich nicht an einer bestimmten Vorstellung des gelungenen gesellschaftlichen Zusammenlebens orientiert. So kann etwa für Hegel der kategorische Imperativ nicht aus sich heraus eine auf der Institution des Privateigentums beruhende Form des Zusammenlebens begründen, da er es nur erlaubt, das Richtige vom Falschen zu unterscheiden, nicht jedoch, eine Vorstellung vom Guten zu rechtfertigen. Das Verfahren der Maximenprüfung bleibt für Hegel so lange leer und abstrakt, wie es nicht sinnvoll im Zuge einer Konzeption des guten Zusammenlebens in Anschlag gebracht werden kann.

Soziale Freiheit

Unter dem Begriff der ›Sittlichkeit‹ fasst Hegel schließlich die gesellschaftlichen Institutionen der Familie, der bürgerlichen Gesellschaft und des Staates zusammen. Was alle drei Institutionen dieser Handlungssphäre miteinander gemeinsam haben, ist, dass die Individuen den Zweck der jeweiligen Sphäre nur im Zusammenspiel mit Anderen verwirklichen können. Freiheit meint hier also eine Form der sozialen Freiheit. Was darunter zu verstehen ist, macht Hegel am Beispiel der Liebe deutlich: In ihr können sich die Beteiligten jeweils im Anderen selbst wiederfinden, weil der liebenden Person aus intrinsischen Gründen etwas an der geliebten Person liegt. Der Wille der geliebten Person spielt für die liebende Person eine entscheidende Rolle, was sich etwa darin zeigt, dass die andere Person nicht einfach nur begehrt wird, sondern vielmehr ihr Begehren begehrt wird: Zu lieben bedeutet, zu wollen, dass die andere Person mich will. Der Wille der anderen Person ist in der Liebe daher Teil des eigenen Willens geworden. In der Liebesbeziehung verwirklicht sich für Hegel daher genau jenes ›Bei-sich-selbst-sein im Anderen‹, in welchem die Außenwelt nicht mehr als Beschränkung, sondern vielmehr als Fortsetzung des eigenen Selbst verstanden wird. Freilich hat dieses Bei-sich-selbst-sein im Anderen für Hegel noch keine reflektierte Form angenommen, sondern zeigt sich bloß in der Unmittelbarkeit des Gefühls (ähnlich wie auf der Entwicklungsstufe der Begierde). Reflektiert wird dieses Verhältnis für Hegel erst in jenem Moment, in dem sich die Individuen im marktvermittelten Tausch der bürgerlichen Gesellschaft als wechselseitig aufeinander bezogene Produzenten und Konsumenten erfahren, die ihre jeweiligen Wünsche und Bedürfnisse nur durch die Kooperation mit Anderen verwirklichen können. Und insofern der Staat die Aufgabe übernimmt, diese Verhältnisse der wechselseitigen Kooperation selbst noch einmal nach vernünftigen Maßstäben zu koordinieren, ist für Hegel letztlich erst im Staat die »Wirklichkeit der konkreten Freiheit« erreicht.[9] Auch wenn Hegel nun im Folgenden dazu tendiert, dem Staat eine Vorrangstellung gegenüber den Staatsbürgern einzuräumen und

[9] Hegel, *Grundlinien der Philosophie des Rechts,* a. a. O., § 260.

dadurch auf der letzten Etappe seiner Überlegungen das Prinzip der Selbstbestimmung aus den Augen zu verlieren, so können wir doch festhalten, dass die Subjekte der Sache nach für ihn erst als aktive, die gesellschaftliche Ordnung gestaltende Staatsbürger jenen Zustand konkreter Freiheit erreichen, in welchem ihnen die äußere Welt nicht mehr als etwas Fremdes und Undurchschaubares entgegentritt, sondern als ein nach vernünftigen Gesichtspunkten geordnetes Ganzes.

Zusammenfassung

Fassen wir zusammen: (i) Hegel zeigt uns ausgehend von einer begrifflichen Analyse des Selbstbewusstseins, dass gelungene Selbstverwirklichung nur im Verhältnis zu Anderen gelingen kann. Seine Überlegungen sind dabei nicht psychologischer, sondern vielmehr *logisch-begrifflicher* Natur: Mithilfe seiner dialektischen Methode zeigt er, dass der Begriff des Selbstbewusstseins sich ohne den Begriff des Anderen nicht sinnvoll explizieren lässt. (ii) Selbstverwirklichung meint für Hegel dabei in erster Linie die Möglichkeit, ein selbstbestimmtes Leben zu führen. Das wiederum, so hat uns Hegel mithilfe der Entwicklungsgeschichte vom begehrenden über das anerkennende hin zum allgemeinen Selbstbewusstsein gezeigt, ist nur unter der Bedingung möglich, dass wir auch Andere als freie Wesen anerkennen. *Wechselseitige Anerkennung* gilt Hegel daher als Voraussetzung der Realisierung von Freiheit. (iii) Hegel unterscheidet weiterhin *drei Begriffe von Freiheit*, die sich unter die Titel der *negativen, reflexiven* und *sozialen* Freiheit bringen lassen. Während negative Freiheit die Freiheit von äußeren Zwängen und die reflexive Freiheit die Freiheit von inneren Zwängen meint, meint soziale Freiheit die Freiheit des Bei-sich-selbst-seins im Anderen. Eine Verwirklichung der drei Freiheitsbegriffe lässt sich für Hegel nun allein durch ihre gesellschaftliche Institutionalisierung erreichen. In der Moderne geschieht das auf folgende Weise: Während das *Recht* eine Institutionalisierung der negativen Freiheit und die *Moral* eine Institutionalisierung der reflexiven Freiheit darstellt, gelten Hegel die sittlichen Institutionen von *Familie, bürgerlicher Gesellschaft* und *Staat* als Verwirklichung sozialer Freiheit. Nun scheint es damit freilich so, als hätte Hegel mit seiner Philosophie doch nur eine Apologie des Bestehenden geliefert und seine berühmte Formel ›Was vernünftig ist, das ist wirklich; und was wirklich ist, das ist vernünftig‹ daher eher deskriptiv als normativ verstanden. Dagegen ist einzuwenden, dass moderne Gesellschaften für Hegel zwar der Form nach eine Verwirklichung von Freiheit und Anerkennung darstellen, insofern in ihnen die entsprechenden Sphären institutionalisiert sind, dass aber innerhalb dieser Sphären, im Zuge historischer Veränderungen, gleichwohl stets neue Anerkennungs- und Freiheitspotentiale freigelegt werden können.

Rezeption und Wirkung

Wie genau eine solche Rekonstruktion der normativen Potentiale in den einzelnen Freiheitssphären auszusehen hat, ist nach Hegels Tod schnell Gegenstand der Diskussion geworden. Unter anderem entzündet sich an dieser Frage die Auseinandersetzung zwischen so genannten Rechts- (Gabler, Göschel, Hinrichs) und Linkshegelianern (Feuerbach, Bauer, Marx).[10] Heute sind für die Rezeption von Hegels Sittlichkeitskonzeption vor allem folgende Autoren einschlägig: *Charles Taylor* hat neben einer umfassenden Einführung in das Werk Hegels seine Theorie der Sittlichkeit für eine post-industrielle Gesellschaft fruchtbar gemacht.[11] *Frederick Neuhouser* wiederum hat sich in seinen Arbeiten auf die konzeptionelle Entwicklung des Begriffs der sozialen Freiheit konzentriert, um zu zeigen, inwiefern dieser ein Werkzeug kritischer Gesellschaftstheorie ist.[12] Demgegenüber verfährt *Axel Honneth* in seiner Auseinandersetzung mit Hegel konkreter: Im Zuge eines Verfahrens der normativen Rekonstruktion zeigt er in umfangreichen sozialgeschichtlichen Aufarbeitungen die Entwicklungen innerhalb der einzelnen Freiheitssphären seit Hegel auf.[13] *Rahel Jaeggi* wiederum hat in Anschluss an Hegel eine Kritik von Lebensformen entwickelt, um die Frage der Rationalität sozialen Wandels nicht nur in Bezug auf gesellschaftliche Institutionen, sondern auch bezogen auf soziale Praxiszusammenhänge stellen zu können.[14] Während die genannten Autoren alle mehr oder weniger an das Sittlichkeitskonzept Hegels anknüpfen, sind noch eine Reihe von Autoren zu nennen, die für die Reaktualisierung von Hegels Anerkennungsdenken wesent-

[10] Einen Überblick zum Linkshegelianismus bietet der Band von Michael Quante und Amir Mohseni (Hg.), *Die linken Hegelianer. Studien zum Verhältnis von Religion und Politik im Vormärz*, München: Fink 2015.

[11] Charles Taylor, *Hegel* (1975), Frankfurt am Main: Suhrkamp 1983, sowie: Charles Taylor, *Hegel and Modern Society*, Cambridge: University Press 1979.

[12] Frederick Neuhouser, *Foundations of Hegel's Social Theory. Actualizing Freedom*, Cambridge: University Press 2000.

[13] Axel Honneth, *Das Recht der Freiheit. Grundriß einer demokratischen Sittlichkeit*, Berlin: Suhrkamp 2011.

[14] Rahel Jaeggi, *Kritik von Lebensformen*, Frankfurt am Main: Suhrkamp 2014.

lich waren: In den 1940er Jahren sind hierfür die von *Alexandre Kojève* in Paris gehaltenen Vorlesungen zu Hegel für eine ganze Intelektuellengeneration (u.a. Sartre, Bataille, Lacan, Merleau-Ponty) prägend geworden, welche Hegel dann auf ihre je eigene Weise in ihr Denken integriert haben.[15] Für die weitere Renaissance von Hegels Anerkennungsdenken haben dann unter anderem folgende Autoren gesorgt: *Andreas Wildt* hat in seiner einschlägigen Studie gezeigt, wie Hegel das Motiv der Anerkennung von Fichte übernimmt,[16] während *Ludwig Siep* nachgewiesen hat, dass Hegel den Anerkennungsbegriff zur Grundlage seiner gesamten praktischen Philosophie macht.[17] *Axel Honneth* wiederum hat sich auf die moralisch produktive Rolle des Kampfes um Anerkennung aus Hegels frühen Jenaer Schriften konzentriert[18] und im angelsächsischen Sprachraum war es vor allem die Studie von *Robert Williams*, welche in den 1990er Jahren zu einer Verbreitung von Hegels Anerkennungsdenken beigetragen hat.[19] Auch jenseits der Hegel-Rezeption spielt das Motiv der Anerkennung in der Sozialphilosophie eine wesentliche Rolle. Die Arbeiten von Alexander García Düttmann haben dabei vor allem das Stiftungsparadox der Anerkennung zum Thema gemacht,[20] während Thomas Bedorf zeigt, dass mit jedem Anerkennen konstitutiv ein Verkennen verbunden ist.[21] Einen weiteren Überblick über die Anerkennungsdiskussion jenseits von Hegel gibt Arnd Pollmann.[22]

---

[15] Alexandre Kojève, *Hegel. Eine Vergegenwärtigung seines Denkens* (1947), Frankfurt am Main: Suhrkamp 1975.

[16] Andreas Wildt, *Autonomie und Anerkennung. Hegels Moralitätskritik im Lichte seiner Fichte-Rezeption*, Stuttgart: Klett-Cotta 1982.

[17] Ludwig Siep, *Anerkennung als Prinzip der praktischen Philosophie. Untersuchungen zu Hegels Jenaer Philosophie des Geistes* (1979), Hamburg: Meiner 2014.

[18] Axel Honneth, *Kampf um Anerkennung. Zur moralischen Grammatik sozialer Konflikte*, Frankfurt am Main: Suhrkamp 1992.

[19] Robert Williams, *Hegel's Ethic of Recognition*, Berkley: University of California Press 1997. Neben den genannten Studien existiert freilich eine kaum mehr zu überblickende Vielzahl an Literatur zu weiteren Aspekten von Hegels Philosophie. Einen strukturierten Überblick bietet die von Andrew Chitty gepflegte Bibliographie unter http://users.sussex.ac.uk/~sefd0/bib/hegel.htm (5.01.2015).

[20] Alexander García Düttmann, *Zwischen den Kulturen. Spannungen im Kampf um Anerkennung*, Frankfurt am Main: Suhrkamp 1997.

[21] Thomas Bedorf, *Verkennende Anerkennung. Über Identität und Politik*, Frankfurt am Main: Suhrkamp 2010.

[22] Arnd Pollmann, »Anerkennung«, in: Stefan Gosepath, Wilfried Hinsch, Beate

Empfohlene Literatur zum Weiterlesen

Ikäheimo, Heiki, *Anerkennung*, Berlin: de Gruyter 2014.
Kojève, Alexandre, *Hegel. Eine Vergegenwärtigung seines Denkens* (1947), Frankfurt am Main: Suhrkamp 1975.
Kuch, Hannes, *Herr und Knecht: Anerkennung und symbolische Macht im Anschluss an Hegel*, Frankfurt am Main: Campus 2013.

Rössler (Hg.), *Handbuch der Politischen Philosophie und Sozialphilosophie*, Berlin: de Gruyter 2008.

6. Verantwortung (Levinas)

Levinas als Entdecker der Alterität

Emmanuel Levinas (1906–1995) kann als Begründer des Denkens der Alterität gelten. In deren Zentrum steht nicht einfach der Andere, sondern vielmehr dessen Andersheit – all das also, was am Begriff des Anderen gerade nicht aufgeht. Ausgangspunkt von Levinas' Theorieentwicklung ist die Erfahrung der Shoah, in deren Zuge sein Bruder, seine Eltern und seine Schwiegereltern im Heimatort Kaunas in Litauen der so genannten Endlösung zum Opfer gefallen waren. Vor diesem Hintergrund entwickelt Levinas eine Theorie, welche die Bedeutung der Andersheit und der Differenz für das menschliche Leben herausstellt. Den philosophischen Hintergrund dieses Vorhabens eignet er sich während seiner Studienzeit in Straßburg an, wo er sich mit Maurice Blanchot anfreundet, der später seiner Frau und seiner Tochter während der nationalsozialistischen Herrschaft beim Untertauchen helfen wird.[1] Von Straßburg aus geht Levinas dann im Sommer 1928 für einen Gastaufenthalt nach Freiburg, wo er Phänomenologie bei Edmund Husserl und Martin Heidegger studiert. Mit Husserl wird er sich sogar soweit anfreunden, dass dieser ihm zusammen mit Gabrielle Pfeiffer die Übersetzung seiner *Cartesianischen Meditationen* ins Französische überträgt. Zur gleichen Zeit wie die Übersetzung (1930) erscheint auch Levinas' an der Sorbonne in Paris eingereichte Dissertation *Die Theorie der Anschauung in der Phänomenologie Husserls*, die einer ganzen Generation von Intellektuellen als Rezeptionsleitfaden für ihre Aneignung der Phänomenologie dienen wird – exemplarisch hierfür steht etwa Sartres Aussage: »Durch Levinas bin ich zur Phänomenologie gekommen.«[2] Nachdem Levinas in den

---

1 Zum Lebensweg von Levinas vgl. Salomon Malka, *Emmanuel Levinas. Eine Biographie*, München: Beck 2003.

2 Bernard-Henri Levy, *Sartre. Der Philosoph des 20. Jahrhunderts*, München: dtv 2005.

1930er Jahren in Paris im Lehrkörper der *Alliance Israélite Universelle* arbeitet, wird er 1939 zum Kriegsdienst eingezogen und gerät 1940 in deutsche Gefangenschaft. Dort schützt ihn allein seine zuvor angenommene französische Staatsbürgerschaft vor der Verfolgung als Jude, so dass er nach der Befreiung Deutschlands 1945 wieder nach Paris zurückkehren kann. Auf deutschen Boden wird er sein Leben lang keinen Fuß mehr setzen, selbst dann nicht, als ihm 1983 der Karl-Jaspers-Preis an der Universität Heidelberg verliehen wird. Nach dem Krieg übernimmt Levinas die Leitung der *École Normale Israélite Orientale*, die für die jüdische Lehrerausbildung im Mittelmeerraum zuständig ist, bevor er sich 1961 mit *Totalität und Unendlichkeit* habilitiert. Levinas legt hier zum ersten Mal seine Theorie der Alterität ausführlich dar, die er dann 1974 in seinem zweiten Hauptwerk *Jenseits des Seins oder anders als Sein geschieht* vertiefen wird. Was bedeutet es nun aber, mit der Alterität des Anderen konfrontiert zu sein?

Levinas' Grundidee

Die von Levinas in *Totalität und Unendlichkeit* entwickelte Grundidee lautet, dass Moralität nicht etwas ist, für das wir uns im sozialen Zusammenleben aktiv entscheiden, sondern etwas, in das wir durch unser soziales Miteinander je schon gestellt sind. Und das nicht aufgrund der Tatsache, dass Gesetze, Pflichten oder Verhaltenskodizes uns moralische Verantwortung zuschreiben, sondern weil sie uns in der unmittelbaren Beziehung Von-Angesicht-zu-Angesicht immer schon auferlegt wird. Levinas vollzieht so eine folgenschwere Blickwendung: Im Zentrum seiner Überlegungen steht nicht mehr das aktiv handelnde Subjekt, das sich wie bei Rousseau in Rivalität mit Anderen befindet oder mit ihnen wie bei Hegel um Anerkennung kämpft, sondern ein vom Anderen betroffenes Subjekt, das von der Moral überwältigt, heimgesucht oder verfolgt wird. Levinas bringt diese neue Perspektive dadurch plastisch zum Ausdruck, dass er das Ich als ›Geisel‹ des Anderen bezeichnet.[3] Es mag auf den ersten Blick frappierend sein, Moralität von einem solchen Begriff aus zu denken. Der Grund dafür liegt jedoch darin, dass Levinas deutlich machen möchte, dass die Quelle moralischer Verbindlichkeit für ihn nicht in der praktischen Vernunft liegt, sondern in der Ausgesetztheit an Alterität. Der Andere, so lautet die

---

[3] Vgl. Emmanuel Levinas, *Jenseits des Seins oder anders als Sein geschieht* (1974), Freiburg: Alber 1992, 42 et passim.

Grundidee seiner Philosophie, stellt uns in eine Beziehung der moralischen Verantwortung. Nicht wir entscheiden uns daher für die Moral, sondern vielmehr hat sich die Moral je schon für uns entschieden.

Die phänomenologische Methode

Anders als Rousseau in seinem *Diskurs über die Ungleichheit* oder Hegel in seiner *Enzyklopädie* entwickelt Levinas seine Gedanken nicht im Rückgriff auf eine genealogische oder dialektische Methode, sondern im Ausgang von der Phänomenologie. Weder ein fiktiver Urzustand noch ein logischer Begriff bilden die Grundlage seiner Überlegungen, sondern vielmehr das Erscheinen des Anderen in der Beziehung Von-Angesicht-zu-Angesicht. Levinas hatte die Phänomenologie bei einem Aufenthalt in Freiburg kennen gelernt, wo er von 1927 bis 1928 bei Edmund Husserl studierte. Entscheidend ist für ihn dabei dessen Entdeckung der Intentionalität, die darin besteht, dass Bewusstsein immer Bewusstsein von etwas ist. Bewusstsein, so hat Husserl deutlich gemacht, ist nie in sich verschlossen, sondern je schon draußen in der Welt. Stets ist es auf einen Gegenstand gerichtet: die Furcht auf das Gefürchtete, die Liebe auf das Geliebte, das Wollen auf das Gewollte. In seinen konkreten Gegenstandsanalysen geht es Husserl nun darum, aufzuweisen, wie sich der Gegenstand enthüllt, wobei er zeigt, dass Perspektivität, Zeitlichkeit und Horizontalität elementare Strukturen der Gegenstandskonstitution sind. Sie haben zur Folge, dass uns *etwas* immer *als etwas* erscheint. Eben diesen Gedanken wendet Husserl dann in den *Cartesianischen Meditationen* auf die Frage an, wie sich der andere Mensch für unser Bewusstsein konstituiert. Seine Antwort lautet dabei, dass sich der Andere dadurch, dass er einen Leib wie den meinen hat, im Zuge einer apperzeptiven Übertragung *als* Anderer zeigt. So sehr Levinas von Husserls Methode der Phänomenologie überzeugt ist, so wenig angemessen scheint ihm dieser Zugang in Bezug auf den anderen Menschen zu sein. Der Andere, so Levinas' Einwand, unterscheidet sich nämlich vom Gegenstand dadurch, dass er nicht nur eine epistemologische, sondern auch eine ethische Bedeutung hat. Dies, so Levinas, bekommt Husserl jedoch gar nicht in den Blick, was ihn zu dem Vorwurf führt, dass dieser »die Objektkonstitution mit der Beziehung zum Anderen verwechselt«.[4]

[4] Emmanuel Levinas, *Totalität und Unendlichkeit. Versuch über die Exteriorität* (1961), Freiburg: Alber 1993. Alle Seitenangeben in Klammern in diesem Kapitel beziehen sich auf diese Ausgabe.

Die Andersheit des Anderen

Levinas sieht sich also genötigt, in der Frage, wie uns der Andere begegnet, neu anzusetzen. Den Ausgangspunkt seiner Überlegungen bildet dabei die *Andersheit* des Anderen. Gemeint ist mit diesem Ausdruck, dass der Andere nie ganz in der Beziehung enthalten ist, die wir zu ihm unterhalten. Der Grund dafür liegt darin, dass er die Welt aus einer Perspektive sieht, die uns grundsätzlich entgeht. Es ist uns niemals möglich, die Welt auf die gleiche Art und Weise wie andere zu sehen. Das lässt sich so verstehen, dass wir nie die gleiche Raum-Zeit-Stelle wie der Andere einnehmen können und unsere Perspektiven daher grundsätzlich divergieren. Es lässt sich aber auch so verstehen, dass der Andere die Dinge stets in seinem je eigenen Horizont sieht. Sein Blick auf die Welt ist durch eine Vergangenheit und eine Zukunftserwartung geprägt, die spezifisch für ihn ist und die sich nicht auf mich übertragen lässt. Der Prozess der Perspektivübernahme ist daher niemals abschließbar, sondern eine prinzipiell unabschließbare Approximationsbewegung. Am Anderen wird immer ein Rest von Andersheit bleiben, der nicht einzuholen ist. »Der Andere«, so hält Levinas daher fest, »ist undenkbar« (336). Diese Andersheit des Anderen zeigt sich auch in Bezug auf sein Handeln. So erwartbar dieses im Einzelfall sein mag, so undeterminierbar bleibt es letztlich doch. Stets kann sich der Andere aufgrund seiner Spontaneität anders entscheiden als wir prognostizieren. »Der Wille«, so hält Levinas diesen Punkt fest, »trotzt der fremden Berechnung.« (337) Die Andersheit des Anderen lässt sich also zum einen auf die *genuine Perspektivität* und zum anderen auf die *Willens-* und *Handlungsfreiheit* des Anderen zurückführen. Das hat zur Folge, dass Ich und Anderer nicht einfach als Doppelgänger verstanden werden können, sondern jeweils als singuläre Wesen verstanden werden müssen.

Die Logik des Selben

Levinas eröffnet seine Überlegungen in *Totalität und Unendlichkeit* nun mit dem nicht gerade bescheidenen Vorwurf, dass die gesamte Geschichte des abendländischen Denkens auf einem Vergessen der Andersheit des Anderen beruht. Statt die Differenz von Ich und Anderem zu denken und sich so dem Singulären anzunähern, hat sie es sich stets zur Aufgabe gemacht, die Identität von Ich und Anderem und damit das Allgemeine, das sie verbindet, zu begreifen. Paradigmatisch für diese Denkbewegung steht für Levinas die Ontologie, die vom einzelnen Seienden abstrahiert, um von dort aus zu Aussagen über das Sein im Allgemeinen zu gelangen. Mit diesem Verfahren, so Levinas, führt die Ontologie jedoch »das Andere auf das Selbe zurück« (50). Statt das Andere in seiner Andersheit ernst zu nehmen, wird es einer Logik des Selben unterworfen. Als einer der prominentesten Vertreter einer solchen Logik des Selben sieht Levinas Hegel. Wir hatten im letzten Kapitel ja bereits gesehen, dass sich für diesen die Freiheit des Subjekts in dem Maße verwirklicht, wie es ihm gelingt, sein Bei-sich-selbst-sein im Anderen zu realisieren. Selbstverwirklichung ist damit für Hegel gerade mit der Aufhebung von Andersheit verbunden, was er an entsprechender Stelle so zum Ausdruck bringt: »Das *reine* Selbsterkennen im absoluten Anderssein, dieser Äther als solcher, ist der Grund und Boden der Wissenschaft oder das *Wissen im allgemeinen.*«[5] Die hier von Hegel skizzierte Logik des Selben zeigt sich für Levinas auch deutlich in der von ihm beschriebenen Bewegung des Anerkennens. Hegel, so Levinas, denkt diese Bewegung nur als eine »Rückkehr des Bewusstseins zu sich«.[6] Wir können das so verstehen, dass Levinas noch dort, wo sich die Subjekte aus freien Stücken wechselseitig anerkennen, eine instrumentelle Beziehung am Werk sieht, weil das Anerkennen hier letztlich aus eigenem Interesse erfolgt. Selbst noch die von Hegel ins Zentrum gerückte Liebe gilt Levinas als selbstsüchtig und egoistisch, da sie den freien Willen des Anderen letztlich nur um der Verwirklichung des eigenen Willens und nicht um seiner selbst willen will. Das Bei-sich-selbst-sein im Anderen kann daher in Levinas' Sicht nicht die Quelle von Moralität sein, da diese in dem Moment, wo die Liebe erlischt, zu versiegen droht. Moralität, so lautet jedoch Levinas' Überzeugung, hat nicht bedingten, sondern unbedingten Charakter. Dieser unbedingte Charakter wird aber erst dann sichtbar, wenn man sich aus der Logik des Selben löst und sich der Logik des Anderen zuwendet.

Die Betroffenheit vom Anderen

Die Logik des Anderen nimmt ihren Ausgang von der Betroffenheit durch Andere. Was damit gemeint ist, lässt sich sehr schön im Anschluss an Sartres Überlegungen aus *Das Sein und das Nichts* deutlich machen, an die Levinas in seinen Überlegungen anschließt.[7] In seinem berühmten Kapitel über

[5] Georg Wilhelm Friedrich Hegel, *Phänomenologie des Geistes,* in: *Werke* Bd. 3, Frankfurt am Main: Suhrkamp 1986, 29.

[6] Levinas, *Jenseits des Seins,* a. a. O., 235.

[7] Eine detaillierte Auseinandersetzung mit dem Verhältnis von Sartre und Levinas

den ›Blick‹ stellt sich Sartre die Frage, was das Auftauchen eines Anderen in der Welt für uns bedeutet. Er macht das am Beispiel eines Spaziergangs im Park deutlich. Der Rasen, die Bäume und die Rastplätze erschließen sich uns zunächst alle als Elemente unseres eigenen Universums. Die Ego-Perspektive bildet das organisierende Zentrum, von dem her sich der Horizont der Welt aufspannt. In dem Moment nun, wo der Andere auftaucht, so Sartre, wird meine egologische Perspektive in Frage gestellt. Der Andere bildet nämlich auch ein Zentrum, um das herum sich die Welt organisiert. Der Rasen, die Bäume und die Bänke des Parks bestehen nun nicht mehr ausschließlich für mich, sondern auch für den Anderen. Und obwohl ich die Beziehung des Anderen zu diesen Gegenständen sehe und zum Gegenstand meines Blicks machen kann, so entgeht mir aufgrund der Andersheit des Anderen doch der genaue Sinn seiner Weltbeziehung. Der Andere ruft daher eine Desintegration der Elemente meines Universums hervor. Sartre spitzt diese Überlegungen nun dadurch weiter zu, dass er danach fragt, was passiert, wenn der Andere uns anblickt und zum Objekt seiner Welt macht. Mit dieser Wendung vom Anblicken zum Angeblickt-werden, denkt Sartre die Beziehung zum Anderen nicht mehr allein aus der Perspektive der Aktivität, sondern auch aus der Perspektive der Passivität. Bei Sartre führt diese Wendung vom Objekt-Anderen zum Subjekt-Anderen jedoch lediglich zu einer Steigerung der durch ihn erfahrenen Desintegration. Denn erstens, so Sartre, bedeutet der Blick des Anderen den »Tod meiner Möglichkeiten«, da er meine Freiheit auf eine mathematische Wahrscheinlichkeit reduziert, zweitens bringt er mich in »Knechtschaft«, da er meine Handlungen zum Gegenstand von Beurteilungen macht und und drittens bedeutet er eine »Entfremdung«, da er mir eine Außenseite verleiht, die mir selbst nicht zugänglich ist.[8]

Das Angesicht spricht

Sartres Analysen zur Betroffenheit vom Anderen stellen für Levinas eine entscheidende Weichenstellung in der Analyse von Intersubjektivität dar. Zugleich ist er jedoch der Überzeugung, dass Sartre das damit einhergehende Potential ver-

bietet der Band von Thomas Bedorf und Andreas Cremonini (Hg.), *Verfehlte Begegnung. Levinas und Sartre als philosophische Zeitgenossen,* München: Fink 2005.

[8] Jean-Paul Sartre, *Das Sein und das Nichts. Versuch einer phänomenologischen Ontologie,* in: *Gesammelte Werke* Bd. 3, Reinbek bei Hamburg: Rowohlt 1994, 477, 482 und 484.

spielt, wenn er in der Betroffenheit vom Anderen nur eine Steigerung jener Desintegration am Werk sieht, die sich bereits im aktiven Bezogensein auf den Anderen zeigt. Den Grund dafür sieht Levinas darin, dass Sartre den Blick ganz und gar im Register des Optischen deutet. Die eigentliche Bedeutung des Blicks des Anderen, so Levinas, besteht aber nicht darin, uns festzulegen, sondern vielmehr darin, uns herauszufordern. Seine eigentliche Bedeutung enthüllt der Blick daher erst, wenn er im Register der Sprache gedacht wird. Den Ausgangspunkt der phänomenologischen Analyse von Levinas bildet dabei folgende Einsicht: »Das Angesicht spricht«.[9] Entscheidend ist nun, dass Levinas dabei kein artikuliertes Sprechen vor Augen hat, sondern vielmehr den Akt der Adressierung selbst. Levinas hält diese beiden Momente terminologisch dadurch auseinander, dass er das *Sagen (dire)* vom *Gesagten (dit)* unterscheidet. Während letzteres dabei die inhaltliche und propositionale Dimension der Rede meint, mit der wir *etwas* zum Ausdruck bringen, meint ersteres die schlichte Anzeige des Sich-Ausdrückens. Levinas spricht daher auch davon, dass ich »Zeichen gebe von ebendiesem Zeichengeben«, um deutlich zu machen, dass die Artikulation von Zeichen erst in jenem Moment zu einer solchen wird, wo sich diese Artikulation selbst noch einmal kundtut: erst dann erfahren wir bestimmte Worte als an jemanden

---

[9] Emmanuel Levinas, »Die Spur des Anderen« (1963), in: *Die Spur des Anderen. Untersuchungen zur Phänomenologie und Sozialphilosophie,* Freiburg: Alber 1983, S. 209–236, hier: 221. Levinas gebraucht im französischen Original die Begriffe ›visage‹ oder ›face‹, für die sich zunächst die Übersetzung mit dem Begriff des Antlitz' durchgesetzt hatte, um die außeralltägliche, philosophische Bedeutung hervorzuheben, die Levinas im Gesicht aufzeigt. Dadurch jedoch wurde dem Gesicht zugleich ein feierlicher und sakraler Klang verliehen, der nur schwer wieder an das Phänomen des Gesichts und seine Materialität rückzubinden ist. In jüngerer Zeit ist daher eine zunehmende Übersetzung von ›visage‹ als ›Gesicht‹ zu beobachten, die vor allem Thomas Wiemer mit seiner Übersetzung von *Jenseits des Seins* angestoßen hat. Die Übersetzung mit ›Gesicht‹ birgt jedoch wiederum die Gefahr, die konkrete Manifestation des Gesichts mit demjenigen zu verwechseln, was sich für Levinas in diesem Gesicht lediglich auf bevorzugte Weise zeigen kann. Ich werde daher im Folgenden von ›Angesicht‹ sprechen – ein Begriff, der mir weder allein in seiner sinnlichen noch in seiner ›übersinnlichen‹ Dimension aufzugehen scheint, sondern gerade für das Einlassen auf ein Gesicht steht, wie wir es in der deutschen Wendung ›von Angesicht zu Angesicht‹ gebrauchen. Der terminologischen Einheit halber, werden die Übersetzungen ›Gesicht‹ und ›Antlitz‹ in Zitaten im Folgenden von mir ebenfalls mit ›Angesicht‹ wiedergegeben. Vgl. zu dieser neueren Übersetzungstradition auch die Anmerkungen von Pascal Delhom und Alfred Hirsch in: Emmanuel Levinas, *Verletzlichkeit und Frieden. Schriften über die Politik und das Politische,* Zürich und Berlin 2007, 249.

gerichtet.[10] Das Angesicht besteht für Levinas nun in einem reinen Akt des Sagens ohne Gesagtes. Es spricht also nicht in dieser oder jener Weise zu uns, sondern es zeigt sich als Ereignis der Adressierung. Wenn das Angesicht aber eben in dieser Ereignishaftigkeit des Adressiert-werdens besteht, dann wird auch klar, warum Levinas das Angesicht nicht mit dem Gesicht verwechselt wissen möchte und stattdessen betont, dass sich das Angesicht auch auf dem Rücken zeigen kann: »Der ganze Leib, eine Hand oder eine Rundung der Schulter, können ausdrücken wie das Angesicht.« (383) Das Angesicht geht nicht aus dieser oder jener Eigenschaft am menschlichen Gesicht hervor, sondern es meint vielmehr das flüchtige Ereignis der Adressierung. Im Alltag zeigt sich uns dieses Ereignis dadurch, so Levinas, dass es schwer ist, in Gegenwart von Anderen zu schweigen. »Es ist schwierig, in Gegenwart von jemandem zu schweigen; diese Schwierigkeit beruht letzten Endes in dieser eigentlichen Bedeutung des Sagens, unabhängig davon, was das Gesagte ist. Man muß sprechen, über den Regen und über das schöne Wetter, über irgend etwas, aber man muß sprechen.«[11]

Die Ausgesetztheit an den Anspruch

Vom Anderen angesprochen zu werden, bedeutet in eine Beziehung hineingezogen zu werden. Ganz gleich nämlich wie wir auf den Anspruch reagieren, stets wird diese Reaktion eine Antwort auf den Anspruch des Anderen darstellen. Sei es, dass wir den Anspruch des Anderen als unberechtigt zurückweisen, ihn an eine dritte Instanz delegieren oder ihn gar durch Schweigen zu ignorieren versuchen – stets zeugen diese Reaktionen davon, dass wir uns dem Anspruch gegenüber nicht nicht verhalten können. Es ist eben dieses Insistieren des Anspruchs, das Levinas an anderer Stelle auch als ein »Ausgesetztsein« bezeichnet, »ohne dieses Ausgesetztsein selbst noch einmal übernehmen zu können«.[12] Er will damit deutlich machen, dass uns der Anspruch des Anderen heimsucht, noch bevor wir uns zu ihm zustimmend oder ablehnend verhalten können. Er kommt über uns und als solcher hat er performativen Charakter: Er macht aus uns antwortende Subjekte, die sich im Ausgang von ihrer Responsivität zu entwerfen haben.

---

[10] Vgl. Levinas, *Jenseits des Seins,* a.a.O., 317.
[11] Emmanuel Levinas, *Ethik und Unendliches. Gespräche mit Philippe Nemo,* Wien: Passagen 1992, 67.
[12] Levinas, *Jenseits des Seins,* a.a.O., 50.

Das Subjekt im Akkusativ

Obwohl das Antwortgeben unumgänglich ist, liegt die Art und Weise, wie das adressierte Subjekt Antwort gibt, in seiner Hand. Niemand kann es dazu zwingen, auf diese oder jene Weise auf einen Anspruch zu reagieren, sondern es selbst hat diese Antwort in jedem Moment neu zu entwerfen. Selbst wenn wir uns in einer bestimmten Situation zu dieser oder jener Antwort ›gezwungen‹ sehen, so ist das doch nur eine Redensart dafür, dass wir uns für eine bestimmte Antwort entschieden haben. Der Entwurf der Antwort ist daher immer auch ein Selbstentwurf: Denn insofern die Antwort aus freien Stücken gegeben wird, entscheidet das Subjekt mit der Wahl seiner Antwort auch darüber, wer es jeweils ist. Der Anspruch des Anderen fordert das Subjekt dazu heraus, Verantwortung für sein Tun und Lassen zu übernehmen. Anders als Hegel geht Levinas also nicht mehr von einem Subjekt aus, das ein bestimmtes Selbstverständnis von sich besitzt, das es in der Welt verwirklichen möchte, vielmehr geht er von einer Welt aus, die wir je schon mit Anderen teilen und in der wir beständig dazu verurteilt sind, auf ihre Ansprüche zu antworten und uns dadurch zu dem zu machen, was wir sind. Unser Selbstverständnis liegt der Begegnung mit dem Anderen also nicht voraus, sondern es entsteht in der Ausgesetztheit an den Anderen. Levinas spricht vom Ich daher auch bevorzugt als von einem ›Sich‹, da der Akkusativ zum Ausdruck bringt, dass sich das Subjekt in einer Rolle befindet, in der es nicht aktiv handelt, sondern in der es erleidet. Darüber hinaus leitet sich der Akkusativ auch vom lateinischen *casus accusativus* ab, was nichts anderes bedeutet als den die Anklage betreffenden Fall (lat.: *accusare* = anklagen). Eben damit weist er aber auf den nächsten wichtigen Punkt der Analyse hin: Das Subjekt muss nicht nur Verantwortung *für* seine Antwort übernehmen, sondern es muss diese auch *vor* dem Anderen verantworten.

Die Nacktheit des Anspruchs

Um zu verstehen, in welcher Hinsicht das angesprochene Subjekt seine Antwort vor dem Anderen verantworten muss, müssen wir uns zunächst über den normativen Gehalt des Anspruchs klar werden. Levinas bringt diesen mit folgenden Worten zum Ausdruck: »Die Enthüllung des Angesichts ist Nacktheit«[13], um dann an anderer Stelle zu präzisieren: »Die Nacktheit des Angesichts ist Blöße, Mangel.« (103) Im Anspruch des Anderen, so macht Levinas damit deutlich, zeigt sich Verletzbarkeit und

[13] Ebd., 199.

Not. Worin aber soll diese Verletzbarkeit und diese Not bestehen? An vielen Stellen seines Werkes legt Levinas nahe, sie von unserem leiblichen Dasein her zu verstehen. Etwa wenn er als paradigmatische Figuren des Anspruchs des Anderen die Witwe und den Waisen einführt, die an Hunger, Durst und Kälte leiden (vgl. 107). Auch wenn es sicherlich das Ziel von Levinas ist, an diesen Figuren die existenzielle Bedeutung von Not und Verletzbarkeit deutlich zu machen, führen sie uns doch auf die falsche Fährte. Denn die Blöße und der Mangel, die sich im Anspruch zeigen, beziehen sich nicht eigentlich auf das leibliche Dasein des Subjekts. Der Anspruch repräsentiert nicht Not und Verletzbarkeit, vielmehr *ist* er Not und Verletzbarkeit. Was aber ist damit gemeint? Wir können das folgendermaßen verstehen: Wenn der Anspruch des Anderen als »Zeichengeben vom Zeichengeben« ein Akt der Adressierung ist und wenn eine Adressierung im Wesentlichen darin besteht, dass sie auf eine Antwort zielt, dann waltet im Anspruch selbst ein Mangel, der erst dann aufgehoben wird, wenn er durch eine Antwort erwidert wird. Der Anspruch ist Teil einer einzigen Bewegung, die aus Rede und Antwort besteht. Für sich genommen stellt er daher nur die Hälfte eines Ganzen dar. Mehr noch: Als Anspruch hat sich der Anspruch eigentlich erst in dem Moment verwirklicht, wo er erwidert wird. Er konstituiert sich damit erst *nachträglich* von der Antwort her. Eben dieser Gedanke macht deutlich, warum der Anspruch Blöße und Mangel ist. Er ist Mangel, weil er für sich genommen unvollständig ist und sich erst in dem Moment realisiert, in dem er erwidert wird. Und er ist Blöße, weil er dort, wo er nicht erwidert wird, nicht als Adressierung, die von einem bedürftigen Wesen kommt, anerkannt worden ist. Im Alltag zeigen sich diese zwei Seiten des Anspruchs schon in kleinsten Äußerungen: Das einfache »Hallo«, welches uns ein Mensch auf der Straße entgegenbringt, ist eine Adressierung, die nach einer Antwort verlangt. Als Gruß zielt es auf einen Gegengruß – und solange dieser nicht erfolgt ist, bleibt die Bewegung des Grüßens unabgeschlossen. Mehr noch: Bleibt der Gruß unerwidert, sieht sich das Subjekt zurückgewiesen und in Frage gestellt.

Die verweigerte Antwort

Die aufmerksame Leserin wird an dieser Stelle einwenden, dass sich Levinas nun aber in Widersprüche verstrickt hat: Während er in der formalen Analyse von Anspruch und Antwort noch dafür argumentiert hat, dass der Anspruch nicht unerwidert bleiben kann, scheint er nun im Zuge der normativen Analyse davon auszugehen, dass die Antwort verweigert werden kann. Um diesen Widerspruch aufzulösen, müssen wir uns Levinas' Analyse des Schweigens zuwenden.[14] Dieses, so hält er zunächst fest, »ist die Kehrseite der Sprache: Der Gesprächspartner hat ein Zeichen gegeben, sich aber aller Deutung entzogen – und eben dies ist das Schweigen, das erschreckt« (127). Deutlich wird an dieser Aussage, dass Levinas das Schweigen zunächst einmal als ein Zeichengeben versteht – das ist die responstheoretische Seite seiner Analyse: Das Schweigen ist nicht bedeutungslos, sondern bedeutungsvoll. Zugleich insistiert er aber auch darauf, dass das Schweigen die Schwelle zur Sprache noch nicht genommen hat, was er auf die Vieldeutigkeit des Zeichens zurückführt – damit bringt er zum Ausdruck, dass man sich in der Konfrontation mit dem Schweigen des Anderen niemals sicher sein kann, ob dieses einen Anschluss oder einen Abbruch der Kommunikation darstellt. Anders gesagt: Das Schweigen könnte Zeichen davon sein, dass mich der Andere ignoriert, es könnte aber auch Zeichen davon sein, dass er temporär unfähig ist, sich zu artikulieren, weil ihm der Schreck, die Wut oder die Angst in den Gliedern sitzt und ihn lähmt. Das Schweigen lässt daher eine Ambivalenz im Modus der Adressierung zurück. Eben diese Ambivalenz ist nun auch der Grund, warum das Schweigen nicht als Antwort im engeren Sinn verstanden werden kann: Es adressiert den Anderen nicht als Anderen, sondern hält den Akt der Adressierung in der Schwebe. Eben dadurch aber tut sich eine Kluft zwischen Anspruch und Antwort auf, in Folge derer sich beide nicht mehr zu einer Bewegung zusammenschließen können. Wir können das im Anschluss an Levinas folgendermaßen reformulieren: Wenn der Anspruch des Angesichts ein Sagen *ohne* Gesagtes ist, ein reiner Akt der Adressierung ohne Mitteilung, dann kann das Schweigen als ein Gesagtes *ohne* Sagen verstanden werden, als ein Akt der Mitteilung ohne Adressierung. Anspruch und Schweigen würden dann zwei Extrempole markieren, in welche sich die Einheit von Sagen und Gesagtem auflösen kann. Während der Anspruch ein reines Sagen ist, ist das Schweigen ein vom Sagen nahezu vollständig abgelöstes Gesagtes – zwischen beiden

[14] Eine weitreichendere Auseinandersetzung mit Levinas' Überlegungen zum Schweigen habe ich unternommen in: »Levinas – Von der Gewalt des Angesichts zur Gewalt des Schweigens«, in: *Philosophien sprachlicher Gewalt. Von Platon bis Butler*, Weilerswist: Velbrück 2010, 172–195.

besteht keinerlei Schnittfläche, die es erlauben würde, sie aufeinander zu beziehen.

Singuläre Gerechtigkeit

Die Normativität des Anspruchs besteht also zunächst darin, an eine Antwort zu appellieren. Komplexer wird dieser Appell in dem Moment, in welchem sich der Andere in der Rede artikuliert. Dann geht es nicht mehr einfach nur darum, auf das Sagen selbst einzugehen, sondern auch auf das Gesagte. Verantwortlich ist das Subjekt dann nicht mehr nur dafür, *dass* es eine Antwort gibt, sondern auch dafür, *was* es antwortet. Diese Verantwortung kann dabei zwei Formen annehmen, die sich unter die (nicht von Levinas verwendeten) Begriffe der *singulären* und der *allgemeinen Gerechtigkeit* fassen lassen. Sehen wir uns beide Formen der Gerechtigkeit etwas genauer an: Von der singulären Gerechtigkeit hält Levinas fest: »Gerechtigkeit besagt: Jedem ist der Andere der Nächste« (97). Im Gegensatz zum egozentrischen Standpunkt, demgemäß jeder sich selbst der Nächste ist, geht Levinas also davon aus, dass der Anspruch des Anderen eine Gerechtigkeit fordert, in der das Ich den Anderen sich selbst vorzieht. Lebensweltlich zeigt sich eine solche singuläre Gerechtigkeit beispielsweise in der Eltern-Kind-Beziehung. Die Haltung der Fürsorge, die wir hier einnehmen, zeichnet sich dadurch aus, dass die Bedürfnisse und Wünsche des Kindes den eignen Bedürfnissen und Wünschen vorgezogen werden. Der Sprössling ist in der Eltern-Kind-Beziehung wichtiger als das Selbst, was sich im Extremfall daran zeigt, dass die Eltern einen Schaden oder eine Demütigung auf sich nehmen, um ihr Kind vor selbigen zu schützen. Das Beispiel macht deutlich, dass die singuläre Gerechtigkeit asymmetrischen Charakter hat: Wir erwarten hier vom Anderen nicht das gleiche, wie das, was wir von uns erwarten. Die singuläre Gerechtigkeit gehorcht daher wesentlich einer Logik der *Einseitigkeit*.

Allgemeine Gerechtigkeit

Im Gegensatz zur singulären Gerechtigkeit basiert die allgemeine Gerechtigkeit auf einer Logik der *Wechselseitigkeit*. Gerechtigkeit wird hier als Ausgleich zwischen konkurrierenden Ansprüchen verstanden. Ihren Ursprung hat diese Konzeption der Gerechtigkeit für Levinas in der Erscheinung des Dritten (vgl. 307 f.). Nehmen wir etwa an, dass die Eltern nicht nur für ein, sondern für zwei Kinder zu sorgen zu haben, dann stehen sie unmittelbar vor der Herausforderung, die Ansprüche des einen Kindes mit denen des anderen zu vergleichen und diese in Relation zu setzen. Das Auftauchen des Dritten setzt so einen Prozess der moralischen Reflexion in Gang, in welchem Ansprüche auf ihre Berechtigung und ihre Folgen hin geprüft werden müssen. In diesem Prozess lernt das verantwortliche Subjekt auch, sich selbst als einen Dritten zu verstehen und daher »für sich selbst Sorge zu tragen«.[15] Durch das Eintreten des Dritten lernt sich das Subjekt als Teil einer reziproken Beziehung zu begreifen. Entsprechend ist für es in dieser Haltung nicht mehr einzusehen, warum dem Anderen ein Mehr an Sorge zukommen soll als dem eigenen Selbst. Die allgemeine Gerechtigkeit stellt daher eine »Korrektur dieser Asymmetrie« der singulären Gerechtigkeit dar.[16] Mehr noch: Singuläre und allgemeine Gerechtigkeit können sogar in Widerstreit miteinander geraten. Machen wir uns das an einem Fall deutlich, in dem wir ein Unrecht zu beurteilen haben. Aus der Perspektive der singulären Gerechtigkeit sind wir dazu aufgefordert, die unrechte Handlung vor dem Hintergrund der individuellen Lebensgeschichte der jeweiligen Person zu verstehen. Anders dagegen aus der Perspektive der allgemeinen Gerechtigkeit: Hier gilt es, die Handlung vor dem Hintergrund allgemeinverbindlicher Normen und Pflichten zu bewerten. Während wir in der singulären Gerechtigkeit also einen Standpunkt der *Parteilichkeit* einnehmen, nehmen wir in der allgemeinen Gerechtigkeit einen Standpunkt der *Unparteilichkeit* ein. Das hat freilich zur Folge, dass wir früher oder später in moralische Dilemmata geraten, in welchen wir uns für die eine oder andere Form der Gerechtigkeit zu entscheiden haben.

Die Überforderung durch das Gute

Spätestens am Beispiel der moralischen Dilemmata zwischen singulärer und allgemeiner Gerechtigkeit wird deutlich, dass die Heimsuchung durch die Moral auch eine Überforderung darstellen kann. Beständig muss sich das Subjekt im Angesicht des Anderen wählen, ist es genötigt, auf dessen Ansprüche zu reagieren, und wird von ihm verlangt, eine gerechte Antwort zu geben. Diese Forderungen können schnell dazu führen, dass sich das Subjekt vom Anspruch des Anderen erdrückt fühlt: »Das Angesicht«, so folgert Levinas daraus, kann daher auch »zu einem Akt der Gewalt einladen«.[17] Egal ob Ohrfeige oder Beleidigung, De-

---

15 Levinas, *Jenseits des Seins*, a. a. O., 285.
16 Vgl. ebd., 345.
17 Levinas, *Ethik und Unendliches*, a. a. O., 65.

mütigung oder Faustschlag, Dehumanisierung oder Mord – Gewalt kann in verschiedener Form eingesetzt werden, um sich vom Anspruch des Anderen frei zu machen. Entscheidend ist dabei, dass all diese Versuche in gewisser Weise zum Scheitern verurteilt sind, da das Angesicht »stärker ist als der Mord« (285) – Levinas nennt dies auch den ›ethischen Widerstand‹ des Angesichts. Gemeint ist damit, dass die Gewalt dem Anspruch des Anderen insofern ohnmächtig gegenübersteht, als dieser kein Gegenstand in der Welt ist, der beherrscht und unterworfen werden kann: Denn selbst wenn der Andere getötet wird, so hat sich das Subjekt damit doch nicht seiner Verantwortung entzogen, vielmehr hat es nur eine Möglichkeit gewählt, mit dieser Verantwortung umzugehen. Auch wenn die Gewalt also in der Lage ist, die Beziehung zum Anderen durch den Mord aufzuheben, so vermag sie doch nichts daran zu ändern, dass diese Beziehung sich überall dort, wo sie existiert, ausgehend von einer ursprünglichen Verantwortung für den Anderen konstituiert.

Zusammenfassung Fassen wir zusammen: (i) Levinas' Theorie der Alterität macht deutlich, dass wir in der Beziehung zu Anderen nicht primär aktiv handelnde, sondern passiv betroffene Subjekte sind. In der Beziehung Von-Angesicht-zu-Angesicht sucht der Andere das Subjekt derart heim, dass es vor dem Hintergrund einer grundlegenden *Responsivität* als ›Sich‹ im Akkusativ konstituiert wird. (ii) Im Zuge seiner Phänomenologie des Angesichts zeigt Levinas weiterhin, dass diese Betroffenheit vom Anderen nicht nur responsiven, sondern auch *normativen Charakter* besitzt: Der Anspruch zeigt sich nicht nur als *Forderung*, sondern zugleich auch als *Appell*. Es ist nun genau dieser Doppelcharakter, welcher der Grund dafür ist, dass der Beziehung zum Anderen ein moralstiftender Charakter innewohnt. Würde man den Anspruch des Anderen nämlich allein auf seine responsive Seite reduzieren, gäbe es gar keinen normativen Maßstab, an dem sich die Verantwortung für den Anderen zu orientieren hätte. Da sich jede beliebige Form der Antwort als eine moralische Antwort generieren könnte, würde der alleinige Zwang zur Antwort noch nicht ausreichen, um eine verbindliche Moral zwischen den Menschen in Gang zu setzen. Würde man den Anspruch dagegen auf seine normative Seite reduzieren, hätte er keine Bindungskraft. Wenn das Subjekt dazu in der Lage wäre, dem Appell auszuweichen, hätte er nicht mehr Gewicht, als ihm dieses beimessen würde. Entsprechend hält Levinas auch fest, dass der Anspruch des Anderen

»nur bitten kann, weil er fordert« (103). (iii) Die Verantwortung für den Anderen verlangt vom Subjekt, sowohl eine *singuläre* als auch eine *allgemeine Gerechtigkeit* wahrzunehmen. Während erstere in der Einnahme eines parteilichen Standpunktes besteht, fordert letztere einen unparteilichen Standpunkt ein. Singuläre und allgemeine Gerechtigkeit stehen daher in einem grundsätzlichen Konflikt miteinander, weshalb sich das ethische Subjekt auch nur als ein zerrissenes zu konstituieren vermag.

Wirkung und Rezeption

Die Rezeption von Levinas' Werk hat in Frankreich nur langsam eingesetzt. Noch im Jahr 1979 kann Vincent Descombes eine Zusammenfassung der französischen Philosophie der letzten 45 Jahre unter dem Titel *Das Selbe und das Andere* veröffentlichen und Levinas dabei vollständig ignorieren.[18] Eine spürbare Wirkung von Levinas' Werk setzt erst in jenem Moment ein, als das bereits zu Prominenz gekommene dekonstruktive Denken von Jacques Derrida sich in den späten 1980er Jahren dezidiert ethischen, juridischen und politischen Themen zuwendet.[19] Schnell wird dabei deutlich, dass Derrida wesentliche Motive seiner Ethik der Gastfreundschaft aus der Philosophie von Levinas bezieht, mit der er sich bereits 1964 in einem wichtigen Aufsatz ausführlich auseinandergesetzt hat.[20] In Deutschland ist es vor allem der Bochumer Schule um Bernhard Waldenfels zu verdanken, dass es zu einer verstärkten Rezeption von Levinas kommt.[21] Waldenfels selbst legt dabei mit seinem *Antwortregister* eine eigenständige Theorie der Re-

[18] Vincent Descombes, *Das Selbe und das Andere,* Frankfurt am Main: Suhrkamp 1987.

[19] Vgl. exemplarisch: Jacques Derrida, *Politik der Freundschaft* (1994), Frankfurt am Main: Suhrkamp 2002.

[20] Jacques Derrida, »Gewalt und Metaphysik. Essay über das Denken von Emmanuel Levinas« (1964), in: *Die Schrift und die Differenz,* Frankfurt am Main: Suhrkamp 1976, S. 121–235. Einschlägig ist auch der spätere Aufsatz: »Eben in diesem Moment in diesem Werk findest du mich« (1980), in: Michael Mayer (Hg.), *Levinas. Zur Möglichkeit einer prophetischen Philosophie,* aus dem Französischen von Elisabeth Weber, Gießen 1990, 42–84.

[21] Pascal Delhom, *Der Dritte. Levinas' Philosophie zwischen Verantwortung und Gerechtigkeit,* München: Fink 2000; Sabine Gürtler, *Elementare Ethik. Alterität, Generativität und Geschlechterverhältnis bei Emmanuel Levinas,* München: Fink 2001; Thomas Bedorf, *Dimensionen des Dritten. Sozialphilosophische Modelle zwischen Ethischem und Politischem,* München: Fink 2003.

sponsivität vor.[22] Im angelsächsischen Raum waren es vor allem die Arbeiten von Robert Bernasconi und Simon Critchley, welche für eine verstärkte Rezeption von Levinas gesorgt haben.[23] Heute wird das Denken von Levinas von ganz unterschiedlichen Denkern fruchtbar zu machen versucht: Zygmunt Baumann hat Levinas' Überlegungen an die Soziologie angeschlossen, wenn er die abendländische Geschichte als eine Geschichte der schlechten Universalisierung deutet, die geradewegs in den Totalitarismus hat münden müssen.[24] Tina Chanter wiederum hat sich aus geschlechtertheoretischer Perspektive mit Levinas auseinandergesetzt und die stereotypen Rollen aufgezeigt, die das Weibliche in Levinas' Analysen der Verletzlichkeit und der Erotik spielt.[25] Judith Butler wiederum greift im Zuge ihrer Kritik der ethischen Gewalt auf Levinas' Konzeption der asymmetrischen Intersubjektivität zurück, um deutlich zu machen, dass unsere Menschlichkeit davon abhängt, wie wir auf die Verletzbarkeit von Anderen reagieren.[26]

Empfohlene Literatur zum Weiterlesen

Critchley, Simon, *Unendlich fordernd. Ethik der Verpflichtung, Politik des Widerstands*, Berlin: diaphanes 2008.

Staudigl, Barbara, *Emmanuel Lévinas*, Göttingen: Vandenhoeck & Ruprecht 2009.

Delhom, Pascal, *Der Dritte. Levinas' Philosophie zwischen Verantwortung und Gerechtigkeit*, München: Fink 2000.

[22] Bernhard Waldenfels, *Antwortregister*, Frankfurt am Main: Suhrkamp 1994.

[23] Exemplarisch: Robert Bernasconi und Simon Critchley (Hg.), *Re-Reading Levinas*, Bloomington: Indiana University Press 1991.

[24] Zygmunt Bauman, *Postmoderne Ethik* (1993), Hamburg: HIS 1995.

[25] Tina Chanter, *Time, Death, and the Feminine. Levinas with Heidegger*, Standford: Stanford University Press 2001.

[26] Judith Butler, *Kritik der ethischen Gewalt*, Frankfurt am Main: Suhrkamp 2002.

Dritte

7. Gruppen (Simmel)

Gesellschaft beginnt mit drei

Georg Simmel (1858–1918) zählt neben Émile Durkheim (1858–1917) und Max Weber (1864–1920) zu den Mitbegründern der Disziplin der Soziologie zu Beginn des 20. Jahrhunderts. Im Mittelpunkt der Überlegungen aller drei Autoren steht dabei die Auseinandersetzung mit der kapitalistischen Produktionsweise: Während Durkheim seine Aufmerksamkeit der Institution des Marktes und der mit ihr einhergehenden Arbeitsteilung zuwendet und Weber die auf die protestantische Ethik zurückgehende Arbeitsmoral in den Mittelpunkt seiner Überlegungen stellt, interessiert sich Simmel für die Funktion und Bedeutung des Geldes. Simmels umfassende Studie zur *Philosophie des Geldes* ist für seine Arbeitsweise jedoch eher untypisch: Seine sozialtheoretischen Analysen zeichnen sich sonst eher dadurch aus, dass sie sich kleinteiligen und versprengten Phänomenen wie der Mode und dem Schmuck, dem Fremden und dem Streit oder Über- und Unterordnung zuwenden. Seine akademische Laufbahn beginnt Simmel 1876 mit einem Studium der Geschichte, Völkerpsychologie und Philosophie an der Universität in Berlin, das er 1881 mit einer Promotion abschließt, um zwei Jahre darauf zu habilitieren. Ab 1887 beginnt Simmel dann, sich mit sozialtheoretischen Fragen zu beschäftigen, die ihm nicht nur akademische Anerkennung einbringen und regen Zulauf an der Universität verschaffen, sondern auch in die Publikation seiner umfangreichen *Soziologie* münden.[1] Trotz allem gelingt es ihm nicht, auf einen Lehrstuhl zu gelangen, da antisemitische Intrigen seine Berufung immer wieder verhindern. Erst 1913 erhält er einen Ruf an die Universität Straßburg, wo er ab 1914 bis zu seinem Tod vier Jahre später lehrt. Die Themenvielfalt von Simmels Werk hat nach seinem

[1] Georg Simmel, *Soziologie. Untersuchung über die Formen der Vergesellschaftung* (1908), in: *Gesamtausgabe*, Bd. 11, Frankfurt am Main: Suhrkamp 1992. Alle Seitenzahlen in Klammern in diesem Kapitel beziehen sich auf diese Ausgabe.

Tod zu mannigfachen Anschlüssen auf ganz unterschiedlichen Feldern geführt: Sowohl in der Kultursoziologie als auch in der Lebensphilosophie und der Konfliktsoziologie gilt Simmel als wichtige Gründungsfigur. Für den Bereich der Sozialphilosophie ist Simmel nun vor allem aufgrund seiner Überlegungen zum Dritten einschlägig geworden, die sich im Kapitel »Die quantitative Bestimmtheit der Gruppe« seiner *Soziologie* finden. Dieser »Urtext soziologischer Beschäftigung mit dem Dritten«[2] stellt den *personalen Dritten* ins Zentrum der Reflexion, um danach zu fragen, wie die Zweierbeziehung durch das Hinzutreten eines Dritten transformiert wird. Simmels These lautet dabei nicht nur, dass mit dem Dritten eine ganze Reihe neuer sozialer Konstellationen möglich wird, die in der Zweierbeziehung nicht vorhanden sind, sondern mehr noch, dass erst durch ihn jene überpersönlichen Strukturen entstehen, welche Gesellschaft möglich machen. Geregeltes menschliches Zusammenleben, so lautet daher Simmels These, beginnt erst zu dritt.

Gesellschaft als Wechselwirkung

Simmels Überlegungen zum personalen Dritten müssen vor dem Hintergrund seiner Gesellschaftskonzeption verstanden werden. Während sein Zeitgenosse Durkheim davon ausgeht, dass Gesellschaft als eine eigenständige Entität verstanden werden muss, welche gleichsam ›von oben‹ auf die Individuen wirkt, will Simmel zeigen, dass Gesellschaft keine eigenständige Entität jenseits der Individuen ist, sondern einzig und allein aus deren Bezogenheit aufeinander besteht. Seine Überlegungen gehen daher nicht von der Gesellschaft als Entität *sui generis* aus, sondern von den Individuen in ihrer Beziehung zueinander.[3] Zentral ist für Simmels Analyse der Begriff der Wechselwirkung: »Als regulatives Prinzip müssen wir annehmen, dass Alles mit Allem in irgendeiner Wechselwirkung steht.«[4] Der Begriff der Wechselwirkung siedelt sich dabei jenseits der Opposition von Struktur und Individuum an.

[2] Ulrich Bröckling, »Gesellschaft beginnt mit Drei. Eine soziologische Triadologie«, in: Thomas Bedorf, Gesa Lindemann und Joachim Fischer (Hg.), *Theorien des Dritten. Innovationen in Soziologie und Sozialphilosophie,* München: Fink 2010, 189–212, hier 194.

[3] Weiterführend hierzu vgl. Thomas Bedorf, *Dimensionen des Dritten,* München: Fink 2003, Kap II.

[4] Georg Simmel, »Über sociale Differenzierung. Sociologische und psychologische Untersuchungen«, in: *Gesamtausgabe,* Bd. 2, Frankfurt am Main: Suhrkamp 1989, 130.

Weder will Simmel nämlich von einem starr vorgegebenen Schema, das die Handlungen der Individuen anleitet, ausgehen, noch von einem gänzlich ungebundenen Individuum, das seine Handlungen bewusst und frei wählt. Der Begriff der Wechselwirkung soll es ihm erlauben, die Mitte zwischen diesen beiden Polen zu halten, insofern er darauf abzielt, Gesellschaft als einen Prozess zu verstehen, der sich *zwischen* den Individuen abspielt: »[F]ortwährend knüpft sich und löst sich und knüpft sich von Neuem die Vergesellschaftung unter den Menschen, ein ewiges Fließen und Pulsieren, das die Individuen verkettet.« (33) Es ist dieses Fließen und Pulsieren, das Simmel terminologisch dadurch einzufangen versucht, dass er nicht mehr von ›Gesellschaft‹, sondern nur noch von ›Vergesellschaftung‹ spricht. Ein zentrales Moment bei der Erschließung des Vergesellschaftungsprozesses ist für Simmel dabei der Dritte, weil sich erst durch ihn die ganze Bandbreite an Handlungsdynamiken erschließt, die in sozialen Beziehungen am Werk sind.

Der bindende Dritte

Im Kapitel über »Die quantitative Bestimmtheit der Gruppe« diskutiert Simmel unter dem Stichwort ›Der Unparteiische und der Vermittler‹ (vgl. 125 ff.) zunächst die *bindende Funktion* des personalen Dritten. Seine reichhaltige Darstellung führt dabei eine Vielzahl von Beispielen an, deren Verhältnis zueinander nicht immer klar ist, die sich letztlich aber auf drei Subfunktionen reduzieren lassen: Der Dritte schafft durch sein Erscheinen entweder eine Bindung zwischen Zweien, die vorher noch nicht bestanden hat; er stellt eine Bindung zwischen Zweien wieder her, die durch einen Antagonismus gespalten wurde; oder er verstärkt durch sein Hinzutreten eine bereits existierende Bindung. *Stiftung, Wiederherstellung* und *Verstärkung* von sozialen Bindungen sind also die drei bindenden Funktionen des personalen Dritten, die Simmel in seinen Überlegungen unterscheidet.

Stiften, Wiederherstellen, Verstärken

Sehen wir uns das jeweils etwas genauer an: (a) Eine *stiftende* Funktion übernimmt der Dritte überall dort, wo die Individuen nur dadurch in eine Beziehung geraten, dass sie auf einen gemeinsamen Dritten bezogen sind. »Punkte, die keine unmittelbare Berührung haben, können durch das dritte Element, in Wechselwirkung gesetzt werden.« (114) Eine solche Konstellation finden wir oft in unseren persönlichen Nahbeziehungen: Hier ist eine Person A z. B. nur dadurch auf eine Person C bezogen, dass sie ebenso wie C zu B in einem Freundschaftsverhältnis steht. Nicht selten werden dabei auch die Freunde von Freunden zu eigenen Freunden. In institutionalisierter Version spiegelt sich diese zusammenschließende Funktion des Dritten auch in Verwandtschaftsverhältnissen wider, wo durch Schwägerschaft indirekte Verwandtschaftsbeziehungen zwischen Personen hergestellt werden, die vorher überhaupt keine soziale Beziehung unterhalten haben müssen. Es ist allein die gemeinsame Verbindung zu einem Dritten, welche hier eine soziale Beziehung stiftet. Wir haben es in diesem ersten Fall also gleichsam mit einer ›Bindung über Bande‹ zu tun. (b) Während Simmel diese erste, stiftende Funktion des Dritten nur am Rande streift, widmet er der *wiederherstellenden* Funktion des Dritten größere Aufmerksamkeit. Das hat seinen Grund darin, dass der Streit und die Entzweiung für Simmel allgegenwärtige Phänomene unseres Alltags sind: »Um einen eigentlichen Streit oder Kampf braucht es sich keineswegs zu handeln, es sind vielmehr die tausend ganz leichten Meinungsverschiedenheiten, das Anklingen eines Antagonismus der Naturen, das Auftauchen ganz momentaner Interessen- oder Gefühlsgegensätze – das die fluktuierenden Formen jedes Zusammenlebens fortwährend färbt.« (129) Es sind die in unserem Miteinander beständig wiederkehrenden Uneinigkeiten und Dissonanzen, welche dem personalen Dritten die beinahe allgegenwärtige Aufgabe verleihen, zwischen antagonistischen Parteien zu vermitteln. Zwei Formen der Vermittlung unterscheidet Simmel dabei: Als Unparteiischer kann der Dritte die beteiligten Konfliktparteien zu einer Einigung führen, während er als Schiedsrichter den Konflikt für die beteiligten Parteien schlichtet. Verbleibt die Entscheidungsgewalt im ersten Fall bei den Akteuren selbst, wird sie im zweiten Fall an den Dritten abgegeben. Als Unparteiischer kommt ihm die Aufgabe zu, wie ein Filter zu wirken: Er soll die von den jeweiligen Parteien vorgebrachten Ansprüche von ihrem überschießenden emotionalen Gehalt reinigen und auf ihren Sachgehalt reduzieren. Das hat zur Folge, »daß jede Partei nicht nur Objektiveres hört, sondern sich auch objektiver äußern muss, als bei unmittelbarem Gegenüberstehen« (127). Durch affektive Einklammerung und sachliche Objektivierung ermöglicht es der Vermittler den Parteien, dem Dialog seine destruktive Spitze zu nehmen und ihn auf eine produktive Weise weiter zu führen. Ist dies auch weiterhin nicht möglich, muss der Dritte als Richter fungieren und sich selbst mit seiner Urteilskraft einbringen. Das setzt freilich voraus, dass er entweder jenseits der partikularen Interessen der Beteiligten steht oder gleichermaßen an ihren Interessen teilhat. (c) Kommen wir schließlich zur *verstärkenden* Funktion des Dritten. In diesem Fall festigt der Dritte eine bereits bestehende Beziehung zwischen den Akteuren A und B. »Wo drei Elemente eine Beziehung bilden, kommt zu der unmittelbaren Beziehung, die zwischen A und B besteht, die mittelbare hinzu, die sie durch ihr gemeinsames Verhältnis zu C gewinnen. Außer durch die gerade und kürzeste Linie werden hier zwei Elemente auch noch durch eine gebrochene verbunden.« (114) Exemplarisch wird diese Funktion für Simmel in der monogamen Ehe von einem Kind ausgefüllt: Dort, wo die Eltern miteinander in Liebe verbunden sind, werden sie durch die Geburt eines Kindes aufgrund der gemeinsamen Sorge um dieses noch enger zusammenrücken. Die ohnehin zwischen ihnen bestehende Bindung wird so gestärkt und gekräftigt. Freilich, so betont Simmel, kann diese Stärkung von den Beteiligten auch gerade deshalb gesucht werden, weil sie realisieren, dass die unmittelbare Bindung zwischen ihnen sich lockert. Dort, wo die Liebe zwischen zwei Partnern erkaltet ist, kann dieser Mangel über eine Beziehung zu einem Dritten auszugleichen versucht werden. Die verstärkende Funktion des Dritten führt uns so gleichsam wieder auf seine erste, stiftende Funktion zurück. Hier wie da, so haben wir gesehen, ist es Aufgabe des bindenden Dritten, den »Bestand der Gruppe« zu sichern (132).

Der trennende Dritte

Es ist nun freilich wenig überraschend, dass der Dritte für Simmel Individuen nicht nur aneinanderbinden, sondern umgekehrt auch zu ihrer Trennung beitragen kann. Was Simmel unter dem Stichwort des »*Divide et impera*« (143) diskutiert, können wir daher auch den trennenden Dritten nennen. Auch in diesem Fall lassen sich anhand von Simmels Beispielen wieder drei Funktionen unterscheiden: Der Dritte versucht entweder eine Verbindung von Zweien von vornherein zu verhindern, eine bestehende Verbindung zu spalten oder miteinander verbundene Akteure in einen Gegensatz zueinander zu bringen. *Verhinderung, Spaltung* und *Entgegensetzung* sind also die wesentlichen Funktionen, welche Simmel mit dem trennenden Dritten verbindet. Bevor ich auf diese Funktionen näher eingehe, lohnt es sich, zunächst danach zu fragen, warum der Dritte überhaupt ein Interesse daran hat, eine soziale Verbindung zu spalten. Simmel macht uns das an einem Beispiel aus einem Herrenhaushalt deutlich: So lange dort nur ein Dienstbote beschäftigt ist, wird dieser – so Simmel – aus natürlichem

Anlehnungsbedürfnis heraus dazu tendieren, sich mit seinem Herren zu identifizieren und das zu suchen, was ihn mit diesen verbindet. Das ändert sich jedoch in dem Moment, in dem ein zweiter Dienstbote (also ein Dritter) ins Haus aufgenommen wird. Schnell werden die Dienstboten nun nämlich zusammen eine Partei bilden, die sich im Gegensatz zur Herrschaft versteht. An die Stelle des verbindenden Moments tritt so das trennende Moment. Für die Herrschaft entsteht so die Gefahr eines Antagonismus, der sich vom einfachen Widerwort über die Befehlsverweigerung bis hin zum Aufstand erstrecken kann. Für Simmel ist es daher ein grundsätzlich mit der Herrschaft verbundenes Interesse, die Beherrschten an ihrer Verbindung zu hindern, sie zu spalten oder einander entgegenzusetzen. »Es handelt sich hier also darum, daß zwei Elemente ursprünglich einem Dritten gegenüber mit einander vereint oder auf einander angewiesen sind, und daß dieser die gegen *ihn* verbundenen Kräfte gegen *einander* in Tätigkeit zu setzen weiß.« (143)

Verhindern, Spalten, Entgegensetzen

(a) Die erste, *verhindernde* Funktion des Dritten exemplifiziert Simmel im Folgenden am Verhältnis von Arbeitgeber und Arbeitnehmer. Indem ersterer es verweigert, Mittelspersonen anzuerkennen, die für mehrere Arbeiterschaften verhandeln, unterbindet er die Herausbildung einer institutionalisierten Interessenkoalition zwischen den Arbeitern (145). Die Verhinderung von Gewerkschaften kann dabei einerseits prophylaktische Funktion haben, sofern sie darauf abzielt, eine Interessenakkumulation zu verhindern, oder eine suppressive Funktion, insofern sie bereits bestehende Strebungen blockiert. (b) Die zweite, *spaltende* Funktion besteht darin, bestehende Interessenkonglomerate aufzusprengen und die Akteure zu vereinzeln. Ein Vorgang, der nicht unbedingt rohe Gewalt benötigt, sondern auch dadurch, dass man »durch die etwas verächtliche Identifizierung der sozialen Vielheit mit der abstrakten Allgemeinheit jene in ihre Atome, als das angeblich Reale und Wirksame, aufzulösen [sucht]« (146). Es ist die Förderung des Kultes des Individuums, die dazu eingesetzt werden kann, Differenzen zwischen den zu einer Partei verbundenen sozialen Akteuren hervortreten zu lassen und ihnen damit ihre Schlagkraft zu nehmen. (c) Die *entgegensetzende* Funktion des Dritten schließlich besteht darin, die Akteure nicht nur voneinander zu trennen, sondern sie zugleich gegeneinander aufzuhetzen. Eine Technik hierfür, so Simmel, besteht in der ungleichen Austeilung von Werten. Er führt diesbezüglich eine Praxis der Inka an, die einen neu eroberten Stamm in zwei gleiche Hälften einzuteilen und diese dabei mit einer geringen Rangdifferenz auszustatten pflegten. Dadurch entstand zwischen den Hälften des Stammes Eifersucht und Rivalität, die nicht nur jede Interessenvereinigung effektiv verhinderte, sondern auch alle bestehenden Energien der Akteure gegeneinander richtete. Diese Entgegensetzung kann für Simmel durch »Hetzen, Verleumden, Schmeicheln, Erregen von Erwartungen usw.« (148) so weit gesteigert werden, dass es zur offenen Feindschaft und zum Kampf zwischen den Parteien kommt. War es die Funktion des bindenden Dritten, zwei Parteien zusammenzuschließen, so verhält sich die Funktion des trennenden Dritten dazu genau spiegelverkehrt: Ihr Sinn ist es, eine Verbindung aufzusprengen und die betreffenden Parteien in einen Gegensatz zu bringen. Während der stiftende Dritte so in gewissem Sinne aus drei Parteien zwei macht (z. B. Eltern und Kind), macht der trennende Dritte aus zwei Parteien drei (z. B. Herrschaft, Arbeiterschaft und Dienerschaft).

Der begehrte Dritte

Der von Simmel als »*Tertius gaudens*« (134) bezeichnete Dritte meint schließlich jenen Dritten, um dessen Gunst zwei Parteien ringen. Ich möchte ihn daher als ›begehrten Dritten‹ bezeichnen. Paradigmatisch für diese Figur steht bei Simmel die von zwei Verehrern gleichzeitig umworbene Frau. Als Liebesobjekt setzt sie einen Wettstreit zwischen ihnen in Gang, der nur durch die Zuwendung zu einem der beiden zum Stillstand gebracht werden kann. Das Beispiel stellt für Simmel heraus, dass die begehrte Dritte sich in einer Machtposition gegenüber dem Ersten und dem Zweiten befindet. Sie kann daher die Situation dahingehend gestalten, dass sie Bedingungen für ihre Zuwendung zum einen oder anderen Verehrer stellt. Während diese Zuwendung in Liebesdingen jedoch im besten Fall durch die affektive Hinwendung zur einen oder anderen Partei vorentschieden ist, verhält es sich in anderen gesellschaftlichen Bereichen anders. Simmel denkt dabei in erster Linie an den durch Angebot und Nachfrage strukturierten Markt: Hier konkurrieren unterschiedliche Produzenten im gleichen Segment mit ihren Angeboten um die Gunst eines Konsumenten. Diese Konkurrenz bringt den Konsumenten in eine Machtposition, durch die er seinen Kauf an die Erfüllung bestimmter Qualitäts- und Preisansprüche knüpfen kann. Der begehrte Dritte wird so zum Nutznießer der Interessengleichheit von Erstem und Zweitem: Weil sie beide um die (finanzielle) Zuwendung des Dritten ringen, ist er in der Lage, ihnen seine Bedingungen zu diktieren. »In beiden Fällen liegt der Vorteil der Unparteilichkeit, mit der der Teritus ursprünglich den Beiden gegenübersteht, darin, daß er seine *Bedingungen* für seine Entscheidung stellen kann.« (136) Auch wenn wir Simmels optimistische Sicht auf die Macht der Kaufenden heute vielleicht nicht mehr teilen würden, weil sich die Machtverhältnisse auf dem Markt teilweise gerade umgekehrt haben, so bleibt die von ihm untersuchte Struktur davon doch unberührt: Der begehrte Dritte ist derjenige, der für die Zuwendung seiner Gunst Bedingungen zu diktieren vermag. In die Rolle des begehrten Dritten kann ein Akteur dabei auch aus ganz anderen Gründen kommen. Simmel führt hier etwa die Rolle kleiner Parteien im Parlament an, die zwar wenig Stimmenkraft hinter sich zu vereinen vermögen, im Konflikt zwischen zwei anderen Parteien jedoch das Zünglein an der Waage sein und von dieser Position unerwartet profitieren können.

Vom Zweiten zum Dritten und zurück

Simmel unterscheidet mit dem bindenden Dritten, dem trennenden Dritten und dem begehrten Dritten drei Figuren, deren Spezifik jeweils darin besteht, die Zweierbeziehung in einer bestimmten Hinsicht zu transformieren. Simmel betrachtet den Dritten damit in erster Linie in Hinblick auf seine Effekte auf die Zweierbeziehung, weshalb die genannten Figuren grundsätzlich auf die Dyade zurückbezogen bleiben: Der Dritte stiftet nämlich entweder eine besondere Verbindung zwischen dem Ersten und dem Zweiten, beugt einer Verbindung zwischen ihnen vor oder etabliert ein Spannungs- und Rivalitätsverhältnis zwischen ihnen. Simmel versteht den Dritten so weniger als eine Figur, durch welche neue und feste Zusammenhänge geschaffen werden, denn vielmehr als ein prozessierendes und dynamisches Element, welches duale Zusammenhänge beständig in Bewegung hält und transformiert. Wir finden so seine Idee der ›Wechselwirkung‹ realisiert, die Gesellschaft nicht als statisches Gebilde, sondern als beständigen beweglichen Zusammenhang zu denken versucht.

Homogene und heterogene Gruppen

Die eben geschilderte Rückbindung von Simmels Figur des Dritten an die Dyade könnte nun freilich in den Vorwurf münden, dass er die Triade gerade nicht *als* Triade zu denken vermag: Durch die Fixierung des Blicks auf die Transformation der Zweierbeziehung drohe nämlich gerade die

Gruppe selbst aus dem Blick zu geraten.[5] Dieser Eindruck trügt jedoch: Gerade zu Beginn seiner Überlegungen über »Die quantitative Bestimmtheit der Gruppe« wendet sich Simmel ausführlich der Gruppe als solcher zu. Hier finden sich Überlegungen zu homogenen Gruppen, die Simmel vor allem in sozialistischen Vorstellungen am Werk sieht. Durch gemeinsames Arbeiten oder Genießen soll hier eine Verähnlichung der Affekte, Interessen und Leidenschaften zwischen Erstem, Zweitem und Drittem erreicht werden, welche die Dreiheit in eine höhere Einheit aufhebt. Davon unterscheiden lassen sich die heterogenen Gruppen, die ihren Zusammenhang gerade aus ihrer internen Differenziertheit gewinnt. A, B und C bilden dann eine Einheit nicht nur durch Übereinstimmung, sondern gerade durch komplementäre Differenzierung. Indem sich ein jeder mit seinen spezifischen Fähigkeiten in die Gruppe einfügt, konstituiert sich diese gerade aus der Verschiedenheit ihrer Einzelteile heraus. Dadurch bleibt die Individualität des Einzelnen in der differenzierten Gruppe – im Gegensatz zur homogenen Gruppe, die den Einzelnen in seiner Individualität aufzuheben droht – erhalten. Wo Individualität daher auf der einen Seite gerade als Hindernis für eine erfolgreiche Gruppenbildung erscheint, bildet sie auf der anderen Seite deren Möglichkeitsbedingung. Freilich liegt es nun nahe, dass die homogene und die heterogene Gruppe eben deswegen ganz unterschiedliche Dynamiken aufweisen – hierüber erfahren wir von Simmel jedoch tatsächlich nur wenig bis gar nichts.

Von der Gruppe zur Gesellschaft

Noch ein weiteres Missverständnis gilt es zu klären: Wenn Simmel an einer Stelle provokativ festhält, dass die »weitere Ausdehnung auf vier oder mehrere das Wesen der Vereinigung keineswegs noch entsprechend weiter modifiziert« (117), dann scheint er uns sagen zu wollen, dass es keinen Sinn macht, neben einem Dritten noch einen Vierten, Fünften oder Sechsten anzunehmen, da mit dem Übergang von der Zweier- zur Dreierbeziehung bereits alle relevanten Transformationen, die soziale Beziehungen durchlaufen können, abgedeckt sind.[6] Als Beleg hierfür

[5] So etwa Bröckling, »Gesellschaft beginnt mit Drei«, a. a. O., 195.

[6] Diese Position findet sich bei Joachim Fischer, »Tertiarität / Der Dritte. Soziologie als Schlüsseldisziplin«, in: Thomas Bedorf, Gesa Lindemann und Joachim Fischer (Hg.), *Theorien des Dritten. Innovationen in Soziologie und Sozialphilosophie*, München: Fink 2010, 131–160, 132.

gilt Simmel, dass eine kinderlose Ehe sich zwar grundsätzlich von einer Ehe mit Kind unterscheide, letztere aber nicht mehr grundsätzlich von einer Ehe mit zwei Kindern. Ähnlich sei auch der Übergang von der Monogamie zur Polygamie durch den Übergang von der Zwei- zur Dreizahl ausgezeichnet, weshalb es begrifflich auch keine Rolle spiele, wenn hier noch eine vierte, fünfte oder sechste Person hinzukomme. So plausibel diese Beispiele auf den ersten Blick sein mögen, so sind sie doch an einen bestimmten Argumentationskontext Simmels rückgebunden: Sie alle sollen nämlich deutlich machen, dass es für die *Zweierbeziehung* keinen wesentlichen Unterschied macht, ob neben dem Dritten noch ein Vierter, Fünfter oder Sechster hinzukommt – nicht ist aber damit gemeint, dass es für eine *Gruppe* unwesentlich ist, ob sie aus drei, dreißig oder dreihundert Mitgliedern besteht. Vielmehr spricht Simmel gerade dem numerischen Unterschied eine entscheidende Bedeutung zu, was sich an seinen historischen Überlegungen zur Siebenzahl, zum Zehner-Prinzip oder der Hundertschaft zeigt (151 ff.). Die soziologische Bedeutung der quantitativen Gruppengröße versucht Simmel dabei mit der Unterscheidung zwischen kleinen und großen Gemeinschaftskreisen einzuholen. Auch wenn diese Unterscheidung in ihrer Einfachheit – wie Simmel selbst zugibt – von einiger »wissenschaftlicher Rohheit« (82) ist, so zeigt sie doch, dass er den numerischen Aspekt der Gruppe als relevantes Kriterium im Auge hat. Er hebt dabei hervor, dass mit dem Übergang vom kleinen zum großen Kreis die Möglichkeit zur Bildung homogener Gruppen nach und nach verloren geht: »Eine sehr große Zahl von Menschen kann eine Einheit nur bei entschiedener Arbeitsteilung bilden« (64). Große Gemeinschaftskreise, so lautet also Simmels These, können inneren Zusammenhalt nur durch innere Ausdifferenzierung erlangen. Ab welchem numerischen Punkt eine große Zahl dabei eine Gesellschaft genannt werden kann, ist freilich nicht festzulegen. Der Versuch, diese Frage zu beantworten, gleicht strukturell dem Versuch, anzugeben, wie viele Weizenkörner wohl einen Haufen bilden. Klarerweise bilden zwar drei Körner noch keinen Haufen, dreißig schon ein Häufchen und dreißigtausend einen Haufen – wo genau jedoch der numerische Umschlagspunkt ist, an welchem sich der Übergang vom einen zum anderen festmachen lässt, ist nicht anzugeben. Der Grund dieser Schwierigkeit, so Simmel, »liegt darin, daß eine quantitative Reihe gegeben ist, die wegen der relativen Geringfügigkeit jedes einzelnen Elements als kontinuierliche […] erscheint, und daß diese von irgend einem Punkte an die

Wendung eines qualitativ neuen […] Begriffs gestatten soll« (93). Die Frage, ab welchem Punkt wir es mit einer Gesellschaft zu tun haben, lässt sich daher letztlich nicht numerisch und damit inhaltlich beantworten, sondern nur formell: Gesellschaft hat dort statt, wo sich die gesellschaftlichen Wechselwirkungen soweit vom Individuum emanzipiert haben, dass sie auch ohne dessen besonderes Zutun fortzubestehen vermögen. Dieser Charakter des Überindividuellen vermag sich für Simmel aber nur dort zu entwickeln, wo wir es mit einer Vielheit von Individuen zu tun haben: »Denn nur durch ihre Vielheit paralysiert sich das Individuelle an ihnen und steigt das Allgemeine in solche Distanz von diesem empor, daß es als ein ganz für sich Existierendes, des Einzelnen nicht Bedürftiges, ja oft genug ihm Antagonistisches erscheint.« (73)

Simmels Leerstellen

Simmels Überlegungen haben uns nun an jenen Punkt geführt, an welchem sich der Übergang vom personalen Dritten zum institutionellen Dritten vollzieht. Bevor wir diesen Übergang nachvollziehen, gilt es jedoch noch auf Leerstellen in Simmels Denken hinzuweisen. Verschiedentlich ist angemerkt worden, dass Simmel wichtige soziale Figuren wie etwa den parasitären Dritten (Serres) oder den ausgeschlossenen Dritten (Girard) mit seiner Klassifizierung nicht einzuholen vermag – eine Kritik, die mir nur teilweise berechtigt scheint. Liest man Simmels Klassifikation nämlich als konzeptionelle Unterscheidung zwischen dem bindenden, trennenden und begehrten Dritten, lassen sich diese Figuren sehr wohl als Sonderformen in Simmels Klassifikation aufnehmen – wobei sowohl der ausgeschlossene Dritte als auch der parasitäre Dritte als eine Sonderform des begehrten Dritten gedeutet werden könnte. Eine andere Kritik wendet ein, dass Simmel die sozialen Eigenschaften der Gruppe nur unzureichend gefasst hat, was sich etwa daran zeigt, dass er die große Gruppe nicht als homogene Gruppe zu denken vermocht hat. Man wird dagegen nicht nur jene Massenveranstaltungen anführen wollen, die heute im Rahmen von Sportereignissen (Fußballweltmeisterschaft), Paraden (Love Parade) oder Feiertagen (Sylvester) stattfinden, sondern vor allem auf die historische Erfahrung Bezug nehmen wollen. Spätestens das Auftreten des Faschismus und seiner Massenideologie hat nämlich gezeigt, dass sich auch große Gruppen mithilfe des Prinzips der Homogenität konstituierten können. Sigmund Freud hat diese Homogenität in seinem Aufsatz »Massenpsychologie und Ich-Analyse« auf eine geteilte libidinöse Bindung der Masse an einen Führer zurückgeführt. Eine Masse ist für Freud eine Anzahl von Individuen, die ein und dasselbe Objekt durch Introjektion an die Stelle ihres Ichideals gesetzt haben und sich dadurch miteinander identifizieren.[7] Damit führt jedoch auch Freud die Konstitution der Masse auf eine Dreierstruktur zurück: Wenn er davon ausgeht, dass sich die Individuen der Masse (Erster und Zweiter) durch einen Führer (Dritter) aufeinander beziehen, dann nimmt er genau jene Figur auf, die ich bei Simmel unter dem Stichwort des ›bindenden Dritten‹ rekonstruiert habe.

Die Psychologie der Masse

Was Freud Simmel mit seiner Analyse aber voraushat, ist der klare Blick darauf, dass der Einzelne als Teil der Masse ganz anderen psychologischen Mechanismen unterworfen ist als in der Kleingruppe.[8] Das hat zur Folge, dass er in ihr Denk- und Verhaltensweisen an den Tag legt, die ihm als Einzelwesen fremd sind. Im Anschluss an Gustave Le Bons einschlägige Studie *Psychologie der Massen* (1895) hält Freud dabei drei Merkmale fest: Erstens macht das Individuum hier die Erfahrung einer unüberwindlichen *Macht,* welche zu einer Verminderung der Triebverdrängung führt, was wiederum zur Folge hat, dass archaische Liebes- und Hassgefühle ihren Weg ins Bewusstsein finden. Zweitens werden diese archaischen Gefühle dadurch verstärkt, dass die Masse dem Prinzip der *Gefühlsansteckung* gehorcht: Emotionen springen hier ohne willentliches Zutun vom Einen auf den Anderen über, wodurch die Masse nicht nur eine Tendenz zur Einheitlichkeit, sondern auch zur Entindividualisierung aufweist. Drittens schließlich besitzt die Masse eine große *Suggestibilität,* die sich nicht zuletzt in ihrer Leichtgläubigkeit und Kritiklosigkeit gegenüber Autoritäten zeigt. Die Masse ist für Freud also ein hochansteckendes, archaisches und folgsames Gebilde, das eine »seelische Wandlung des Einzelnen« bewirkt.[9] Dies weist uns auf eine von Simmel vernachlässigte Tatsache hin: Nicht nur entstehen durch das Hinzutreten eines Dritten neue soziale Konstellationen und Dynamiken *zwischen* Individuen, vielmehr noch

[7] Vgl. Sigmund Freud, »Massenpsychologie und Ich-Analyse« (1921), in: *Gesammelte Werke,* Bd. 13. Frankfurt am Main: Fischer 1967, S. 71–149, hier: 128.

[8] Einen sehr schönen Überblick über sozialtheoretische Theorien der Masse ab dem 19. Jahrhundert gibt Stephan Günzel in seinem dreiteiligen Bericht: »Der Begriff der ›Masse‹ in Philosophie und Kulturtheorie I-III«, in: *Dialektik. Zeitschrift für Kulturphilosophie,* 2004–2005.

[9] Freud, »Massenpsychologie und Ich-Analyse«, a. a. O., 95.

wirken diese Dynamiken auf die Individuen zurück und konstituieren diese. Das Individuum geht seinen Beziehungen nicht voraus, sondern es existiert allererst in ihnen.

Zusammenfassung

Fassen wir zusammen: (i) Simmels Überlegungen zum personalen Dritten zeigen uns, dass der Dritte die intersubjektive Zweierbeziehung auf ganz unterschiedliche Weise zu transformieren vermag. Als bindender Dritter führt er unverbundene, zerstrittene oder nur schwach verbundene Individuen zusammen – er hat entsprechend stiftende, wiederherstellende oder verstärkende Funktion. Als trennender Dritter wiederum kann er darauf abzielen, intersubjektive Bindungen zu unterbinden, zu zerstören oder die Beteiligten zu Antagonisten zu machen – er hat entsprechend verhindernde, spaltende oder entgegensetzende Funktion. Als begehrter Dritter schließlich gerät der Dritte in eine Machtposition, die es ihm erlaubt, Bedingungen zu stellen und Entscheidungen zu dominieren. (ii) Während die drei genannten Funktionen des Dritten alle zeigen, inwiefern das Auftauchen des Dritten das Beisammensein zu Zweien zu stabilisieren, zu verändern oder zu unterwandern vermag, widmet sich Simmel mit seiner Unterscheidung zwischen homogenen und heterogenen Gruppen der Gruppe als solcher. Die Einheit der Gruppe kann dabei entweder durch Verähnlichung oder durch komplementäre Differenzierung erreicht werden. (iii) Schließlich macht Simmel auch deutlich, dass die numerische Größe der Gruppe ein entscheidender Faktor ist, insofern die Gruppe mit wachsender Größe unabhängig vom einzelnen Individuum wird und dadurch anonymen Charakter erlangen kann. Viel zu wenig Aufmerksamkeit schenkt Simmel dabei dem Phänomen der Masse, insofern sich der Charakter des Einzelnen innerhalb solcher Ansammlungen durch die Freisetzung kollektiver psychischer Energien grundlegend zu verändern vermag.

Rezeption und Wirkung

Aufgrund der essayistischen Schreibweise Simmels kommt eine systematische Rezeption seines Werkes nach seinem Tod nur langsam in Gang. Lange Zeit war Simmels Werk für viele Intellektuelle nur ein ›Steinbruch‹, dem sie einzelne Ideen entnommen haben. Das ändert sich mit der Herausgabe der Gesamtausgabe von Simmels Werken durch Otthein Rammstedt. Nun vermehrt sich der systematische Zugriff auf sein Werk. Innerhalb der Soziologie sind dabei unterschiedliche Rezeptionsstränge zu unterscheiden: Während Donald Levine ausgehend vom Konzept der Ambiguität die Einheitlichkeit von Simmels Werk herausstellt,[10] betont David Frisby, dass der fragmentarische Charakter von Simmels Schriften die Lebenserfahrung der Moderne widerspiegelt und insofern als exemplarisch für diese gelten kann.[11] Klaus Lichtblau unternimmt eine umfassende geistesgeschichtliche Einbettung von Simmels Werk, um seine konstitutive Rolle für die Entstehung der Kultursoziologie nachzuweisen.[12] Auch ein systematischer Anschluss an Simmels Überlegungen zum Dritten hat in den letzten Jahren vermehrt stattgefunden: Thomas Bedorf zeigt dabei, wie der Dritte die Dyade von Ich und Anderem aufbricht und neue Möglichkeitshorizonte und Handlungsoptionen schafft,[13] Ulrich Bröckling argumentiert im Anschluss an Simmel dafür, dass Gesellschaft eigentlich erst mit Drei beginnt[14] und Joachim Fischer zeigt, dass die Figur des Dritten mit einem epistemologischen Übergang vom Verstehen zum Beobachten verbunden ist.[15] Schließlich spielt die Figur des Dritten auch jenseits von Simmels Überlegungen eine Rolle. Bereits in den 1960er Jahren hat Theodore Caplow wiederum auf der Basis spieltheoretischer Überlegungen umfangreiche empirische Untersuchungen zu Dreierkonstellationen angestellt und mögliche triadische Zusammenschlüsse formalisiert.[16] Einen umfassenden Überblick über die kulturwissenschaftlichen Ansätze zum Dritten bietet Albrecht Koschorke, der nicht nur auf die Relevanz von Figuren wie dem Trickster, dem Boten oder dem Dolmetscher hinweist, sondern auch auf die systematische Relevanz des Dritten für binäre Einteilungsschemata wie Gott/Welt, Kultur/Natur, innen/außen oder ei-

---

[10] Donald Levine, *The Flight from Ambiguity. Essays in Social and Cultural Theory*, Chicago: University Press 1985.

[11] David Frisby, *Fragmente der Moderne. Georg Simmel, Siegfried Kracauer, Walter Benjamin*, Rheda: Daedalus 1989.

[12] Klaus Lichtblau, *Kulturkrise und Soziologie um die Jahrhundertwende. Zur Genealogie der Kultursoziologie in Deutschland*, Frankfurt am Main: Suhrkamp 1996.

[13] Thomas Bedorf, *Dimensionen des Dritten*, München: Fink 2003.

[14] Ulrich Bröckling, »Gesellschaft beginnt mit Drei. Eine soziologische Triadologie«, in: Thomas Bedorf, Gesa Lindemann und Joachim Fischer (Hg.), *Theorien des Dritten. Innovationen in Soziologie und Sozialphilosophie*, München: Fink 2010, 189–212.

[15] Joachim Fischer, »Tertiarität / Der Dritte. Soziologie als Schlüsseldisziplin«, in: Thomas Bedorf, Gesa Lindemann und Joachim Fischer (Hg.), *Theorien des Dritten. Innovationen in Soziologie und Sozialphilosophie*, München: Fink 2010, 131–160.

[16] Theodore Caplow, *Two against One. Coalitions in the Triad*, Englewood: Prentice Hall 1968.

gen/fremd.[17] Kurt Röttgers schließlich zeigt, dass sich die abendländische Philosophiegeschichte als eine Geschichte der Ausschließung des Dritten schreiben lässt, was sich erst mit den Arbeiten von Michel Serres grundlegend ändert, insofern dieser ausgehend von der Figur des Parasiten alle wichtigen Themen der abendländischen Sozialphilosophie aufschlüsselt.[18]

Empfohlene Literatur zum Weiterlesen

Bedorf, Thomas, *Dimensionen des Dritten,* München: Fink 2003.

Bedorf, Thomas, Gesa Lindemann und Joachim Fischer (Hg.), *Theorien des Dritten. Innovationen in Soziologie und Sozialphilosophie,* München: Fink 2010.

Koschorke, Albrecht, »Ein neues Paradigma der Kulturwissenschaften«, in: Eva Eßlinger, Tobias Schlechtriemen, Doris Schweitzer und Alexander Zons (Hg.), *Die Figur des Dritten. Ein kulturwissenschaftliches Paradigma,* Frankfurt am Main: Suhrkamp 2010, 9–34.

---

17 Albrecht Koschorke, »Ein neues Paradigma der Kulturwissenschaften«, in: Eva Eßlinger, Tobias Schlechtriemen, Doris Schweitzer und Alexander Zons (Hg.), *Die Figur des Dritten. Ein kulturwissenschaftliches Paradigma,* Frankfurt am Main: Suhrkamp 2010, 9–34.

18 Kurt Röttgers, »Dritte, der«, in: Hans Jörg Sandkühler (Hg.), *Enzyklopädie Philosophie,* Hamburg: Meiner 2010.

8. Dinge (Latour)

Dinge als soziale Akteure

Bruno Latour (* 1947) gilt neben Michel Callon und John Law als einer der wichtigsten Vertreter der Akteur-Netzwerk-Theorie. Die in den 1980er Jahren im Bereich der Wissenschafts- und Technikforschung entstandene Denkrichtung macht es sich zur Aufgabe, das Verhältnis von Gesellschaft, Natur und Technik auf eine neue Art und Weise zu durchdenken, indem sie ihre Aufmerksamkeit auf so genannte »Hybride« richtet: Dazu zählen etwa Mikroben, Atome oder Roboter. Ihnen allen ist es gemeinsam, dass sie sich weder eindeutig in den Bereich der Natur noch in den Bereich der Gesellschaft einordnen lassen, sondern dass es sich um Mischwesen handelt. Entscheidend ist dabei, dass diese Mischwesen nicht nur passive Untersuchungsobjekte und Träger symbolischer Projektionen sind, sondern dass sie selbst als Handlungsakteure tätig werden. Latour erlangt mit seinen Überlegungen bereits in den 1970er Jahren Bekanntheit. Im Zuge teilnehmender Beobachtung untersucht er bereits zu dieser Zeit die Verfertigung wissenschaftlicher Ergebnisse im Labor, um die Konstruktion wissenschaftlicher Fakten deutlich zu machen. Seine Forschungsergebnisse haben ihn dabei schnell in die Kritik gebracht. Im Zuge der so genannten *Science Wars* in den 1990er Jahren hat ihm der Physiker Alan Sokal etwa vorgeworfen, ›eleganten Unsinn‹ zu produzieren – eine Kritik, auf die Latour in seinem Buch *Die Hoffnung der Pandora* Ende der 1990er geantwortet hat. Latour, der mittlerweile am *Institut d'études politiques de Paris* lehrt und sich selbst als »empirischen Philosophen« bezeichnet,[1] hat es sich schließlich mit seiner im Jahre 2005 erschienenen Monographie *Eine neue Soziologie für eine neue Gesellschaft* zur Aufgabe gemacht, den Ansatz der Akteur-Netzwerk-Theorie für die Analyse des Sozialen fruchtbar zu machen. Einer sei-

[1] Vgl. »Selbstporträt als Philosoph«, auf: www.bruno-latour.fr/sites/default/files/downloads/114-UNSELD-PREIS-DE.pdf (19.12.2015).

ner Hauptgedanken lautet dabei, dass nicht nur Menschen, sondern auch nicht-menschliche Akteure handeln können. Die Auflösung der strikten Unterscheidung zwischen menschlichen Akteuren und materiellen Objekten und der Nachweis, dass auch Dinge soziale Akteure sind, die sich an der Herstellung, Gestaltung und Aufrechterhaltung sozialer Beziehungen beteiligen, ist daher sein Hauptanliegen. Entsprechend geht es ihm darum, eine »Sozialgeschichte der Dinge und eine dingliche Geschichte der Menschen« zu schreiben.[2] Seine These lautet dabei, dass eine Verstetigung und Institutionalisierung sozialer Beziehungen ohne technische Artefakte gar nicht möglich wäre, so dass das Ziel seiner Überlegungen entsprechend darin besteht, uns die materiellen, dinglichen Grundlagen des Sozialen vor Augen zu führen.

Drei Formen der Soziologie

Latour entwickelt seine Überlegungen zur Bedeutung des dinglichen Dritten für das Soziale in Abgrenzung von zwei alternativen Weisen, Soziologie zu betreiben. Der ersten gibt er den Namen einer ›Soziologie des Sozialen‹, der zweiten – die von ihm verwirrenderweise manchmal unter demselben Label gefasst wird – können wir den Namen ›Soziologie der Interaktion‹ geben. Beiden Ansätzen, so Latour, ist es gemein, die Rolle der Dinge und Artefakte bei der Konstitution des Sozialen vollkommen aus dem Blick verloren zu haben und daher kein Bewusstsein dafür zu besitzen, dass unsere sozialen Beziehungen hauptsächlich durch Dinge zusammengehalten werden. Um die konstitutive Rolle des dinglichen Dritten herauszuarbeiten, will Latour nun eine ›Soziologie der Assoziationen‹ entwerfen, die deutlich macht, dass das Soziale aus einer Versammlung von menschlichen und nichtmenschlichen, dinglichen Akteuren besteht. »Sichtbar ist das Soziale aber nur in den Spuren, die es hinterläßt, wenn eine neue Assoziation zwischen Elementen hervorgebracht wird, die selbst keineswegs ›sozial‹ sind.«[3] Es ist eben diese dingvermittelte Sozialität, welche das menschliche Zusammenleben für Latour grundlegend von tierischem Zusammenleben unterscheidet. Interaktionen finden dort größten-

---

[2] Vgl. Bruno Latour, *Die Hoffnung der Pandora, Untersuchungen zur Wirklichkeit der Wissenschaft*, Frankfurt am Main: Suhrkamp 2000, 29.

[3] Bruno Latour, *Eine neue Soziologie für eine neue Gesellschaft. Einführung in die Akteur-Netzwerk-Theorie*, Frankfurt am Main: Suhrkamp 2010, 22. Alle Seitenverweise in Klammern in diesem Kapitel beziehen sich auf diese Ausgabe.

teils unvermittelt und direkt statt, während menschliche Interaktionen stets in ein ganzes Netz von dingvermittelten Beziehungen eingespannt sind.[4]

Die Soziologie des Sozialen

Sehen wir uns nun die drei genannten Formen der Soziologie etwas genauer an: Die ›Soziologie des Sozialen‹ wird für Latour vor allem durch Émile Durkheim verkörpert. Diesem wirft er vor, die Gesellschaft und mit ihr das Soziale als eine Entität *sui generis* verstanden zu haben. Entsprechend gilt hier etwas als ›sozial‹, wenn es nicht in die Sphäre des Rechts, der Ökonomie oder der Psychologie gehört. Das Soziale wird so als etwas verstanden, was getrennt und eigenständig neben diesen Sphären existiert. Während es nun die Aufgabe der Rechtswissenschaft ist, die formalen Regeln des Zusammenlebens auszudeuten, die Aufgabe der Wirtschaftswissenschaft, die Mechanismen des Austauschs zu erforschen und die Aufgabe der Psychologie, das Funktionieren des Seelenapparates freizulegen, ist es Aufgabe der Soziologie, die Organisation des sozialen Zusammenhaltes zu erforschen. Ein Zusammenspiel der Soziologie mit den genannten Bereichen ist dann prinzipiell nicht notwendig und ergibt sich nur dort, wo diese mit ihrer inneren Logik allein nicht in der Lage sind, ein Phänomen ausreichend zu erklären – in diesen Fällen fällt der Soziologie dann die Bestimmung zu, die jeweils ›soziale Komponente‹ des Phänomens zu erklären. Aufgabe der Soziologie des Sozialen ist es demnach, all jene Phänomene aufzuklären, die in anderen Wissenschaften nicht geklärt werden können: »So wird zwar anerkannt, daß das Recht seine eigene Strenge besitzt, doch einige seiner Aspekte ließen sich besser verstehen, wenn man ihm eine ›soziale Dimension‹ hinzufügen würde; obwohl ökonomische Kräfte ihrer eigenen Logik gehorchen, gibt es ebenso soziale Elemente, die das leicht erratische Verhalten kalkulierender ökonomischer Agenten erklären könnten; auch wenn sich die Psychologie ihren eigenen Antrieben entsprechend entwickelt, könnten einige ihrer rätselhaften Aspekte auf ›sozialen Einfluß‹ zurückgeführt werden.« (13) Der Fehler der Soziologie des Sozialen liegt für Latour nun darin, dass diese glaubt, einen eigenständigen Gegenstand namens ›soziale Bindungen‹ zu haben, der gleichsam zu den

[4] Vgl. dazu Bruno Latour, »Eine Soziologie ohne Objekt? Anmerkungen zur Interobjektivität«, in: *Berliner Journal für Soziologie*, Jg. 11, 2001, 237–252. Auch unter: www.bruno-latour.fr/sites/default/files/downloads/57-INTEROBJEKT-DE.pdf.

nicht-sozialen Bindungen, welche die anderen Wissenschaften untersuchen, hinzutritt und dessen besondere Beschaffenheit jenseits der Bereiche dieser Wissenschaften zu beschreiben wäre. Übersehen werde dabei, dass der Stoff, aus dem soziale Bindungen sind, selbst gerade aus den scheinbar nicht-sozialen Verbindungen im Bereich des Rechts, der Ökonomie oder der Psychologie besteht. Anders gesagt: Das Soziale ist keine besondere Sphäre *sui generis,* sondern es ist das Resultat einer bestimmten Versammlung von Dingen. Es entsteht nicht durch das Hinzufügen einer besonderen Materie (etwa einem ›sozialen Klebstoff‹), sondern durch das Ziehen von Verbindungslinien zwischen zuvor unverbundenen Entitäten. »Also bezeichnet ›sozial‹ für die ANT einen besonderen Typ von Assoziationen zwischen bislang ›unassoziierten‹ Kräften.« (112) Es ist eben diese relationale Auffassung des Sozialen, die der Grund dafür ist, dass das Soziale laut Latour grundlegend nach dem Muster des Netzwerks verstanden werden muss.

Die Soziologie der Interaktion

Den Grundfehler der Soziologie des Sozialen sieht Latour von der Soziologie der Interaktion vermieden: Sie hypostasiert das Soziale nicht mehr als eine besondere Sphäre, sondern versucht es ausgehend von lokalen *face-to-face* Interaktionen zu erschließen. Damit, so Latour, vermag die Soziologie der Interaktionen zwar den dynamischen und sich ständig neu verknüpfenden Charakter des Sozialen zu erfassen, jedoch gelingt es ihr dabei nicht, hinreichend zu erklären, wie und warum sich soziale Beziehungen stabilisieren. Latour macht das am Beispiel einer Herrschaftsbeziehung deutlich: Ausgehend von einem Beispiel bei Hobbes weist er darauf hin, dass ein Herrschaftsverhältnis so lange nicht als sicher gelten kann, wie es sich nur auf intersubjektive Beziehungen stützt. Denn auch wenn der Machtunterschied zwischen Herrschendem und Beherrschtem noch so groß ist, vermag selbst ein Zwerg einen Riesen im Schlaf zu überwältigen. Dauerhafte Gestalt kann ein Herrschaftsverhältnis daher erst in jenem Moment gewinnen, in welchem der Beherrschte nachts an Ketten gelegt und ihm so die Möglichkeit, gegen seine Unterdrückung aufzubegehren, genommen wird. Die soziale Beziehung zwischen Herrscher und Beherrschtem ist daher elementar auf einen dinglichen Dritten angewiesen. »Macht kann nur mit Hilfe jener Macht dauern und sich ausdehnen, die durch Entitäten ausgeübt wird, die nicht schlafen, und durch Assoziationen, die sich nicht auflösen; doch dazu müssen sehr viel mehr Materialien als soziale Pakte eingesetzt werden.« (121)

Das Soziale als Versammlung

In Auseinandersetzung mit der Soziologie des Sozialen und der Soziologie der Interaktion hat Latour damit bereits zwei Merkmale seiner Soziologie der Assoziationen herausgearbeitet: Ihr Gegenstand ist weder eine besondere Sphäre noch eine besondere Form der intersubjektiven Beziehung, sondern die Art und Weise, wie durch nicht-menschliche Entitäten soziale Beziehungen hergestellt werden. Das Soziale ist für Latour daher kein vorab abzusteckender Bereich, sondern es vermag sich zu jeder Zeit und an jedem Ort zu bilden – entscheidend ist allein, dass hier eine neue Versammlung von zuvor nicht versammelten Entitäten zustande kommt und so ein neues Akteur-Netzwerk entsteht. In diesem Netzwerk bilden Dinge nicht einfach Zwischenglieder, die menschliche Intentionen aufspeichern und stellvertretend für diese verkörpern, sondern sie sind eigenständige Mittler, welche die in ihnen aufgespeicherten Intentionen transformieren. Während bei Zwischengliedern Input und Output gleich sind, übersetzen, entstellen und modifizieren Mittler. »Aber die Objekte sind nicht die Mittel, sondern die Vermittler – wie andere Aktanten auch. Ebenso wenig wie wir treue Boten ihrer Kraft sind, übersetzen sie treu unsere Kraft.«[5] Auch wenn diese Unterscheidung, so Latour, wie eine ›Haarspalterei‹ scheinen mag, ist ihre Beachtung doch entscheidend. Er verdeutlicht das an folgendem Beispiel: Wenn sich die Mode dazu eignet, soziale Unterschiede zwischen Individuen auszudrücken, dann ist dabei Materialität der Mode von entscheidender Bedeutung. Dass sich Seide beispielsweise besser zur Verkörperung von sozialer Überlegenheit eignet als Nylon, liegt nicht einfach an einer willkürlichen Zuweisung oder an der knapperen materiellen Verfügbarkeit: Vielmehr hätte »ohne die vielen materiellen Nuancen zwischen dem Berühren, dem Anfühlen, der Farbe, dem Glanz von Seide und Nylon« (72) die soziale Differenz auf *diese* Art und Weise nicht in der Mode realisiert werden können. Auch wenn dieses Beispiel marginal zu sein scheint, so enthält es doch die ganze Pointe von Latours Überlegungen: Erst eine bestimmte Versammlung von Menschen und Dingen erlaubt es, soziale Beziehungen überhaupt herzustellen. Entspre-

[5] Latour, »Eine Soziologie ohne Objekt?«, a. a. O.

chend verstehen wir diese sozialen Beziehungen auch erst vollständig, wenn wir uns darüber klarwerden, welche Dinge hier auf welche Weise beteiligt sind. Um diesen letzten Punkt besser zu verstehen, will ich im nächsten Schritt nachzeichnen, wie Latour seine Soziologie der Assoziationen entwickelt.

Den Akteuren folgen

Der prominent gewordene methodische Grundsatz von Latours Überlegungen lautet »Den Akteuren folgen« (28). Gemeint ist damit, dass nicht die Sozialtheoretikerinnen von außen die entscheidenden Einheiten bei der Explikation des Sozialen vorgeben sollen, sondern diese aus der Selbstinterpretation der Akteure zu entnehmen sind. Das führt jedoch zu einer Reihe von Unbestimmtheiten bezüglich der Frage, woraus das Universum des Sozialen besteht – Latour diskutiert in der Folge fünf solcher Unbestimmtheiten, von denen ich mich hier den ersten drei widmen möchte, da allein sie für ein besseres Verständnis der Rolle der Dinge für das Soziale notwendig sind. Es handelt sich um die Unbestimmtheiten der Natur der Gruppe, der Natur von Handlungen und der Natur von Objekten.

Die Unbestimmtheit der Natur der Gruppe

Auf die Unbestimmtheit der Natur der Gruppe stoßen wir laut Latour, sobald wir die Vorstellung aufgeben, dass die Sozialtheoretikerin darüber zu entscheiden habe, aus welchen Arten von Gruppierungen das Soziale besteht. Wer das Soziale untersuchen möchte, kann sich nicht einfach mit dem Verweis auf die Notwendigkeit der Eingrenzung seines Untersuchungsgegenstandes auf eine bestimmte Gruppe (z. B. Organisationen, Mitglieder, Personen oder Banden) beschränken, sondern er muss den Selbstauskünften der sozialen Akteure Rechnung tragen. Wer das tut, wird aber sogleich auf die erste Quelle der Unbestimmtheit stoßen: Wer oder was zu welcher sozialen Gruppe gehört verändert sich im Alltag nicht nur permanent, sondern ist auch Gegenstand zahlreicher Kontroversen. Eine sozialtheoretische Untersuchung muss daher mit der Frage beginnen, wie sich soziale Gruppen überhaupt konstituieren. In den Kontroversen um Gruppenzugehörigkeit, so Latour, werden von Seiten der Akteure dabei regelmäßig eine Reihe von Momenten hervorgehoben: (i) Um eine Gruppe gegen eine andere abzugrenzen, braucht es einen legitimen Sprecher, der für die Gruppe sprechen kann. Egal ob es sich dabei um Feministinnen, Liberale oder Nationalkonservative handelt – um sich als Gruppe zu definieren, wird eine Sprecherin benötigt, die definiert, was die Gruppe ausmacht und was sie sein sollte. »Auch wenn Gruppen bereits vollständig ausgerüstet erscheinen, kann für die ANT keine von ihnen ohne ein Gefolge von Gruppierern, Gruppensprechern und Gruppenzusammenhaltern existieren.« (58) (ii) Eine Gruppe definiert sich im Gegensatz zu anderen Gruppen. Das erreicht sie zunächst negativ, durch Abgrenzung gegen all das, was die Gruppe nicht ist (rechts, links, konservativ, progressiv, gefährlich etc.). Das Ziehen von sozialen Grenzen ist daher nicht nur ein von den Sozialwissenschaftlern verfolgtes Projekt, sondern eines, in welches die sozialen Akteure selbst beständig involviert sind: »Für jede zu definierende Gruppe wird dementsprechend eine Liste von Anti-Gruppen aufgestellt.« (59) (iii) Es reicht jedoch nicht aus, den Zusammenhang der Gruppe rein negativ durch Abgrenzung nach außen zu sichern, vielmehr muss die Gruppe auch von innen zusammengehalten werden. Die Selbstdefinition der Gruppe kann dabei auf ganz unterschiedliche Quellen zurückgreifen: »Man kann sich auf die Tradition oder auf das Recht berufen. Man kann seltsame Hybriden erfinden wie ›strategischer Essentialismus‹ oder die Grenze in der ›Natur‹ verwurzeln. Man kann sogar eine ›genetische Grundlage‹ suchen, sie mit ›Blut und Boden‹ verknüpfen.« (60) (iv) Zu guter Letzt gehört zum Kreis der Sprecherinnen, welche eine soziale Gruppe durch äußere Abgrenzung und innere Selbstdefinition zu legitimieren versuchen, auch die Sozialtheoretikerin. Sie lebt nicht in einer Welt, die von der Welt der sozialen Akteure getrennt wäre, vielmehr sind ihre Arbeiten Teil dieser Welt, und werden entsprechend von den sozialen Akteuren rezipiert und für ihre Kontroversen um Gruppenzugehörigkeiten in Stellung gebracht. »Für die Soziologen der Assoziationen ist jegliche Untersuchung jeglicher Gruppe durch jegliche Sozialwissenschaftler Teil und Posten dessen, was die Gruppe existieren, dauern, zerfallen oder verschwinden lässt.« (61) Die vier genannten Merkmale machen deutlich, dass Gruppen in der Soziologie Latours keine vorgegebenen Aggregate sind, sondern vielmehr durch performative Prozesse, an denen auch Wissenschaftlerinnen teilhaben, allererst geschaffen werden. Eine solche performative Perspektive lenkt die Aufmerksamkeit dabei auf jene Praktiken und Akteure, welche an der Bildung und dem Zerfall von Gruppen beteiligt sind. An die Stelle der Frage nach der Gruppenzugehörigkeit rückt damit die Frage nach der Bedingung der Möglichkeit der Gruppenzugehörigkeit. Die Soziologie der Assoziationen setzt so eine Ebene tiefer an als die Soziologie des Sozialen:

Was letztere als gegeben voraussetzt, gilt ersterer als der zu erklärende Gegenstand.

Die Unbestimmtheit der Natur der Handlung

Unbestimmtheit finden wir nun nicht nur, wenn wir danach fragen, was eine Gruppe auszeichnet, sondern auch dann, wenn wir danach fragen, was das Handeln des Einzelnen oder der Gruppe auszeichnet. Auch in diesem Fall nämlich werden uns die Akteure zunächst einmal mit ganz widersprüchlichen Aussagen konfrontieren: Für die einen handeln wir aufgrund unserer Absichten, für die anderen aufgrund von äußeren Einflüssen und für wieder andere aufgrund von Verhaltensroutinen. Der Vielzahl dieser Auskünfte versucht Latour dadurch gerecht zu werden, dass er auf den Begriff des Akteurs zurückgreift. Der aus der Bühnensprache entlehnte Begriff soll nämlich anzeigen, dass Handeln stets dislokal ist und sich aus einem ganzen Geflecht von Umständen wie etwa dem Skript des Stücks, dem Bühnenbild und den verwendeten Requisiten speisen kann. Ähnlich wie im Fall der Unbestimmtheit der Gruppenbildung lässt sich für Latour nun auch im Fall der Unbestimmtheit von Handlungsursachen aus den Berichten der Akteure wieder eine Reihe von Merkmalen entnehmen, die eine sozialtheoretische Analyse zu berücksichtigen hat: (i) Als Handlungsträger wird von den Akteuren jede Entität betrachtet, die in einer gegebenen Situation einen Unterschied macht. Entsprechend können für die Sozialtheoretikerin all jene Entitäten als Handlungsauslöser betrachtet werden, deren Anwesenheit für die Beteiligten eine Veränderung der Situation bewirkt. Entsprechend gilt: »Wenn man einen Handlungsträger erwähnt, muß man von seiner Handlung berichten, und dazu muß man mehr oder weniger explizit machen, welche Bewährungsproben welche beobachtbaren Spuren hinterlassen haben.« (92 f.) (ii) Zweitens darf sich die ANT nicht von den unterschiedlichen Figurationen, in welchen die Akteure über ihre Handlungsgründe Auskunft geben, in die Irre führen lassen. Ob jemand behauptet, eine Handlung sei aus Eigeninteresse, aus Routine oder aufgrund der kapitalistischen Produktionsbedingungen erfolgt, macht für die ANT keinen Unterschied, insofern ihr all diese Figurationen als Auskünfte darüber gelten, was die Individuen dazu bringt, etwas zu tun. Latour übernimmt hierfür aus der Literaturtheorie von Julien Greimas den Begriff des Aktanten. Mit ihm hat dieser darauf aufmerksam gemacht, dass in der Literatur bestimmte Funktionen (etwa der Bösewicht, der Retter, der Schiedsrichter), von ganz unterschiedlichen Akteuren ausgefüllt werden können – so kann das Böse sowohl von einer heraufziehenden Naturkatastrophe, einem gefährlichem Tier oder auch einer Hexe verkörpert werden. Ähnliches gilt für Latour nun auch in Bezug auf soziale Aktanten: Als handlungsverursachend können sowohl menschliche als auch nicht-menschliche Entitäten gelten. (iii) Soziale Akteure kritisieren andere Handlungsträger dafür, irrational, archaisch oder naiv zu handeln. Manche Handlungsträger werden von ihnen also als vernünftige Handlungsquellen angesehen, andere dagegen werden als unvernünftig zurückgewiesen. Die Sozialtheoretikerin darf hier nicht im Voraus entscheiden, welche Handlungsträger sie als legitim betrachten will, sondern muss auch hier den Selbstauskünften der Akteure folgen. (iv) Akteure besitzen ihre eigenen Handlungstheorien, d.h. sie haben eine Vorstellung davon, welche Handlungsursachen stärker und welche weniger stark auf sie einwirken: So mögen einem Individuum die Ansprüche einer ihm nahestehenden Personen nur schwache Handlungsgründe sein, während ihm eine anonyme Struktur als mächtiger Handlungsträger gilt. Auch hier gilt wieder, dass die Sozialtheoretikerin nur dann sinnvoll darüber Auskunft zu geben vermag, was Akteure zum Handeln bringt, wenn sie diese Handlungstheorien der Akteure mit einbezieht.

Die Unbestimmtheit der Natur der Dinge

Vor dem Hintergrund der Frage, was uns zum Handeln bewegt, kommt Latour nun im dritten Schritt auf die Rolle von Dingen zu sprechen. Ausgehend vom Begriff des Aktanten, so haben wir bereits gesehen, vermag er all jene Entitäten als Handlungsträger zu verstehen, die für Individuen in einer gegebenen Situation einen Unterschied machen. Eine Entität, welche von der Sozialtheorie für lange Zeit vernachlässigt wurde, stellen für ihn die Dinge dar – dabei scheint deren Handlungsfähigkeit auf den ersten Blick doch offen zu Tage zu liegen, wenn wir davon sprechen, dass Messer *schneiden*, Metallkessel Wasser *kochen* oder ein Hammer Nägel auf den Kopf *schlägt*. Und tatsächlich macht es für eine gegebene Situation doch einen Unterscheid, ob wir zum Zerschneiden eines Brotes ein Messer, zum Anbringen eines Nagels einen Hammer oder zum Kochen von Wasser einen Kessel haben oder nicht. Es verändert sich wesentlich etwas daran, wie wir diese Aufgaben zu bewältigen vermögen, wenn wir die entsprechenden Dinge nicht bei der Hand haben. Sie bilden daher nicht einfach nur Substitute und Abkürzungen für komplexere und umständlichere

Tätigkeiten, sondern sie prägen Handlungsverläufe und sollten daher als soziale Akteure anerkannt werden. Freilich betont Latour sogleich, dass er damit keinem Technikdeterminismus das Wort reden will – weder bewirkt der Kessel nämlich, dass wir Wasser kochen, noch der Hammer, dass wir einen Nagel einschlagen oder das Messer, dass wir das Brot schneiden. Aber ebenso, so Latour, bilden diese Dinge nicht nur einfach einen diffusen Hintergrund für diese Handlungen: »Außer zu ›determinieren‹ und als bloßer ›Hintergrund für menschliches Handeln‹ zu dienen, könnten Dinge vielleicht ermächtigen, ermöglichen, anbieten, ermutigen, erlauben, nahelegen, beeinflussen, verhindern, autorisieren, ausschließen und so fort.« (124) Solange wir uns kein ausreichendes Bild davon gemacht haben, wie Dinge an Handlungsverläufen beteiligt sind, so lautet die Überzeugung von Latour, vermögen wir uns kein ausreichendes Bild des Sozialen zu machen. Er macht das an folgendem Beispiel deutlich: In der Nähe einer Schule steht ein Tempo-30-Schild, welches die vorbeifahrenden Autofahrer dazu bringen soll, ihr Tempo zu drosseln und Rücksicht auf die spielenden Kinder zu nehmen. Nun wird eine solche symbolische Bindung aber schnell dazu führen, dass Einzelne Ausnahmen für sich machen und das Tempolimit überschreiten. Entsprechend haben Ingenieure die Betonschwelle erfunden, welche der Rücksichtnahme auf die Kinder eine ganz neue Durchschlagskraft verleiht. Würde man nun behaupten, dass die soziale Bindung im Fall der Betonschwelle rein materiell ist, während sie im Fall des Schildes rein sozial ist, so würde man für Latour einen Kategorienfehler machen: Auch die Betonschwelle ist sozial, insofern ihr ganzes Dasein an diesem Ort allein dem Zweck der Verwirklichung einer sozialen Beziehung gilt. Der von ihr mit Nachdruck vertretene Imperativ, aufgrund dessen sie als sozialer Akteur verstanden werden muss, lautet: »Nimm Rücksicht auf die Kinder!«. Um die Bedeutung der jeweils von einem bestimmten Ding vertretenen Imperative deutlich zu machen, schlägt Latour folgendes Verfahren vor: (i) Es gilt erstens, jene Orte zu inspizieren, an welchen Dinge hergestellt und entworfen werden, wie etwa die Werkstatt, die Entwicklungsabteilung oder das Labor, da die mit den Dingen beschäftigten Individuen hier beständig damit befasst sind, diese zum Sprechen zu bringen. (ii) Man kann sich ungeschickten und unwissenden Nutzern annähern, welche sich die Funktionsweise eines Dings erst erschließen müssen, da in den hier zu beobachtenden Mensch-Ding-Dialogen die Handlungsfunktionen der Dinge expliziert wird. (iii) Auch Unfälle, Defekte und Pannen nehmen einem Ding seine Selbstverständlichkeit und zwingen uns dazu, die von ihm vertretenen Handlungsskripte zu explizieren. (iv) Schließlich lässt sich auch immer noch auf Phantasie und Fiktion zurückgreifen, um Dinge in einen neuen Kontext zu versetzen und so ihre Handlungsverknüpfungen freizulegen.

Der Berliner Schlüssel

Nachdem wir damit Latours Programm einer Soziologie der Assoziationen so weit verfolgt haben, dass deutlich geworden ist, inwiefern Dinge ihm als soziale Akteure gelten, die bestimmte Handlungsprogramme vertreten, will ich mich abschließend einem kurzen Text Latours zuwenden, der dessen Vorhaben – obwohl bereits 15 Jahre vorher veröffentlich – exemplarisch umsetzt. Es handelt sich um den kurzen Text *Der Berliner Schlüssel.*[6] Um das mit diesem sozialen Akteur verbundene Handlungsskript besser zu verstehen, müssen wir uns zunächst seiner technischen Beschaffenheit etwas genauer zuwenden. Die Besonderheit des Berliner Schlüssels besteht darin, dass es sich um einen zweibärtigen Schlüssel handelt: Dort wo sich bei anderen Schlüsseln der Griff befindet, ist hier ein zweiter Bart angebracht. Dieser ist jedoch nicht für das Öffnen oder Schließen einer zweiten Tür gedacht, sondern für dieselbe Tür. Die zwei Bärte sind daher auch entsprechend symmetrisch, so dass sowohl mit der einen als auch mit der anderen Seite der Schlüssel in das Schlüsselloch geschoben werden kann. Was auf den ersten Blick absurd scheint, zeigt seinen ganzen Sinn, wenn man sich das zugehörige Berliner Schloss anschaut. Dieses weist nämlich nicht nur einen, sondern zwei Schlitze auf, so dass man zum Auf- bzw. Abschließen den Schlüssel nicht um volle 360 Grad drehen muss, sondern nur um 270 Grad, um dann den Schlüssel wieder abzuziehen. Das Besondere des Berliner Schlüssels besteht nun darin, dass er, einmal zum Öffnen oder Schließen gedreht, nicht wieder von derselben Seite abgezogen werden kann – dafür sorgt eine kleine Nut am Bart, die nur in der 0-Stellung durch das Schlüsselloch passt. Um wieder in den Besitz des Schlüssels zu gelangen, müssen die Benutzenden den Schlüssel durch das Loch hindurchschieben, sodann die Türseite wechseln (also von innen nach außen oder andersherum) und anschließend wieder eine 270-Grad-Drehung vollziehen. Erst jetzt stimmen Nut und Schlüsselloch wieder so überein, dass der Schlüssel abgezogen werden kann. Der beschriebene Mechanismus hat nun zur

[6] Bruno Latour, *Der Berliner Schlüssel,* Berlin: botopress 2014.

Folge, dass man den Schlüssel auf der anderen Seite der Tür nur dann wieder aus dem Schloss bekommt, wenn man die Tür ebenso verschlossen verlässt, wie man sie vorgefunden hat. Fügen wir zur Beschreibung dieses Schließmechanismus nun noch hinzu, dass es zusätzlich zu den eben beschriebenen normalen Schlüsseln der Mieter noch einen besonderen Schlüssel im Besitz des Hauswarts gibt: Dieser kann auf derselben Seite auf der er schließt (oder öffnet) auch wieder abgezogen werden. Das hat zur Folge, dass der Hauswart den Ausgangszustand der Tür, den die Mieter beim Passieren jeweils wieder herzustellen haben, um ihren Schlüssel wiederzubekommen, zwischen Offen und Geschlossen umstellen kann. Er kann so sicherstellen, dass die Tür tagsüber stets geöffnet bleibt und nachts von den Bewohnern geschlossen gehalten werden muss.

Analyse des Handlungsprogramms

Nach dieser Beschreibung der technischen Besonderheiten des Berliner Schlüssels kann Latour in einem zweiten Schritt dazu übergehen, den Schlüssel als sozialen Akteur zu betrachten, dessen Handlungsskript es zu explizieren gilt. Wie oben beschrieben geschieht das am besten dadurch, dass man den Handwerkern und Ingenieuren in ihre Werkstätten folgt. Im Fall des Berliner Schlüssels wird dann schnell deutlich, dass in den Werkstätten der Preußischen Schlüsselmacher mit einer bestimmten sozialen Problemlage gerungen wurde. Um der steigenden Zahl der Einbrüche Herr zu werden, war es die Aufgabe der Ingenieure und Handwerker, ein Schließsystem herzustellen, welches zuverlässig dafür sorgen sollte, dass – zumindest nachts – die Eingangstüren der Häuser fest verschlossen bleiben. Die technische Antwort auf diese Problemlage war der Berliner Schlüssel, dessen Handlungsskript von Latour mit folgenden Worten reformuliert wird: »Schließen Sie bitte die Haustür nachts immer hinter sich zu, tagsüber jedoch nie.«[7] Entscheidend ist nun, dass die hier skizzierte Handlungsanweisung durch den Schlüssel nicht mehr einfach die Form einer moralischen Aufforderung hat. Diese würde nämlich nur zu Beschwerden, Vermerken, Anschuldigungen und Streitereien führen. Kurz gesagt: Müsste sich der moralische Imperativ allein durch direkte soziale Beziehungen reproduzieren, würde ihm das nur sehr bedingt gelingen. In dem Moment nun aber, wo dieser Imperativ in Stahl gegossen wird, nimmt er eine ganz andere Bedeutung an: Die

[7] Ebd., 22.

Pflicht, die Tür hinter sich abzuschließen, ist von jetzt an keine rein moralische Handlungsnorm mehr, sondern eine technische Notwendigkeit. Entsprechend hält Latour programmatisch fest: »Das Soziale lässt sich nicht aus Sozialem aufbauen, es braucht Schlüssel und Schlösser.«[8]

Von Zwischengliedern zu Mittlern

Kehren wir jetzt noch einmal zu der oben angeführten Unterscheidung von Zwischengliedern und Mittlern zurück, um deutlich zu machen, welche Rolle dem technischen Artefakt zukommt. Würde man den Berliner Schlüssel allein als Zwischenglied verstehen, dann würde er nichts Anderes tun, als den moralischen Imperativ »Schließen Sie die Tür nachts immer hinter sich zu, tagsüber jedoch nie« auszudrücken, zu transportieren und zu objektivieren. Das Artefakt wäre so eins zu eins in einen moralischen Diskurs zu übersetzen und müsste daher in seiner spezifischen Materialität nicht weiter beachtet werden. Anders verhält es sich, wenn man den Berliner Schlüssel als Mittler betrachtet. Der moralische Imperativ wird nun vom Medium nicht einfach nur ausgedrückt, sondern es selbst stellt die moralische Beziehung her: Der Schlüssel stiftet diese Beziehung unabhängig vom Willen der Beteiligten. Entsprechend drückt er nicht nur etwas aus, sondern er tut etwas: er handelt. Latour macht diesen Handlungscharakter des Schlüssels deutlich, wenn er festhält: »Wenn ich meinen doppelbärtigen Schlüssel nehme, der mich *autorisiert*, nach Hause zu kommen, mich *verpflichtet*, nachts hinter mir abzuschließen und mir *verbietet*, das tagsüber zu tun, habe ich es dann nicht mit sozialen Beziehungen, mit Moral, mit Gesetzen zu tun? Gewiss, aber mit stählernen.«[9] Dass die Materialität des Schlüssels als dingliches Drittes eine spezifische soziale Beziehung stiftet, lässt sich deutlich machen, wenn man sich vergegenwärtigt, mit welchen anderen Mitteln der entsprechende moralische Imperativ umzusetzen versucht werden kann. An die Stelle des Schlüssels könnte etwa, wie vielfach in Frankreich üblich, eine Concierge oder ein digitaler Code treten. Dass es sich dabei nicht einfach um funktionale Äquivalente zum Berliner Schlüssel handelt, wird deutlich, wenn man sich die möglichen Gegenprogramme zum moralischen Imperativ »Schließen Sie die Tür nachts immer hinter sich zu, tagsüber jedoch nie« anschaut: Im Fall der Concierge wird

[8] Ebd., 24.
[9] Ebd., 25.

eine unberechtigte Person versuchen, sich dadurch Zugang zum Haus zu verschaffen, dass sie die Concierge umschmeichelt, ihr Ausreden präsentiert oder sie ablenkt. Im Fall des Berliner Schlüssels wird man hingegen zur Feile greifen müssen, um sich einen ebensolchen Schlüssel, wie der Hauswart ihn besitzt, zu schaffen und sich damit die Entscheidungsmacht darüber, wann die Tür offen oder geschlossen sein sollte, zurückzuholen. Und im Fall des digitalen Türcodes schließlich bedarf es entweder der Beobachtung anderer Bewohner bei der Eingabe des Codes oder jener technischen Fähigkeiten, welche es erlauben, die elektronische Anlage zu hacken. Auch wenn daher die drei genannten sozialen Akteure (Concierge, Schlüssel, Türcode) den gleichen moralischen Imperativ umsetzen sollen, so tun sie das doch auf ganz unterschiedliche Weise. Sie etablieren nicht nur ganz unterschiedliche soziale Beziehungen zwischen den Bewohnern des Hauses, sondern sie stiften auch ganz unterschiedliche Beziehungen zwischen denen, die zum Haus gehören und jenen, die sich Zutritt verschaffen wollen.

Zusammenfassung

Fassen wir zusammen: (i) Latours Soziologie der Assoziationen versteht das Soziale nicht als eine besondere gesellschaftliche Sphäre (wie die Soziologie des Sozialen) oder als einen bestimmten Interaktionsmodus (wie die Soziologie der Interaktion), sondern als eine bestimmte Form der Versammlung zwischen menschlichen Akteuren und nicht-menschlichen Entitäten. (ii) Assoziationen werden durch Dinge sowohl ermöglicht als auch stabilisiert. So werden Herrschaftsverhältnisse erst dort möglich, wo es Ketten und Knüppel gibt und ist die Einhaltung moralischer Imperative erst dort garantiert, wo diese nicht mehr in der Moral von Einzelnen, sondern in der Materialität der Dinge (wie etwa der Bodenschwelle) gründen. (iii) Dinge sind nicht nur Zwischenglieder, die unter Akteuren vermitteln, sondern sie strukturieren soziale Beziehungen als Mittler. Wir leben in einer Welt von Dingen, die uns befähigen, beschränken und heute auch zunehmend für uns denken und uns lenken. Ein guter ANT-Bericht zeichnet sich für Latour nun gerade dadurch aus, dass »*der relative Anteil der Mittler gegenüber den Zwischengliedern* zunimmt« (107). Erst dann wird nämlich deutlich, dass unsere sozialen Beziehungen größtenteils in Netzwerken stattfinden, die durch dingliche Dritte vermittelt werden, welche mit ihrer spezifischen Materialität und technischen Beschaffenheit unserem sozialen Handeln erst seine Form geben. Will man daher verstehen, wie sich die Sphäre des Sozialen konstituiert, ist es unerlässlich, einen Blick auf die Dinge zu werfen, welche uns in soziale Beziehungen einspannen. Auch wenn Latours anthropomorphisierende Rede von handelnden Schlüsseln irritierend ist und unseren Handlungsbegriff über Gebühr ausdehnt, so ist doch entscheidend, dass seine Beschreibungen der Macht der Dinge und des von ihnen ausgehenden Einflusses auf unsere Handlungen aus den Selbstaussagen der sozialen Akteure gewonnen sind. Entsprechend beansprucht Latour auch gar nicht, die Sphäre der Dinge neu entdeckt zu haben, sondern vielmehr ein Moment wieder in den wissenschaftlichen Diskurs eingespeist zu haben, von dessen Handlungsmächtigkeit wir im Alltag ohnehin je schon überzeugt sind. Einmal mehr zeigt sich so, dass die Aufgabe der Sozialphilosophie nicht darin besteht, eine verborgene Sphäre hinter unserer Alltagswelt freizulegen, sondern vielmehr darin, ein begriffliches Instrumentarium für das je schon Selbstverständliche bereitzustellen.

Rezeption und Wirkung

Latour, der seine Texte zumeist in französischer oder englischer Sprache schreibt, ist zunächst vor allem im frankophonen und anglophonen Sprachraum rezipiert worden. In Deutschland hat die Rezeption erst Mitte der 1990er Jahre eingesetzt und seit Anfang der 2000er Jahre liegen viele wichtige Schriften Latours auch im Deutschen vor. Entsprechend finden sich mittlerweile auch eine ganze Reihe von Einführungen in die Akteur-Netzwerk-Theorie im Allgemeinen und zu Latour im Besonderen. Zu nennen ist hier zunächst der instruktive Aufsatz von Ingo Schulz-Schaeffer, der einen Überblick über Entstehung und Programm der ANT gibt[10] und die von Bellinger und Krieger besorgte Sammlung *ANThology*, die wichtige Originaltexte der ANT versammelt.[11] Henning Laux wiederum weist die allgemeinen Potentiale der Netzwerkforschung für eine Theorie des Sozialen nach.[12] Einführende Monographien zu Latour haben Henning Schmidgen, Reiner Ruffing und

[10] Ingo Schulz-Schaeffer, »Akteur-Netzwerk-Theorie. Zur Koevolution von Gesellschaft, Natur und Technik«, in: Johannes Weyer (Hg.), *Soziale Netzwerke. Konzepte und Methoden der sozialwissenschaftlichen Netzwerkforschung*, München: Oldenbourg 2011, 277–300.

[11] Andréa Belliger, David J. Krieger, *ANThology. Ein einführendes Handbuch zur Akteur-Netzwerk-Theorie*, Bielefeld: transcript 2006.

[12] Henning Laux, *Soziologie im Zeitalter der Komposition. Koordinaten einer integrativen Netzwerktheorie*, Weilerswist: Velbrück 2014.

Lars Gertenbach vorgelegt.[13] Wichtige Diskussionsbeiträge speziell zu Latours Sozialtheorie enthält der Sammelband von Georg Kneer, Markus Schroer und Erhard Schüttpelz.[14] Insbesondere mit Latours Dingbegriff setzt sich die Gustav Roßler auseinander, der auch verschiedene Schriften von Latour übersetzt hat.[15] Oliver Marchart kommentiert die Verabschiedung des Gesellschaftsbegriffs durch Latour kritisch.[16] Einen alternativen Zugang zur Kraft der Dinge für das Soziale bietet der phänomenologische Ansatz von Bernhard Waldenfels und die von Iris Därmann herausgegebenen phänomenologischen Skizzen. Ein breiteres methodisches Panorama liegt den von Hans Peter Hahn versammelten Beiträgen zum Eigensinn der Dinge zu Grunde.[17]

Empfohlene Literatur zum Weiterlesen

Roßler, Gustav, *Der Anteil der Dinge an der Gesellschaft. Sozialität – Kognition – Netzwerke,* Bielefeld: transcript 2015.

Ruffig, Reiner, *Bruno Latour,* München: Fink 2009.

Schulz-Schaeffer, Ingo, »Akteur-Netzwerk-Theorie. Zur Koevolution von Gesellschaft, Natur und Technik«, in: Johannes Weyer (Hrsg.), *Soziale Netzwerke. Konzepte und Methoden der sozialwissenschaftlichen Netzwerkforschung,* München: Oldenbourg 2011, 277–300.

---

[13] Henning Schmidgen, *Bruno Latour,* Hamburg: Junius 2011; Reiner Ruffig, *Bruno Latour,* München: Fink 2009; Lars Gertenbach, *Entgrenzung der Soziologie. Bruno Latour und der Konstruktivismus,* Weilerswist: Velbürck 2015.

[14] Georg Kneer, Markus Schroer, Erhard Schüttpelz, *Bruno Latours Kollektive. Kontroversen zur Entgrenzung des Sozialen,* Frankfurt am Main: Suhrkamp 2008.

[15] Gustav Roßler, *Der Anteil der Dinge an der Gesellschaft. Sozialität – Kognition – Netzwerke,* Bielefeld: transcript 2015.

[16] Oliver Marchart, *Das unmögliche Objekt – eine postfundamentalistische Theorie der Gesellschaft,* Berlin: Suhrkamp 2013.

[17] Iris Därmann (Hg.), *Die Kraft der Dinge. Phänomenologische Skizzen,* München: Fink 2014; Bernhard Waldenfels, *Sozialität und Alterität. Modi sozialer Erfahrung,* Berlin: Suhrkamp 2015, Kap 8; Hans Peter Hahn (Hg.), *Vom Eigensinn der Dinge. Für eine neue Perspektive auf die Welt des Materiellen,* Berlin: Neofelis 2015.

9. Institutionen (Honneth)

Kritische Theorie der dritten Generation

Axel Honneth (* 1949) stellt heute nach Max Horkheimer und Theodor W. Adorno sowie Jürgen Habermas den gegenwärtigen Hauptvertreter der Kritischen Theorie der Frankfurter Schule dar. Von 1996 bis zu seiner Emeritierung 2015 lehrte er als Professor an der Universität Frankfurt. Gegenwärtig unterrichtet er noch an der Columbia University in New York. Seit 2001 ist Honneth darüber hinaus Direktor des Frankfurter Instituts für Sozialforschung. Dabei handelt es sich um jene prestigeträchtige Einrichtung, die 1923 auf Initiative von Felix Weil gegründet und in den 1930er Jahren unter der Leitung Max Horkheimers zur Heimatstätte des interdisziplinären Forschungsverbundes der ersten Generation der Kritischen Theorie wurde.[1] Honneths Version der Kritischen Theorie setzt dabei anders an als die seiner Vorgänger: Während Horkheimer und Adorno die Dialektik der abendländischen Vernunft zum Ausgangspunkt ihres Denkens machen und Habermas auf die Idee des kommunikativen Handelns als Grundkategorie zur Erschließung der gesellschaftlichen Wirklichkeit zurückgreift, stützt sich Honneth in seiner längst zum Klassiker avancierten Monographie *Kampf um Anerkennung* von 1992 auf das Konzept der wechselseitigen Anerkennung.[2] Sind seine Überlegungen hier vor allem noch der systematischen Ausarbeitung einer moralischen Grammatik unterschiedlicher Anerkennungsdimensionen gewidmet, so hat Honneth mit seiner 2011 vorgelegten Studie *Das Recht der Freiheit* eine umfassende Gesellschaftstheorie vorgelegt, die im Anschluss an Hegels Freiheitsbegriff eine historisch

[1] Zur Geschichte der Kritischen Theorie vgl. Rolf Wiggershaus, *Die Frankfurter Schule. Geschichte, Theoretische Entwicklung, Politische Bedeutung,* Frankfurt am Main: dtv 1988, sowie: Emil Walter Busch, *Geschichte der Frankfurter Schule. Kritische Theorie und Politik,* München: Fink 2010.

[2] Axel Honneth, *Kampf um Anerkennung. Zur moralischen Grammatik sozialer Konflikte,* Frankfurt am Main: Suhrkamp 1992.

gesättigte, normative Rekonstruktion grundlegender gesellschaftlicher Institutionen wie Recht, Moral, Familie, Markt und Öffentlichkeit zu leisten beansprucht. Auch wenn Honneth dabei nicht explizit von einem institutionellen Dritten spricht, so handelt seine ganze Studie doch von jenen ›Institutionen der Anerkennung‹, welche intersubjektive Beziehungen auf Dauer stellen und verstetigen sollen.[3]

Die Rationalität gesellschaftlicher Institutionen

Wir haben im vorletzten Kapitel gesehen, dass für Georg Simmel gesellschaftliche Institutionen in jenem Moment entstehen, in dem sich Wechselwirkungen verstetigen und von Einzelnen unabhängig werden. Wenn Honneth in seiner Studie nun von Institutionen spricht, so meint er wechselweise einen starken sowie einen schwachen Institutionenbegriff, sofern es ihm sowohl um gesellschaftliche Einrichtungen (z. B. das Recht) als auch um zwischenmenschliche Verbindungen (z. B. Freundschaft) geht. Während Institution im ersten Fall ein durch staatliche Regulationen festgefügtes Handlungssystem meint, bezeichnet es im zweiten Fall einen durch Sitten und Bräuche nur lose etablierten Handlungszusammenhang. Gleichwohl zeichnen sich sowohl starke als auch schwache Institutionen dadurch aus, dass sie aus einem geregelten System sozialer Praktiken bestehen, welche mit stabilen wechselseitigen Verhaltenserwartungen verbunden sind.[4] Ziel von Honneths Überlegungen ist es nun, die für die Reproduktion unserer Gesellschaft grundlegenden Institutionen und die mit ihnen verbundenen Handlungssysteme freizulegen und Auskunft darüber zu geben, ob und wann diese Institutionen als gute Institutionen gelten können.

Das Verfahren der normativen Rekonstruktion

Im Gegensatz zu normativistischen Gesellschaftstheorien, die den Maßstab zur Beurteilung gesellschaftlicher Institutionen quasi am Reißbrett entwerfen, will Honneth einen solchen Maßstab aus bereits etablierten sozialen Praktiken gewinnen. Damit spricht er sich gegen eine starke Trennung von *Sein* und *Sollen* aus, deren Zweck ja ursprünglich darin

---

[3] Axel Honneth, *Das Recht der Freiheit. Grundriß einer demokratischen Sittlichkeit*, Berlin: Suhrkamp 2011, 86. Alle Seitenzahlen in Klammern in diesem Kapitel beziehen sich auf diese Ausgabe.

[4] Vgl. dazu Rahel Jaeggi, »Was ist eine (gute) Institution?«, in: Rainer Forst, Martin Hartmann, Rahel Jaeggi und Martin Saar (Hg.), *Sozialphilosophie und Kritik*, Frankfurt am Main: Suhrkamp 2009, 528–544.

bestand, darauf hinzuweisen, dass nicht alles was wirklich ist, zwangsweise auch vernünftig sein muss. Die Trennung von Sein und Sollen sollte es der Sozialtheorie gerade erlauben, sich von der Wirklichkeit zu lösen und jenseits von ihr einen kritischen Standpunkt einzunehmen. Dieses Vorhaben, so Honneth, hat sich jedoch in vielen Gesellschaftstheorien derart verselbstständigt, dass es ihnen nicht mehr gelingt, nach der theoretischen Entwicklung normativer Maßstäbe wieder Anschluss an die soziale Lebenswelt zu finden. Insofern es ihnen nicht gelingt, an gesellschaftliche Praktiken und Konflikte anzuschließen, bleibt ihre Kritik jedoch kraftlos. Um dieses Problem zu umgehen, entwickelt Honneth ein Verfahren *normativer Rekonstruktion*, das es ihm erlauben soll, den Maßstab seiner Gesellschaftstheorie aus der Lebenswelt heraus zu gewinnen. Dabei setzt er voraus, dass in lebensweltlichen Routinen und Praktiken der sozialen Akteure bereits Normen, Werte und Ideale eingelagert sind, an welche eine kritische Gesellschaftstheorie anzuknüpfen vermag, um im Anschluss daran danach zu fragen, ob diese in relevanten gesellschaftlichen Institutionen hinreichend zur Geltung kommen. Das Verfahren der normativen Rekonstruktion versucht also nicht, normative Maßstäbe der Kritik freischwebend zu entwickeln, sondern bereits in der sozialen Praxis vorhandene Normen freizulegen und kritisch auf die gesellschaftliche Wirklichkeit anzuwenden. Das hat freilich zur Folge, dass die mit der normativen Rekonstruktion verbundene Kritik an der bestehenden Wirklichkeit nicht mehr total sein kann: Der bestehenden Welt wird nämlich nicht das abstrakte Ideal einer ganz anders gearteten möglichen Welt entgegengesetzt, sondern vielmehr wird »nur knapp über den Horizont der existierenden Sittlichkeit hinweggeschaut, um Spielräume für so viele Veränderungen zu eruieren, wie bei realistischer Berücksichtigung aller Umstände erwartbar sind« (27).

Der Wert der Freiheit

Als Grundlage unserer Moderne können die durch die Französische Revolution ausgegebenen Werte der Freiheit, Gleichheit und Brüderlichkeit gelten. Wenn Honneth nun nach einem in unseren sozialen Praktiken verankerten gesellschaftlichen Wert sucht, von dem aus sich gesellschaftliche Institutionen bewerten lassen, dann greift er dabei auf den ersten dieser drei Werte zurück. Das hat seinen Grund darin, dass im Wert der Freiheit die anderen beiden Werte gleichsam enthalten sind. So postuliert er, dass sich der Wert der Gleichheit letztlich vor dem Hintergrund der Forderung nach Freiheit (als gleicher Freiheit) verstehen lässt (vgl. 35) und in einer jüngeren Publikation argumentiert er, dass auch der Wert der Brüderlichkeit in einer bestimmten Vorstellung von Freiheit aufgehoben ist.[5] Nach dieser Einverleibung der Werte der Gleichheit und der Brüderlichkeit in den Freiheitsbegriff kann Honneth diesen dann zum einzigen Leitwert der Moderne erklären: »Unter all den ethischen Werten, die in der modernen Gesellschaft zur Herrschaft gelangt sind und seither um Vormachtstellung konkurrieren, war nur ein einziger dazu angetan, die institutionelle Ordnung auch tatsächlich nachhaltig zu prägen: die Freiheit im Sinne der Autonomie des einzelnen.« (35) Die grundlegende Bedeutung dieses Wertes der Freiheit zeigt sich für Honneth daran, dass soziale Kämpfe seit der Französischen Revolution stets unter Bezugnahme auf den Wert der Freiheit geführt wurden: Die nationalrevolutionäre Bewegung, die Frauenbewegung, die Arbeiterbewegung oder das *civil rights movement* – sie alle haben sich gegen Formen der Unterdrückung und der Diskriminierung zur Wehr gesetzt, die sie als Missachtung ihrer Freiheit erlebt haben. Die Vorstellung dessen, was eine gute gesellschaftliche Institution ausmacht, ist daher heute nicht von der Frage zu lösen, ob es ihr gelingt, den Wert der Freiheit zu verkörpern. Dabei taucht nun freilich das intrikate Problem auf, dass die Idee der Freiheit heute ganz unterschiedlich ausgelegt wird. Um daher beurteilen zu können, ob gesellschaftliche Institutionen diesem Ideal gerecht werden, gilt es, den Begriff der Freiheit genauer zu untersuchen.

Drei Formen der Freiheit

Drei unterschiedliche Modelle der Freiheit, die philosophiegeschichtlich mit den Namen Thomas Hobbes, Immanuel Kant und Georg Wilhelm Friedrich Hegel verbunden sind, müssen nun laut Honneth unterschieden werden: Hobbes Modell der *negativen Freiheit* geht von einer Konzeption von Freiheit aus, derzufolge ein Individuum nur dann frei ist, wenn es seinen Handlungsimpulsen ungehindert folgen kann. Dort, wo ein Subjekt seine Ziele ohne Einschränkung von außen – sei es durch die Natur oder durch andere Menschen – zu verfolgen vermag, ist es dieser Konzeption zufolge frei. Freiheit wird so von Hobbes daher im Wesentlichen als ›Freiheit von‹ äußeren Einschränkungen ge-

[5] Axel Honneth, *Die Idee des Sozialismus. Versuch einer Aktualisierung*, Berlin: Suhrkamp 2015, 40 ff.

dacht. Diese Vorstellung ist jedoch schon bald zum Gegenstand von Kritik geworden: Insofern dieses Modell sich nämlich vollkommen auf äußere Handlungsbeschränkungen fixiert, vernachlässigt es völlig das Moment der Selbstbestimmung. Obwohl seine Selbstwahrnehmung eine ganz andere ist, wäre nach diesem Modell nämlich auch derjenige frei, der von seinen Begierden getrieben wird und sich von ihnen versklavt fühlt – so lange es ihm nur gelingt, diesen Begierden ungehindert nachzugehen, müssten sie als Realisierung negativer Freiheit gelten. Demgegenüber hat Kant ein Modell *reflexiver Freiheit* stark gemacht, in welchem nur jene Handlung als frei gelten kann, die auf das Prinzip der Selbstgesetzgebung zurückgeht. Entsprechend steht die Unterscheidung zwischen Autonomie und Heteronomie im Zentrum seiner Philosophie. Sich selbst das Gesetz seines eigenen Handelns zu geben, bedeutet für Kant dabei, sich nicht blind seinen Neigungen und Handlungsimpulsen hinzugeben, sondern diese dadurch auf ihre Vernünftigkeit hin zu befragen, dass sie auf ihre Verallgemeinerungsfähigkeit hin geprüft werden. Entsprechend kann eine Handlung nur dann als frei gelten, wenn sie auch die Zustimmung der ganzen Menschheit in meiner Person finden könnte. War das Kriterium von Hobbes' negativem Freiheitsbegriff also die Abwesenheit von äußeren Hemmnissen, so ist das Kriterium von Kants reflexivem Freiheitsbegriff die Anwesenheit von inneren Handlungsgrundsätzen. Hegels Kritik an Kants Konzeption reflexiver Freiheit lautet nun, dass die sozialen Bedingungen, welche die Ausübung dieser Freiheit ermöglichen, unthematisiert bleiben. Und zwar in einem doppelten Sinn: Einerseits geraten hier jene sozialen Institutionen, unter denen ein Subjekt überhaupt erst einen autonomen Willen auszubilden vermag, nicht in den Blick, andererseits bleibt die soziale Wirklichkeit, in welcher die reflexive Freiheit sinnvoll zur Anwendung gebracht werden kann, völlig unterbestimmt. Hegel wendet jedoch ein, dass wir uns ohne die Vorstellung eines gesellschaftlichen Guten gar keinen Begriff vom rechten Handeln zu bilden vermögen. Der Begriff der reflexiven Freiheit bleibt daher so lange unterbestimmt, wie die soziale Welt nicht nochmals zum Gegenstand des eigenen Willens gemacht wird. Erst dort, wo das gemeinschaftliche Zusammenleben selbst noch einmal dem Kriterium der Selbstgesetzgebung unterworfen wird, können wir sinnvoll davon sprechen, dass ein Individuum frei ist. *Soziale Freiheit* ist für Hegel daher erst dort verwirklicht, wo das Beisammensein mit Anderen nicht als Zwang und Beschränkung, sondern als Ausdruck des eigenen Willens verstanden wird. Als idealtypisch hierfür gilt für Honneth – im Anschluss an Hegel – die Freundschaftsbeziehung, weil man sich hier »gern in der Beziehung auf ein anderes beschränkt und sich in dieser Beschränkung als sich selbst weiß«.[6] Nachdem wir damit Honneths Rekonstruktion von drei Formen der Freiheit kennen gelernt haben, gilt es im Folgenden, Institutionen in den Blick zu nehmen, die jene Freiheitsmodelle zu verwirklichen beanspruchen.

Die Institution des Rechts

Die Institutionalisierung negativer Freiheit beginnt für Honneth mit der im Europa des 17. und 18. Jahrhunderts vollzogenen Positivierung des Rechts und der damit einhergehenden Einsetzung einer Reihe von liberalen Grundrechten, wie etwa den Rechten auf Glaubens-, Rede- oder Meinungsfreiheit. Diese haben ursprünglich den Sinn, den Individuen »einen staatlich geschützten Spielraum zur Erkundung ihrer Vorlieben, Präferenzen und Absichten ein[zu]räumen« (129). Es ist ihre Aufgabe, den Individuen einen Rückzug aus sozial eingespielten Verhältnissen zu ermöglichen, damit sie im Schutzraum ihrer Privatsphäre prüfen können, ob diese Verhältnisse der eigenen Vorstellung des Guten entsprechen. Die Forderung nach der Institutionalisierung liberaler Freiheitsrechte, die sich ab dem 18. Jahrhundert zu verwirklichen beginnt, hat für Honneth also den Sinn, einen Raum zur Erkundung und Formung des eigenen Willens bereitzustellen. Honneth zeigt nun in seiner normativen Rekonstruktion, dass sich die liberalen Freiheitsrechte im Zuge ihrer Institutionalisierung im 20. Jahrhundert immer weiter konkretisiert haben: »Der Einführung des Telefons entsprach nach geraumer Zeit die rechtliche Verankerung des Fernmeldegeheimnisses, den technologisch gestiegenen Chancen des Staates auf die Erhebung individueller Persönlichkeitsdaten folgte alsbald ein subjektiv einklagbares Recht auf Datenschutz, die rasante Verbreitung des Internets wird heute in wachsendem Maße durch die Institutionalisierung von Rechten auf ›informelle Selbstbestimmung‹ […] begleitet« (140). Freilich stehen die Kämpfe um eine Ausdehnung solcher liberalen Freiheitsrechte dabei immer in Spannung zu den Sicherheitsbestrebungen des Staates. Überall, wo sich das Individuum hinter seinen rechtlich zugesicherten Schutzwall subjektiver Rechte zurückzuziehen versucht, finden sich staatliche Bestrebungen, diesen Wall einzureißen und das Individuum bei der Formung seines

[6] Hegel, *Grundlinien der Philosophie des Rechts*, a.a.O., 57.

Willens zu beobachten, um im Fall einer Radikalisierung präventiv agieren zu können. Während sich die Entwicklung liberaler Freiheitsrechte so in Spannung zu Sicherheitsbestrebungen entwickelt, liegt der Fall dort anders, wo es um eine andere Klasse von Rechten geht: die so genannten sozialen Teilhaberechte. Ihr Sinn besteht nämlich darin, jene Möglichkeitsbedingungen bereitzustellen, welche die Voraussetzung für die Inanspruchnahme liberaler Freiheitsrechte bilden. Entsprechend geht es hier vor allem darum, den Individuen jenes Maß an ökonomischer Sicherheit, sozialer Integration und geistiger Bildung zu ermöglichen, das notwendig ist, um sich über die eigenen Lebensziele verständigen zu können. Auch wenn Honneth dies nicht explizit reflektiert, steht die Ausgestaltung dieser Rechte dabei nicht mehr in einem Spannungsverhältnis zur Sicherheitspolitik des Staates, sondern vielmehr zu seiner Wirtschaftspolitik: Seit der Staat im Zuge der Globalisierung der Handelsbeziehungen immer mehr die Aufgabe übernommen hat, die Rahmenbedingungen für einen umfassenden ökonomischen Wettbewerb zu schaffen, hat ein Abbau der Sozialversicherungssysteme stattgefunden, bei dem der eigentliche ethische Sinn dieser Systeme aus dem Blick zu geraten droht.

Das Handlungssystem des Rechts

Nachdem Honneth damit sowohl den ethischen Sinn der Institution des Rechts als auch einige Aspekte seiner normativen Entwicklung vorgestellt hat, kann er im nächsten Schritt das durch die Institution des Rechts gestiftete Handlungssystem explizieren. Drei Momente lassen sich dabei unterscheiden: die *Norm*, welche die sozialen Praktiken eines Handlungssystems regiert, die *Statuszuweisung*, die wir dabei gegenüber Anderen vornehmen und aufgrund derer wir ein bestimmtes Verhalten Anderer erwarten, sowie das *Selbstverhältnis*, das durch die Kompetenzen, die zur Ausbildung an der Teilnahme an den jeweiligen sozialen Praktiken notwendig sind, etabliert wird (vgl. 147). Die spezifische Norm, welcher die Akteure im Handlungssystem des Rechts folgen, besteht darin, dass sich die Individuen das Recht zugestehen, in ihren sozialen Praktiken nach beliebigen Motivlagen zu handeln, ohne sich dabei wechselseitig Rechenschaft schuldig zu sein. Die mit dieser Anonymisierung verbundene Statuszuweisung an Andere erkennt diese als Individuen an, welche selbst über ihre Zwecke und Ziele entscheiden können – Honneth nennt diese Form der Anerkennung auch »personalen Respekt« (149). Das spezifische Selbstverhältnis, das so ins Werk gesetzt wird, besteht in der Fähigkeit zur Einklammerung der eigenen moralischen und ethischen Überzeugungen. Durch eben diese Distanzierungsleistung gegenüber sich selbst, so Honneth, entsteht eine Form der Subjektivität, die wir als ›Rechtsperson‹ bezeichnen können (vgl. 150).

Die Institution der Moral

Als zweite gesellschaftliche Institution nimmt Honneth die Moral in den Blick, die ihm als gesellschaftliche Institutionalisierung reflexiver Freiheit gilt. Freilich, so muss Honneth zugestehen, handelt es sich hier nur um ein schwach institutionalisiertes Handlungssystem, was nicht zuletzt daran liegt, dass moralische Autonomie nur schwer kontrollierbar ist, da es sich in erster Linie um ein Selbstverhältnis handelt, in welchem sich der Einzelne nicht durch seine Neigungen, sondern nur durch das Gesetz der Vernunft leiten lässt. Insofern uns ein Zugang zum Inneren der Akteure jedoch nicht gegeben ist, ist es uns nicht möglich zu prüfen, ob eine Handlung – mit Kant gesprochen – nur ›pflichtgemäß‹ oder ›aus Pflicht‹ stattfindet. Diese nur schwache Institutionalisierung mag der Grund dafür sein, warum Honneth in Bezug auf die Moral auf eine normative Rekonstruktion verzichtet und schlicht erklärt, dass die Idee der moralischen Autonomie im Anschluss an Kant schnell »zu einem kulturellen Orientierungsmuster [wird], das auf den Wegen literarischer Zeugnisse und politischer Kommunikationen in die Poren der sozialen Lebenswelt eindringt« (181). Auch wenn Honneth damit eine normative Rekonstruktion der Moral schuldig bleibt, so macht er doch zumindest theoretisch deutlich, dass auch die reflexive Freiheit einen ethischen Sinn hat: Sie soll es den Individuen ermöglichen, sich hinter alle nicht verallgemeinerungsfähigen Rollenverpflichtungen zurückziehen zu können. Es ist eben diese Möglichkeit, gesellschaftliche Ansprüche unter Verweis auf einen moralischen Standpunkt abweisen zu können, welche die kritische Seite der Freiheitslehre von Kant ausmacht und die laut Honneth dafür verantwortlich ist, dass die Idee der Moral im beginnenden 19. Jahrhundert schnell »Rückhalt in der Bevölkerung« (180) findet.

Das Handlungssystem der Moral

Das Handlungssystem der Moral hat seinen gesellschaftlichen Ort zunächst einmal überall dort, wo keine verbindlichen gesetzlichen Handlungsvorschriften bestehen. Da, wo Individuen keiner Fremdgesetzgebung unterliegen, sind sie dazu aufgefordert, konfligierende Ansprüche mithilfe ihrer Fähigkeit zur Selbstgesetzgebung zu lösen. Während der Einzelne die Erfahrung der Anerkennung seiner rechtlichen Freiheit durch die Rechtsgemeinschaft daher zumeist nur dann macht, wenn seine gesetzlich verbürgten Ansprüche verletzt werden und er diese institutionell einklagt, ist die Erfahrung moralischer Freiheit allgegenwärtig, da sich unser Alltag durch eine kaum zu überblickende Anzahl von Interessengegensätzen auszeichnet, die meist im Rückgriff auf das Kriterium der Verallgemeinerbarkeit gelöst werden. War das Handlungssystem des Rechts dabei durch die Norm gekennzeichnet, dem Handeln Anderer in Absehung von ethischen Beweggründen und persönlichen Motivlagen zu begegnen, so lautet die dem Handlungssystem der Moral zu Grunde liegende Norm, dass nur jene Handlungen als berechtigt angesehen werden können, welche dem Kriterium der vernünftigen Urteilsfindung genügen. Die mit dieser Norm verbundene Statuszuweisung besteht für Honneth darin, dass wir Anderen die Fähigkeit zuerkennen, ihren Willen an verallgemeinerungsfähige Normen zu binden – eine Fähigkeit für die Honneth den Ausdruck der »moralischen Achtung« (194) reserviert. Voraussetzung dafür, solche Statuszuweisungen zu treffen, ist freilich, dass die Individuen gelernt haben, von ihren Handlungsimpulsen nur denjenigen zu folgen, die sich in verallgemeinerungsfähige Handlungsgründe umformen lassen – die Fähigkeit, eine Frustration der eigenen Bedürfnisse aushalten zu können, gehört daher mit zu jenen Kompetenzen, welche das Selbstverhältnis der moralischen Subjektivität auszeichnen. Darüber hinaus setzt die Prüfung der Verallgemeinerungsfähigkeit der eigenen Handlungsgründe aber auch noch die Fähigkeit voraus, sich in die Perspektive derjenigen hineinversetzen zu können, die vom jeweiligen Tun betroffen sind. Die Fähigkeit zur Perspektivübernahme ist daher eine zweite elementare Kernkompetenz der moralischen Subjektivität.

Institutionen der Sittlichkeit

Wir haben gesehen, dass Recht und Moral für Honneth zwei Institutionen darstellen, deren ethischer Sinn jeweils darin liegt, sich von bestehenden Handlungs- und Rollenverpflichtungen zu lösen. Ihr sozialer Sinn war im Wesentlichen ein negativer: Er sollte das Individuum aus jenen Beziehungen zu anderen herauslösen, in denen es sich nicht wiedererkennen konnte. Das ändert sich nun mit dem Übergang zu den Institutionen der sozialen Freiheit. Ihre Aufgabe ist es nämlich gerade nicht mehr, eine Herauslösung der Individuen aus sozialen Zusammenhängen zu ermöglichen, sondern vielmehr sie durch soziale Zusammenhänge aufeinander zu beziehen. Anders gesagt: Institutionen sozialer Freiheit sollen zugleich Institutionen der Sittlichkeit sein, die Individuen durch ein geregeltes Set an sozialen Praktiken positiv und dauerhaft aufeinander beziehen. Als die drei wesentlichen Institutionen der Sittlichkeit gelten Honneth dabei persönliche Nahbeziehungen, Marktwirtschaft und demokratische Öffentlichkeit, weil es sich dabei um drei gesellschaftliche Sphären handelt, welche für die Reproduktion der Gesellschaft als ganzer notwendig sind und an denen die Individuen daher mehr oder weniger notwendig teilhaben müssen – wobei sich hier freilich fragen lässt, ob Honneth den Einfluss der Sphären der Kunst, der Religion oder der Geselligkeit für die gesellschaftliche Reproduktion nicht unterschätzt. Entscheidend ist nun, dass sich soziale Freiheit in Institutionen der Sittlichkeit nur im Zusammenspiel mit Anderen verwirklichen lässt: Während negative und reflexive Freiheit prinzipiell auch allein zu realisieren waren, insofern eine Handlung dafür lediglich frei von äußerem Zwang oder unter den vorauslaufenden Bedingungen vernünftiger Selbstgesetzgebung zustande gekommen sein musste, lässt sich soziale Freiheit nur durch eine spezifische Form der Kooperation mit Anderen realisieren. Eine soziale Handlung kann nämlich nur dann als frei gelten, wenn der eigene und der fremde Wille bei ihrer Verwirklichung zwanglos ineinandergreifen und sich dabei selbst zum Zweck des Handelns werden. Sehen wir uns nun genauer an, wie sich ein solches zwangloses Zusammenspiel in den Sphären der persönlichen Nahbeziehungen, der Marktwirtschaft und der demokratischen Öffentlichkeit entfaltet.

Die Institution der Freundschaft

Honneth teilt die Sphäre der persönlichen Nahbeziehungen noch einmal in die drei Subsphären der Freundschaftsbeziehungen, der Intimbeziehungen und der Familienbeziehungen auf. Ich werde mich im Folgenden auf eine Betrachtung der ersten Subsphäre der Freundschaft beschränken. Um eine Institution handelt es sich bei der Freundschaft – ähnlich wie bei der Moral – nur in einem schwachen Sinn, insofern sie nicht durch private oder staatliche Regelungen verstetigt, sondern durch Sitten, Bräuche und Konvention geregelt ist. Es gibt daher, so Honneth, nur »ein vages Geflecht von Praktiken« (238), welches eine Freundschaftsbeziehung auszeichnet. Thematisch werden diese meist dann, wenn eine Freundschaft in die Krise gerät und eben genau diese Praktiken eingefordert werden. Die mit der Freundschaft einhergehenden Rollenverpflichtungen werden dann jedoch nicht aus der Selbstinterpretation der Beteiligten hergeleitet, sondern aus der Institution der Freundschaft selbst. Der heute mit der Institution der Freundschaft verbundene Sinn einer affektiven Anteilnahme an der Lebensgeschichte des jeweils Anderen, hat sich für Honneth dabei erst in einem langen Prozess herausbilden müssen, den er mithilfe seines Verfahrens der normativen Rekonstruktion nachskizzieren möchte.

Normative Rekonstruktion der Freundschaft

Dass Freundschaften heute als Verwirklichung sozialer Freiheit gelten können, ist für Honneth einem historischen Entwicklungsprozess geschuldet, der seinen Anfang vor gut 200 Jahren genommen hat. Noch im Mittelalter waren Freundschaftsbeziehungen zunächst nur Männern vorbehalten, die innerhalb ihrer Standesgrenzen informelle Beziehungen zueinander unterhalten konnten. Diese Männerfreundschaften zeichnen sich dadurch aus, dass sie jeweils von selbstsüchtigen Motiven getragen sind: Ihr Anliegen ist die Verschränkung von persönlichen und geschäftlichen Absichten. Das treibende Prinzip der im 18. Jahrhundert bestehenden Freundschaftsformen ist daher für Honneth nicht Wertschätzung, sondern Interessengleichheit. Entsprechend sind die mit Freundschaften verbundenen Rollenverpflichtungen »auf die Erledigung von Aufgaben zugeschnitten, die in einem weiteren Sinn dem Nutzen des Gegenübers dienen« (240). Dieser Sachverhalt ändert sich in jenem geschichtlichen Moment, in welchem der kapitalistische Markt entsteht. Ausgehend von ihm erwächst in den Individuen nämlich das Bedürfnis nach einer privaten Rückzugssphäre, die frei von kommerziellen Überlegungen ist und die gleichsam als Gegengewicht zu den marktvermittelten Beziehungen dient. Freilich, so Honneth, bleibt es dabei zunächst nur privilegierten Schichten vorbehalten, sich in jene neuen Freundschaftsformen einzuüben, in deren Mittelpunkt »wohlwollende Anteilnahme an den lebensgeschichtlichen Geschicken und Einstellungswandlungen ihres Gegenübers [steht]« (243). Die Geschichte des 19. und 20. Jahrhunderts lässt sich für Honneth nun als eine schrittweise Ausdehnung dieser neuen sozialen Verkehrsform deuten: Nicht nur geht die Möglichkeit, Freundschaftsbeziehungen zu unterhalten, bald vom Bürgertum auf weitere Bevölkerungsschichten über und nicht nur fordern auch Frauen nach und nach ein, an der Institution der Freundschaft partizipieren zu können, sondern vielmehr werden Mitte des 20. Jahrhunderts auch zwischengeschlechtliche Freundschaften jenseits intimer Verbindungen möglich. Die genannten Entwicklungsstränge haben uns heute an einen Punkt geführt, an dem die Institution der Freundschaft den Charakter eines nützlichen Zweckbündnisses vollständig verloren hat und stattdessen zu einem Zweck an sich selbst geworden ist: »Unter diesem, hier entscheidenden Gesichtspunkt ist das Besondere an modernen Freundschaften, daß sie einer Person das eigene Wollen als etwas erfahrbar machen, dessen Artikulation vom konkreten Gegenüber seinerseits erstrebt wird und das damit jede Verschließung nach innen verliert.« (248)

Das Handlungssystem der Freundschaft

Das heute etablierte Handlungssystem der Freundschaft lässt sich für Honneth nun folgendermaßen beschreiben: Die mit freundschaftlichen Praktiken verbundenen Handlungsnormen fordern eine wechselseitige Anteilnahme an der Lebensgeschichte des jeweils Anderen durch Beratschlagung, Zuspruch und affektive Resonanz, wobei wir mit einer Unterstützung durch unsere Freunde auch dort rechnen dürfen, wo diese nicht unbedingt mit unseren Entscheidungen einverstanden sind. Zu den Handlungsnormen der Freundschaft gehört daher auch ein Moment der Unbedingtheit und der Parteilichkeit. Die mit diesen Normen verbundene Statuszuweisung besteht in einer Wertschätzung der besonderen Perspektive des Anderen, dem wir zusprechen, soweit von seinen egoistischen Handlungsinteressen absehen zu können, dass er unser Wohlergehen von seinem eigenen unabhängig macht. Das spezifische Selbstverhältnis, das durch die Praktiken der Freundschaft ermöglicht wird, besteht nun darin, zu den eigenen Bedürfnissen einen zwanglosen Zugang zu bekommen und daraus eine tiefgreifende Form des Selbstvertrauens entwickeln zu können. »Der Freiheitsgewinn, der darin besteht, eigene Gefühle und Erlebnisse vorbehaltlos mitteilen zu können, besitzt die Eigentümlichkeit einer selbst kaum zu thematisierenden Erfahrung; sie vollzieht sich ohne bewußte Aufmerksamkeit, ist daher sprachlich nicht gesondert artikulierbar und zeigt sich doch indirekt in Gefühlen plötzlicher Entkrampfung, Leichtigkeit und Zwanglosigkeit.« (249)

Die Institution des Marktes

Als zweite Institution der Sittlichkeit untersucht Honneth den Markt, auch wenn es »heute im allgemeinen wohl eher als abwegig [erscheint], das System des marktvermittelten Wirtschaftshandelns als eine Sphäre sozialer Freiheit zu begreifen« (317). Im gegenwärtigen Wirtschaftssystem erscheinen die mit dem Markthandeln einhergehenden Rollenverpflichtungen nicht derart, dass die Individuen in der Freiheit des Anderen eine Bedingung ihrer je eigenen Freiheit erblicken könnten. Statt sie positiv aufeinander zu beziehen, erscheint das Wirtschaftssystem eher als eine Institution, welche die Einzelnen voneinander trennt und gegeneinander aufbringt. Nun hat aber schon Adam Smith in seiner Schrift über den *Wealth of Nations* (1776) mit seiner berühmten Metapher von der ›unsichtbaren Hand‹ nahegelegt, dass der Markt ein System allseitiger wechselseitiger Bezogenheit schafft, in welchem die Individuen gleichsam hinter ihrem Rücken zu ihrem Vorteil aufeinander bezogen sind. Theoriegeschichtlich hat Hegel dann in seinen *Grundlinien der Philosophie des Rechts* (1821) den Anspruch formuliert, dass in dem Moment, wo diese Bezogenheit hinter dem Rücken der Akteure hervorgeholt und vor sie gestellt wird, die Möglichkeit besteht, den Markt zu einer selbstbestimmt eingerichteten Sphäre zu machen, in welcher die Individuen ihre wechselseitige Ergänzung positiv erfahren können. Der junge Karl Marx hat diesen Gedanken dann in seinen *Ökonomisch-philosophischen Manuskripten* (1844) aufgenommen und zur Vision einer kommunistischen Produktionsweise ausgebaut, in welcher die Menschen wechselseitig so für ihre Bedürfnisse produzieren, dass ihnen der Genuss, den der andere Mensch erfährt, selbst zum Genuss wird. Zumindest theoriegeschichtlich hat es so immer wieder Versuche gegeben, den marktvermittelten Tausch als eine Sphäre der sozialen Freiheit zu verstehen.[7]

Normative Rekonstruktion des Marktes

Eine normative Rekonstruktion des Marktes muss für Honneth nun an jenen Praktiken ansetzen, welche versucht haben, den Markt im eben explizierten Sinn als soziale Freiheit umzugestalten. Fündig wird er entsprechend dort, wo sich kollektive Akteure an die Regulierung wirtschaftlicher Beziehungen machen. Freilich muss dabei unterschieden werden, ob diese Regulationsversuche die Sphäre der Produktion, des Konsums oder des Arbeitsmarktes betreffen. Dabei will ich mich hier auf Honneths normative Rekonstruktion der Entwicklungen auf dem

[7] Zur weiteren Theoriegeschichte vgl. den von Axel Honneth und Lisa Herzog zusammengestellten Band *Der Wert des Marktes. Ein ökonomisch-philosophischer Diskurs vom 18. Jahrhundert bis zur Gegenwart,* Frankfurt am Main: Suhrkamp 2014.

Arbeitsmarkt beschränken. Dessen Entwicklung beginnt im 19. Jahrhundert mit der Zurückdrängung der Subsistenzwirtschaft und der Etablierung der Lohnarbeit. Die Teilnahme am Marktgeschehen erfolgt daher für die meisten sozialen Akteure nicht freiwillig, sondern sie sind aus purem Überlebensdruck dazu genötigt, ihre Arbeitskraft zu verkaufen. Die in den Anfangstagen des Kapitalismus teilweise unerträglichen Arbeitsbedingungen und die mit ihnen verbundene schlechte Entlohnung führen schnell zu einer Verrohung und Verarmung der Arbeitenden, die unter Zeitgenossen unter den Stichworten der ›sozialen Frage‹ und des ›Pauperismus‹ diskutiert werden. Diese öffentliche Thematisierung führt schließlich dazu, dass sich allmählich erste Formen des organisierten Widerstandes gegen den verwilderten Arbeitsmarkt formieren. Das Besondere dieser Widerstandsbewegungen liegt dabei darin, dass sie sich nicht auf das Wohlwollen der Markthandelnden berufen, sondern die normativen Versprechen des Marktes selbst zum Maßstab der Kritik machen: »Wo ein ›Recht‹ auf Arbeit eingeklagt wird, muß vorweg institutionell geregelt sein, daß die Arbeit nicht einfach vormundschaftlich zugewiesen oder angeordnet werden kann; wo Arbeitsschutz und Lohnfortzahlung im Krankheitsfall gefordert werden, ist der Gedanke im Spiel, daß die Einhaltung des Arbeitsvertrages vom Unternehmer implizit eine Reihe von Schutzmaßnahmen verlangt; und wo schließlich ›Ausbeutung‹ zum Vorwurf gemacht wird, muß dem Arbeitssubjekt schon ein rechtlicher Anspruch auf den Ertrag seiner Tätigkeit eingeräumt worden sein.« (420) Der Preis für die durch solche Forderungen erzielten Verbesserungen, so Honneth, ist jedoch eine zunehmende Verrechtlichung der Sozialpolitik, welche dem Gedanken der kollektiven Selbstbestimmung insofern entgegenwirkt, als sich die Leistungsansprüche des Staates vor allem an individuelle Arbeitnehmende richten, was wiederum eine Lähmung der kollektiven Selbstorganisation zur Folge hat. »Zwar waren die Beschäftigen nun als einzelne Arbeitnehmer besser geschützt und abgesichert als jemals zuvor in der Geschichte der kapitalistischen Arbeitswelt, dafür aber hatten sie tendenziell ihre spontane Fähigkeit eingebüßt, sich als Mitglieder eines zunehmend selbstbewußten Standes zu empfinden und gemeinsame Anstrengungen zur Umgestaltung der marktvermittelnden Produktionssphäre zu unternehmen.« (428) Es ist eben diese von Honneth diagnostizierte Vereinzelung der Lohnarbeitenden am Beginn des 19. Jahrhunderts, welche es verhindert, dass der Markt zu einer Sphäre der sozialen Freiheit umgestaltet wird. Voraussetzen würde eine solche Umgestaltung nämlich, dass sich zwei annähernd mit gleicher Macht ausgestattete Parteien gegenübertreten, da nur ein solches Machtgleichgewicht jene Bereitschaft zum Dialog erzeugen könnte, welche die Voraussetzung dafür wäre, die Frage danach zu stellen, wie und ob der Markt zu einer Sphäre sozialer Freiheit gemacht werden kann. Lassen wir nun jene Entwicklungen außen vor, welche die Transformation des Marktes in der ersten Hälfte des 20. Jahrhunderts (Taylorisierung, Aufkommen der Angestelltenschaft) und in seiner zweiten Hälfte (Entstehung des Dienstleistungssektors, Neoliberalisierung) kennzeichnen, so ist die Situation, in welcher Honneth die Lohnarbeitenden heute sieht, nicht grundlegend anders als vor hundert Jahren: Nach einer Hochphase der Gewerkschaftsbewegung zur Mitte des 20. Jahrhunderts finden wir uns auch heute wieder in der Situation, dass es »kaum mehr kollektive Abwehrreaktionen gibt. Alles, was sich innerhalb der sozialen Lebenswirklichkeit des Arbeitsmarktes an ›Negationen‹ zeigt, besitzt heute eher den Charakter von eigentümlich lautlosen, häufig individualisierten Vermeidungsstrategien, denen die Kraft zu fehlen scheint, sich öffentlich zu artikulieren.« (459) Konsequenterweise muss Honneth daher auch zugestehen, dass seine normative Rekonstruktion heute kaum noch Gegenbewegungen auszumachen vermag, welche den Anspruch haben, den Markt zu einer Sphäre sozialer Freiheit zu machen – zu ohnmächtig stehen die Einzelnen doch den ökonomischen Verwertungsimperativen gegenüber, als dass sie noch Kraft und Glauben hätten, dass sich der Markt nach selbstgesetzten Regeln umgestalten ließe. Entsprechend dieser negativen Diagnose lässt sich nun aber auch kein sittliches Handlungssystem identifizieren, in welches die Individuen durch den Markt eingebunden wären.

Die Institution der Demokratie

Als dritte Institution der Sittlichkeit führt Honneth die Demokratie an, die sich ihrerseits nochmal von der Seite der demokratischen Öffentlichkeit und von der Seite des demokratischen Rechtsstaates her betrachten lässt. Während erstere das Organ der politischen Deliberation und kollektiven Willensbildung darstellt, kommt letzterem die Aufgabe zu, den demokratisch ausgehandelten Willen angemessen umzusetzen. Entsprechend kann auch die normative Rekonstruktion der Institution der Demokratie wieder auf mehreren Ebenen nachgezeichnet werden, wobei ich mich hier auf die Sphäre der demokratischen Öffentlichkeit beschränken werde. Ein besonderes Merkmal der Institution der Demokratie besteht nun darin, dass sie die anderen beiden Sphären in gewissem Sinn in sich enthält: Die demokratische Willensbildung zielt nämlich nicht nur auf die staatliche Verfasstheit des politischen Systems ab, sondern auch auf die institutionelle Ausgestaltung der Bereiche der persönlichen Beziehungen und des wirtschaftlichen Handelns, insofern sie sie mit jenen rechtlichen Rahmenregelungen versieht, die ein kontinuierliches und zwangloses Zusammenwirken gewährleisten sollen. Honneth weist nun jedoch darauf hin, dass das Verhältnis zwischen den Sphären in Folge dieses Merkmals nicht einfach als ein Top-Down-Verhältnis gedacht werden sollte: Übersehen würde damit nämlich, dass die Institutionen der persönlichen Beziehungen und des Marktes überhaupt erst jene Bedingungen bereitstellen, unter denen soziale Akteure dazu in der Lage sind, konstruktiv an der Sphäre der politischen Willensbildung teilzunehmen (vgl. 473 f.).

Normative Rekonstruktion der demokratischen Öffentlichkeit

Honneth lässt seine normative Rekonstruktion der Entwicklung der demokratischen Öffentlichkeit Mitte des 18. Jahrhunderts beginnen, wo sich für männliche Bürger zwischen den Räumen des Privaten und des Staatlichen der Bereich der Öffentlichkeit als eigener Binnenraum herauszubilden beginnt. Freilich, so Honneth, hat diese Öffentlichkeit zunächst noch keine konstituierende oder legitimierende Funktion, überall dort aber, wo man in Salons zusammenkommt, um miteinander zu debattieren und sich auszutauschen, ist implizit bereits die Idee eingelagert, dass sich das Regierungshandeln der öffentlichen Meinung zu stellen hat. Explizit wird diese Idee in jenem geschichtlichen Moment, wo mit der Erstreitung von politischen Teilnahmerechten wie dem Wahlrecht, dem Versammlungsrecht und dem Recht auf politische Vereinigung im Verlauf des 19. Jahrhunderts neue politische Einflussmöglichkeiten entstehen. Durch sie werden nämlich im nationalstaatlichen Rahmen eine Reihe von Kommunikationsräumen etabliert, welche den Staatsbürgern sowohl eine diskursive Verständigung als auch eine kritische Stellungnahme und effektive Willensartikulation erlauben. Von entscheidender Bedeutung für die Umsetzung der damit gegebenen Möglichkeiten zur kollektiven Meinungsbildung sind dabei die Medien: Tagespresse, Zeitschriften und Verlagen fällt die Aufgabe zu, soziale Probleme, von denen die Einzelnen nicht unmittelbar betroffen sind, objektiv und allgemein nachvollziehbar darzustellen, damit die Einzelnen in der Lage sind, sich ein eigenes Problembild zu machen und darauf diskursiv mit eigenen Lösungsvorschlägen zu reagieren. Aufgabe der Medien ist es so, gleichsam eine kommunikative Brücke zwischen den Staatsbürgerinnen und Staatsbürgern zu schaffen. Anhand dieser historischen Entwicklung glaubt Honneth, drei Kriterien identifiziert zu haben, an denen sich der Stand der Verwirklichung sozialer Freiheit in der Sphäre der politischen Willensbildung fassen lässt: der Umfang der politischen Rechte, die Existenz übergreifender Kommunikationsräume und der Entwicklungsstand von Medientechnologien (vgl. 511). Auch wenn Honneth diese Liste im weiteren Verlauf noch ergänzen wird, so lässt sich ausgehend von diesen drei Kriterien doch schon deutlich machen, dass der Stand der Verwirklichung der politischen Öffentlichkeit zu Beginn des 20. Jahrhunderts dürftig ist: Die Kommunikationsräume sind von Nationalismus sowie völkischem Denken geprägt und die Massenmedien sind im Bestreben um Aufmerksamkeitssteigerung immer weniger an sachlicher Substanz und kommunikativer Vermittlung orientiert. Dieser dürftige Stand der demokratischen Öffentlichkeit wird freilich unter dem Nationalsozialismus noch weiter verschlechtert, insofern dieser die politische Öffentlichkeit entweder zu zerstören oder gleichzuschalten versucht. In der zweiten Hälfte des 20. Jahrhunderts blüht die politische Öffentlichkeit sowohl im Zuge der Studentenbewegung mit ihrer Kritik an der Meinungsmanipulation durch die Massenmedien als auch der Frauen- und Multikulturalismusbewegung mit ihrer Kritik an männlich und nationalstaatlich präformierten Kommunikationsräumen wieder auf. Das bedeutet jedoch nicht, dass sich in der demokratischen Öffentlichkeit zwangsläufig soziale Freiheit verwirklicht hätte, vielmehr lässt sich, so Honneth, eine Spaltung zwischen einer aktiven Zivilgesellschaft und einer von den Massenmedien hergestellten Pseudogesellschaft feststellen. Entsprechend sieht Honneth heute auch zwei sich kreuzende Prozesse einer »sich steigernden Vermachtung und Stratifizierung der Öffentlichkeit und andererseits ihrer verstärkten Öffnung und Vitalisierung« am Werk (554).

Das Handlungssystem der demokratischen Öffentlichkeit

Ohne Honneths normativer Rekonstruktion weiter zu folgen, lassen sich aus dem angeführten Material bereits jene Momente erschließen, welche das Handlungssystem der demokratischen Öffentlichkeit auszeichnen: Die Handlungsnorm, unter der sich die Beteiligten hier zusammenfinden, besteht darin, dass ihre sozialen Praktiken der allgemeinen und zwanglosen Willensbildung zwischen gleichberechtigten Akteuren dienen müssen. Das setzt freilich eine Statuszuschreibung voraus, in welcher sich die Akteure wechselseitig die Fähigkeit zuerkennen, sich in die Rolle eines öffentlichen Sprechers oder Zuhörers zu versetzen, der dazu in der Lage ist, Argumente sachhaltig abzuwägen und vorzubringen. Anerkannt wird so die Fähigkeit, die Verfolgung privater Ziele hinter die Verfolgung des öffentlichen Gemeinwohls zurückzustellen. Auch wenn Honneth nichts dazu sagt, welche Form der Subjektivität mit einer solchen Statuszuweisung verbunden ist, lässt sich im Anschluss an seine Überlegungen festhalten, dass sich die öffentliche Subjektivität dadurch auszeichnet, ihren besonderen Willen dem »zwanglosen Zwang des besseren Arguments« (Habermas) unterwerfen zu können.[8] Insofern sie so die Besonderheit der eigenen Person zugunsten ihrer Allgemeinheit zurückstellt, vermag sie ein Verhältnis der Selbstachtung zu entwickeln.

Zusammenfassung

Fassen wir zusammen: (i) Anliegen von Honneths Gesellschaftstheorie ist es, die Rationalität der grundlegenden Institutionen unserer Gesellschaft zu prüfen. Im Anschluss an Hegel macht er dabei Recht, Moral, persönliche Nahbeziehungen, Markt und demokratische Öffentlichkeit als die zentralen Institutionen unserer Moderne aus. Zum Maßstab der Beurteilung dieser Institutionen möchte Honneth den Begriff der Freiheit machen, da dieser für ihn den grundlegenden Wert unserer Moderne darstellt. Diese Fokussierung auf den Freiheitsbegriff lässt sich plausibilisieren, wenn man sich vor Augen führt, dass Honneth auch Gleichheit und Brüderlichkeit darunter subsumiert und so die durch die Französische Revolution proklamierten Ideale zum Maßstab seiner Gesellschaftsanalyse macht. (ii) Honneth unterscheidet in der Folge drei Begriffe von Freiheit: negative, reflexive und soziale Freiheit. Ausgehend von ihnen fragt er nun mithilfe seines Verfahrens der normativen Rekonstruktion danach, inwiefern unsere gesellschaftlichen Institutionen als rational gelten können. In Bezug auf das Recht und die Moral zeigt Honneth dabei zunächst, dass sich deren Rationalität in dem Maße entfaltet hat, wie es gelingt, der in diesen Sphären verkörperten Frei-

[8] Jürgen Habermas, »Vorbereitende Bemerkungen zu einer Theorie der kommunikativen Kompetenz«, in: Jürgen Habermas/ Niklas Luhmann, *Theorie der Gesellschaft oder Sozialtechnologie – Was leistet die Systemforschung?*, Frankfurt am Main: Suhrkamp, 101–141, 137.

heit einen ethischen Sinn zu verleihen. Im Fall des Rechts besteht dieser Sinn darin, dem Subjekt einen persönlichen Schutzraum zur Erkundung von Präferenzen bereitzustellen, im Fall der Moralität darin, dem Subjekt einen Rückzugsraum gegenüber unzumutbaren gesellschaftlichen Rollenverpflichtungen zu ermöglichen und im Fall der Institutionen der Sittlichkeit schließlich in den durch diese Institutionen hergestellten kooperativen Beziehungen selbst. Ihre Aufgabe ist es, die Individuen selbstzweckhaft aufeinander zu beziehen. (iii) Die Institutionen von Recht, Moral und Sittlichkeit etablieren jeweils bestimmte Handlungssysteme, in welchen die Individuen bestimmten Normen folgen. In diesem Zuge entstehen Anerkennungsbeziehungen, die jeweils mit einer bestimmten Statuszuweisung an Andere als auch mit der Etablierung eines bestimmten Selbstverhältnisses verbunden sind. Im Fall des Rechts führt die Norm der Anonymisierung von Handlungsmotiven so zu einer Haltung des personalen Respekts und der Ausbildung der Fähigkeit zur Einklammerung der eigenen Überzeugungen, während im Fall der Moral die Norm der vernünftigen Urteilsfindung zur Haltung der moralischen Achtung und der Ausbildung der Fähigkeit zur Perspektivübernahme führt. Bezüglich der Institutionen der Sittlichkeit hatten wir gesehen, dass für Honneth nur in der Sphäre der persönlichen Nahbeziehungen und der demokratischen Öffentlichkeit ein ethisches Handlungssystem zu entstehen vermag: Im Fall der Freundschaft folgt dieses der Norm der Anteilnahme am Wohlergehen des Anderen, was sich in einer Haltung der Fürsorge ausdrückt, die es ermöglicht, Vertrauen in die eigenen Bedürfnisse ausbilden zu können. Im Fall der demokratischen Öffentlichkeit dagegen ist es die Norm der allgemeinen, zwanglosen Willensbildung, die mit einer Haltung der Achtung einhergeht und es so ermöglicht, die Allgemeinheit der eigenen Person achten zu können.[9]

---

[9] Auch wenn mit der Rekonstruktion dieses Gedankengangs ein Gutteil von Honneths Überlegungen aus *Das Recht der Freiheit* abgedeckt ist, so sind hier doch vor allem die Anomien und Pathologien der Anerkennung, die sich für Honneth in solchen Institutionen einstellen können, unthematisiert geblieben. Auch wenn diese in unserem Zusammenhang der Erarbeitung der Erscheinungsformen des Dritten nicht weiter von Belang sind, so sei an dieser Stelle zumindest auf diese Motive hingewiesen. Vgl. dazu vor allem Honneth, *Das Recht der Freiheit*, a. a. O., 157 ff. und 206 ff., sowie: Axel Honneth, *Verdinglichung. Eine anerkennungstheoretische Studie*, Frankfurt am Main: Suhrkamp 2005; und Axel Honneth, »Anerkennung als Ideologie. Zum Zusammenhang von Moral und Macht«, in: *Das Ich im Wir. Studien zur Anerkennungstheorie*, Berlin: Suhrkamp 2010.

Rezeption und Wirkung

Axel Honneths anerkennungstheoretische Überlegungen haben seit ihrer erstmaligen systematischen Präsentation in *Kampf um Anerkennung* große Wirkkraft entfaltet. Das liegt nicht zuletzt daran, dass Honneth in zahlreichen Aufsätzen Verbindungslinien zwischen seinem und alternativen theoretischen Ansätzen aufgezeigt und immer wieder die Diskussion mit Kritikerinnen und Kritikern gesucht hat.[10] Honneths Anerkennungstheorie ist dadurch in vielen Bereichen rezipiert worden: Anschlüsse finden sich sowohl in der Theorie der sozialen Beschleunigung von Hartmuth Rosa,[11] wie auch in der Gerechtigkeitstheorie von Rainer Forst,[12] der politischen Anthropologie von Dirk Jörke,[13] der Theorie sozialer Integration von Wilhelm Heitmeyer und Peter Imbusch,[14] den Gewaltanalysen von Ferdinand Sutterlüty[15] oder den pädagogischen Überlegungen von Norbert Ricken.[16] Die Diskussion von Honneths Theorie rationaler sozialer Institutionen aus *Das Recht der Freiheit* ist demgegenüber noch in den Anfängen. Zu nennen sind hier die Überlegungen von Robin Mohan und David McNeill, die sich kritisch mit dem Verfahren der normativen Rekonstruktion beschäftigen,[17] die Überlegungen von Sven Ellmers und Timo Jütten, die sich mit der Möglichkeit sozialer Freiheit am Markt

[10] Vgl. exemplarisch die Debatte zwischen Axel Honneth und Nancy Fraser, *Umverteilung oder Anerkennung? Eine philosophisch-politische Kontroverse,* Frankfurt am Main: Suhrkamp 2003, sowie die mit dem Psychoanalytiker Joel Whitebook geführt Debatte in der Zeitschrift *Psyche.* Die Beiträge finden sich u.a. in Martin Altmeyer und Helmut Thomä (Hg.), *Die vernetzte Seele. Die intersubjektive Wende in der Psychoanalyse,* Stuttgart: Klett-Cotta 2006.

[11] Hartmut Rosa, *Beschleunigung und Entfremdung. Entwurf einer kritischen Theorie der Spätmoderne,* Frankfurt am Main: Suhrkamp 2013.

[12] Rainer Forst, *Kontexte der Gerechtigkeit. Politische Philosophie jenseits von Liberalismus und Kommunitarismus,* Frankfurt am Main: Suhrkamp 1996.

[13] Dirk Jörke, *Politische Anthropologie. Eine Einführung,* Wiesbaden: VS 2005.

[14] Wilhelm Heitmeyer und Peter Imbusch (Hg.), *Integrationspotenziale einer modernen Gesellschaft,* Wiesbaden: VS 2005.

[15] Ferdinand Sutterlüty, *Gewaltkarrieren. Jugendliche im Kreislauf von Gewalt und Missachtung,* Frankfurt am Main: Campus 2002.

[16] Norbert Ricken, »Erziehung und Anerkennung. Anmerkungen zur Konstitution des pädagogischen Problems«, in: *Vierteljahreszeitschrift für wissenschaftliche Pädagogik,* Jg. 82, 2006, 215–230.

[17] Robin Mohan, »Normative Rekonstruktion und Kritik«, in: *Zeitschrift für kritische Sozialtheorie und Philosophie,* Bd. 2 Heft 1, 2015, 34–66; David McNeill, »Social Freedom and Self-Actualization: Normative Reconstruction as a Theory of Justice«, in: *Critical Horizons. A Journal for Philosophy and Social Theory,* Jg. 16, 2015, 153–169.

auseinandersetzen,[18] sowie die Aufsätze von Jörg Schaub und Fabian Freyenhagen, die Honneths Konzept sozialer Pathologien hinterfragen.[19]

Empfohlene Literatur zum Weiterlesen

Forst, Rainer und Martin Hartmann, Rahel Jaeggi und Martin Saar (Hg.), *Sozialphilosophie und Kritik. Axel Honneth zum 60. Geburtstag*, Frankfurt am Main: Suhrkamp 2009.

Critical Horizons. A Journal for Philosophy and Social Theory, Schwerpunkt »Axel Honneth: *Freedom's Rights*«, Jg. 16, 2015.

Zurn, Christopher, *Axel Honneth. A Critical Theory of the Social*, Cambridge: Polity Press 2015.

[18] Sven Ellmers, *Freiheit und Wirtschaft. Theorie der bürgerlichen Gesellschaft nach Hegel*, Bielefeld: transcript 2015; Timo Jütten, »Is the Market a Sphere of Social Freedom?«, in: *Critical Horizons. A Journal for Philosophy and Social Theory*, Jg. 16, 2015, 187–203.

[19] Jörg Schaub, »Misdevelopments, Pathologies and Normative Revolutions: Normative Reconstruction as Method of Critical Theory«, in: *Critical Horizons. A Journal for Philosophy and Social Theory*, Jg. 16, 2015, 107–130; Fabian Freyenhagen, »Honneth on Social Pathologies: A Critique«, in: *Critical Horizons. A Journal for Philosophy and Social Theory*, Jg. 16, 2015, 131–152.

Schluss: Pathologien des Sozialen

Drei wichtigen Knotenpunkten im Gewebe des Sozialen haben wir uns anhand der Figuren von Ich, Anderem und Drittem zugewandt. Unsere Selbst-, Fremd- und Weltbezüge, so haben wir gesehen, sind in ein komplexes Netz aus Strukturrelationen eingelassen, die sich wechselseitig ergänzen, aber auch unterminieren können. Abschließend möchte ich nun die Überlegungen aus der Einleitung wieder aufnehmen und zeigen, wie die vorgelegte Analyse des ›Wir‹ des Sozialen zum kritischen Geschäft der Sozialphilosophie beitragen kann. Sozialphilosophie war als jene Wissenschaft bestimmt worden, welche die Analyse von sozialen Pathologien zur Aufgabe hat. Im Durchgang durch die neun hier versammelten Positionen haben wir bereits immer wieder gesehen, wie sich die Grundbegriffe der jeweiligen Autoren für diesen Zweck nutzbar machen lassen (etwa die Unaufrichtigkeit bei Sartre oder die entfachte Eigenliebe bei Rousseau) – gleichwohl sind diese Bezüge bisher eher kursorischer Natur gewesen. Abschließend will ich nun ausgehend von einer übergreifenden Perspektive noch einmal deutlich machen, wie sich im Anschluss an die Figuren des Sozialen eine Reihe von sozialen Pathologien unterscheiden lassen.

Pathologien im Selbstbezug

Wenden wir uns zunächst den Pathologien zu, welche das Selbstverständnis des Individuums betreffen. Im Ausgang von Sartre, Merleau-Ponty und Freud hatten wir gesehen, dass das Verhältnis des Selbst zur Welt nicht als eines verstanden werden sollte, in dem sich beide unvermittelt gegenüberstehen, sondern vielmehr als eines, in dem beide von Anfang an miteinander verstrickt sind. Anders gesagt: Wir stehen der Welt nicht zunächst erkennend gegenüber, sondern sind praktisch in ihr engagiert. Um das deutlich zu machen, hat Martin Heidegger in seinem Hauptwerk *Sein und Zeit* (1927) zwei Seinsarten unterschieden.[1] Mit

[1] Martin Heidegger, *Sein und Zeit*, Tübingen: Niemeyer 1967, 69 f.

dem Begriff der *Zuhandenheit* will er deutlich machen, dass sich uns die Gegenstände der Welt zunächst im Modus des ›Um-zu‹ ihres Gebrauchs zeigen. Will ich etwa ein Bild aufhängen, dann zeigt sich der dort auf dem Tisch liegende Hammer als etwas, um zu hämmern. Erst wo diese Beziehung gestört ist – etwa weil der Hammer kaputt ist – tritt ein Gegenstand in seiner Dinglichkeit hervor und gewinnt den Charakter der *Vorhandenheit*. Erfragt wird dieser Seinsmodus nicht mit der Frage »Was kann dieses Ding?«, sondern mit der Frage »Was ist dieses Ding?«. Es ist dann nicht mehr der Gebrauchs-, sondern der Erkenntnisgegenstand, der von Interesse ist. Entscheidend ist für Heidegger nun, dass die Seinsart der Vorhandenheit ein abkünftiger und nachträglicher Modus ist, der erst dort zum Vorschein kommt, wo unser praktisch-gebrauchender Umgang ins Stocken gerät. Der eigentlich abkünftige Modus des Welterkennens wird nun jedoch in den Naturwissenschaften als der primäre Zugang zur Welt verstanden und dadurch unser praktisches In-der-Welt-sein zum Verschwinden gebracht. Es ist eben diese Diagnose der Weltvergessenheit, die Heideggers Lehrer Edmund Husserl in seiner Spätschrift *Die Krisis der europäischen Wissenschaften* (1936) aufgenommen und zu einer Zeitdiagnose zugespitzt hat. Im Mittelpunkt von Husserls Überlegungen steht dabei die Kritik am Objektivismus. Darunter versteht er einen Zugang zur Welt, der dieser ein »wohlpassendes Ideenkleid« überstülpt.[2] Seinen Ursprung hat der Objektivismus für Husserl in Galileis Mathematisierung der Natur. Die Abstraktionen, die hier methodisch zum Verständnis der Naturwelt zum Einsatz kommen, verlieren im weiteren Verlauf der Entwicklung der Wissenschaften immer mehr ihren Modellcharakter und werden zur eigentlichen Wirklichkeit erklärt, so dass am Ende der rein mathematisch modellierte Gegenstand und nicht mehr der lebensweltlich erlebte Gegenstand als letzte Wirklichkeit gilt. Husserl spricht diesbezüglich von einer »theoretisch-logische[n] Substruktion«.[3] Freilich will Husserl damit nicht die Erkenntnisse der Wissenschaften in Frage stellen. Dass sie eine höhere Objektivität als unsere Alltagserfahrung besitzen, bleibt für ihn unbestritten. Seine Pathologiediagnose besteht vielmehr darin, dass die in den Naturwissenschaften angewandten Methoden und Modelle die fundierende Rolle der Lebenswelt ver-

---

[2] Edmund Husserl, *Die Krisis der europäischen Wissenschaften und die transzendentale Phänomenologie*, in: *Husserliana*, Bd. VI, Haag: Nijhoff 1976, 51.
[3] Ebd., 130.

gessen. Das führt unter anderem dazu, dass das Selbst nach dem Muster der Vorhandenheit begriffen wird. In unserer Gegenwart zeigt sich das etwa in Selbstbildern, in welchen das Hirn als Computerchip vorgestellt wird, der mittels körperlicher Sensoren an eine Außenwelt angeschlossen ist, die er in komplexen Rechenoperationen ausdeutet. Wie fehlgeleitet solche Modelle sind, haben wir anhand der Überlegungen von Sartre, Merleau-Ponty und Freud gesehen. Es überrascht daher nicht, dass eines der wichtigsten Betätigungsfelder der Sozialphänomenologie in der Auseinandersetzung mit den Kognitionswissenschaften besteht, wo sie es sich weiterhin zur Aufgabe macht, die Strukturen unseres lebensweltlichen In-der-Welt-seins zu explizieren und gegen reduktionistische Theoriemodelle zu verteidigen.[4]

Pathologien im Fremdbezug

Gehen wir nun zu den Pathologien im Fremdbezug über. In den Analysen von Rousseau, Hegel und Levinas sind uns bereits eine Reihe von fehlgeleiteten intersubjektiven Beziehungsdynamiken begegnet: Die Eigenliebe kann zur Ruhmsucht werden, die Abhängigkeit von der Anerkennung durch Andere zu Unterwerfung führen oder die Verantwortung für andere in Paternalismus umschlagen. Über diese Diagnosen hinaus will ich hier abschließend eine Pathologie des Fremdbezugs in den Blick rücken, die ihren Ausgang von jenem Medium nimmt, in dem sich unsere Fremdbeziehungen zumeist abspielen: der Sprache. Dabei will ich einen von Hannah Arendt in der *Vita Activa* (1958) formulierten Gedanken aufgreifen. Die Frage die jedem Neuankömmling gestellt wird, so Arendt, lautet, »Wer bist Du?«.[5] Eine Antwort auf diese Frage erhalten wir, wenn wir uns dem Handeln anderer zuwenden. Durch die Art und Weise, wie Menschen in existenziellen Momenten reagieren, zeigt sich ›Wer-einer-ist‹. Eine entscheidende Schwierigkeit taucht für Arendt nun in jenem Moment auf, in dem wir versuchen, die Identität des Anderen in Worte zu fassen. Denn sobald wir versuchen zu sagen, wer jemand ist, beginnen wir Eigenschaften zu beschreiben, die diese Person mit anderen teilt, wodurch wir ihre Einzigartigkeit verfehlen. Diese Schwierigkeit liegt nicht darin begrün-

---

4 Exemplarisch etwa Shaun Gallagher und Dan Zahavi, *The Phenomenological Mind. An Introduction to Philosophy of Mind and Cognitive Science,* London: Routledge 2008.

5 Hannah Arendt, *Vita Activa. Vom tätigen Leben,* Zürich: Piper 2002, 217.

det, dass wir die falschen Begriffe zur Charakterisierung von Anderen wählen würden, sondern vielmehr in der begrifflichen Struktur der Sprache selbst. Die Allgemeinheit des Begriffs vermag das in der Erfahrung auf einzigartige Weise Gegebene nie adäquat zum Ausdruck zu bringen. Der Übersetzungsprozess vom Register der Erfahrung in das Register des Begriffs ist immer mit einer *Verkennung* verbunden. Indem der Begriff seinen Gegenstand aus dem Raum-Zeit-Kontinuum herausgreift, wird dieser in doppelter Hinsicht dekontextualisert: Zum einen auf der Achse der Synchronie, wo das Bezeichnete aus seinem räumlichen Zusammenhang herausgerissen und damit aus seinem Verweisungskontext genommen wird. Zum anderen auf der Achse der Diachronie, wo das Bezeichnete aus seinem zeitlichen Verlauf herausgehoben und damit seines Ereignischarakters beraubt wird. Beides hat zur Folge, dass der Begriff der Einzigartigkeit Anderer nie gerecht wird, weil er diese immer nur in allgemeinen Termini ausdrücken kann. Wenngleich der Sprache damit immer eine Art Ur-Gewalt innewohnt, entfaltet sich diese meist doch nur dort, wo sich das Sprechen als definitiv, final und abschließend präsentiert, so als könnte es das adressierte Subjekt vollständig erfassen. Auf eine solche Stillstellung der Rede treffen wir bevorzugt dort, wo die Sprache nicht mehr als Selbstzweck gebraucht wird, wie etwa im plaudernden Gespräch, sondern als Mittel der *Missachtung* eingesetzt wird. Beleidigende Worte oder diskriminierende Zuschreibung kümmert es nämlich gerade nicht, ob sie den von ihnen bezeichneten Menschen gerecht werden. Das Moment der sprachlichen Verkennung bildet hier keine Unzulänglichkeit, sondern vielmehr ein willkommenes Mittel, die Einzelnen unter missachtende Begriffe zu subsumieren. Die Missachtung zehrt gerade davon, ein Moment aus dem Leben des adressierten Subjekts herauszugreifen und dieses anschließend als substantielles Merkmal zu setzen. Im Gegensatz dazu würde eine Sprache der Anerkennung *mit* der Sprache *gegen* die Sprache arbeiten. Dabei vermag sie die Ur-Gewalt der Sprache in eben dem Maße einzuhegen, wie sie die Bewegung des Anerkennens offen hält. So lange die Sprache im Fluss bleibt und der Dialog von Rede und Antwort noch möglich ist, kann die Ur-Gewalt der Sprache im Sprechen bewältigt werden – überall dort hingegen, wo die Bewegung des Sprechens abgebrochen, stillgestellt oder blockiert wird, da droht die Ur-Gewalt der Sprache eine verletzende Kraft zu entfalten.

Pathologien im Weltbezug

Kommen wir damit zur dritten Figur des Sozialen. Auch wenn die Überlegungen von Simmel, Latour und Honneth ganz unterschiedliche Bereiche betreffen, ist ihnen doch gemeinsam, dass es hier um das kulturelle Milieu von Personen, Dingen und Institutionen geht, in dem die Beziehung zu anderen stattfindet. Wie es dabei auf einer übergreifenden Ebene zwischen Individuum und Kultur zu einer Pathologie kommen kann, hat Georg Simmel in seinen Schriften »Der Begriff und die Tragödie der Kultur« (1911/12) und »Die Krisis der Kultur« (1916) aufgezeigt.[6] Der Mensch, so lautet Simmels Ausgangsthese, vermag sich seine Kulturwelt nur dann anzueignen, wenn es ihm gelingt, mit seinem subjektiven Geist den in Gütern und Institutionen eingelagerten objektiven Geist zu verinnerlichen. In eben diesem Prozess kultiviert und vervollkommnet das Individuum seine Fähigkeiten und Naturanlagen. Das Signum der Moderne, so Simmels These, besteht nun darin, dass hier subjektiver und objektiver Geist zunehmend auseinandertreten. Mit dem Entstehen der Massenkultur im Zuge der Industrialisierung ist ein sprunghafter Anstieg von Kulturelementen verbunden, der dazu führt, dass die Einzelnen gar nicht mehr dazu in der Lage sind, sich den objektiven Geist in vollem Umfang anzueignen. Mehr noch: Die Ausdifferenzierung unterschiedlicher Funktionsbereiche der Gesellschaft (wie Wissenschaft, Kunst, Recht) führt dazu, dass der objektive Geist selbst seine Einheitlichkeit verliert und in sich zerreißt. Die »Pathologie der Kultur«,[7] die Simmel diagnostiziert, besteht also darin, dass sich subjektiver und objektiver Geist im Zuge der Kulturentwicklung immer mehr entzweien. Während die Kultur als ganze sich weiter ausdehnt, verzweigt und spezialisiert, bleibt die Kapazität des Einzelnen beschränkt. Die einzige Möglichkeit, dieser Entzweiung entgegenzuwirken, scheint darin zu bestehen, ihr durch eine Beschleunigung des Lebenstempos zu begegnen. Es ist eben dieses Phänomen der sozialen Beschleunigung, das der Soziologe Hartmut Rosa in das Zentrum seiner Gegenwartsdiagnose stellt.[8] Unsere Spätmoderne, so argumentiert er, zeichnet sich durch eine dreifache Beschleunigung aus: Technischer Wandel, sozialer Wandel und Lebens-

---

[6] Georg Simmel, »Der Begriff und die Tragödie der Kultur« (1911/12) in: *Simmel-Gesamtausgabe* Bd. 14, Frankfurt am Main: Suhrkamp 1996, 385–416; »Die Krise der Kultur« (1916), in: ebd., Bd. 16, 37–53.

[7] Ebd., 40.

[8] Harmut Rosa, *Beschleunigung und Entfremdung. Entwurf einer kritischen Theorie spätmoderner Zeitlichkeit*, Berlin: Suhrkamp 2013.

tempo nehmen im Zuge der Moderne beständig zu, so dass wir heute in einem Zeitregime der Getriebenheit leben. Nicht nur zieht sich der globale Raum durch die Beschleunigung von Transport- und Kommunikationsräumen immer weiter zusammen, zugleich hat sich die Halbwertszeit unserer sozialen Handlungs- und Orientierungsmuster verändert. Transformierten sich diese zu Beginn der Moderne noch in einem intergenerationellen Rahmen, stehen wir heute vor einer intragenerationellen Veränderungsrate. Deutlich zeigt sich die Beschleunigung sozialen Wandels am Berufsleben: Wo es einst noch üblich war, dass die Kinder den Beruf der Eltern übernehmen und so die familiale Tradition fortsetzen, weiß heute derjenige, der am Anfang seines Berufslebens steht, längst nicht mehr, wo er dieses beenden wird. Die Beschleunigung des Lebenstempos zeigt sich schließlich in dem Bedürfnis, in weniger Zeit mehr zu tun, etwa schneller zu essen und auszuruhen, Leerzeiten konsequenter auszunutzen oder Tätigkeiten zu komprimieren oder gar durch Multitasking zu vervielfachen. Solche Beschleunigungen gehen nicht nur mit der Gefahr des Burn-out einher, sondern auch mit der Gefahr der Entfremdung von der Dingwelt. Im Zuge der sozialen Beschleunigung erhöht sich auch die Austauschrate der Dinge, mit denen wir leben und arbeiten. An die Stelle des Kreislaufs von Verwendung, Verschleiß und Reparatur tritt heute zumeist derjenige von Verwendung, Abnutzung und Neuanschaffung. Das hat zur Folge, dass die Intensität der Beziehung zu den Dingen, die uns umgeben, kontinuierlich abnimmt. Freilich nun sprechen Simmel und Rosa von zwei ganz unterschiedlichen Formen der Entfremdung: Während Simmels Tragödie der Kultur vor allem eine Tragödie des Universalgelehrten und seines Vermittlungsanspruchs von subjektivem und objektivem Geist ist, ist die Pathologie, die Rosa nachzeichnet, eine der sozialen Alltagsakteure, die unter dem Druck äußerer Wettbewerbsanforderungen mit der Dynamik sozialer Beschleunigung mithalten müssen.

Sozialphänomenologie und Kritische Theorie

In der Einleitung hatte ich darauf hingewiesen, dass die Analyse sozialer Pathologien in der Sozialphänomenologie in erster Linie sozialontologisch erfolgt, insofern hier existenziale Krisen, die in der Seinsweise von Subjekten angelegt sind, in den Blick genommen werden, wohingegen die Kritische Theorie in erster Linie sozialhistorisch verfährt, wenn sie auf existenzielle Krisen aus deren Erfahrungswelt fokussiert. Die obigen Überlegungen zeigen, dass sich beide Motive nicht zwangsläufig ausschließen müssen. Die angeführten Pathologien im Selbst-, Fremd-, und Weltbezug gehen auf Spannungsverhältnisse in der Seinsweise von Naturwissenschaft, Sprache und Kultur zurück. Die Verhältnisse der Substruktion, Verkennung und Entzweiung treten nicht von außen zu diesen Sphären hinzu, sondern sind in ihnen selbst angelegt. Gleichwohl haben sie nicht per se pathologischen Charakter. Zu sozialen Pathologien wachsen sie sich nur unter ganz spezifischen historischen Umständen aus. Die Verdinglichung des Selbst, die systematische Diskriminierung von Anderen oder die Entfremdung von der Dingwelt sind Pathologien, die sich je erst im Zuge bestimmter gesellschaftlicher Konstellationen und Machtverhältnisse entwickeln.

Pathologien erster und zweiter Ordnung

Wenden wir uns abschließend noch der Persistenz sozialer Pathologien zu. Was – so können wir fragen – hält uns davon ab, gegen die Verdinglichung des Selbst, die Diskriminierung von Anderen oder die Entfremdung von der Dingwelt aufzubegehren? Um diese Frage zu beantworten, lässt sich die Unterscheidung von sozialen Pathologien erster und zweiter Ordnung fruchtbar machen.[9] Unter ersteren sollen dabei all jene gesellschaftlichen Missstände gefasst werden, die ihren Ursprung in gesellschaftlichen Verhältnissen haben. Dort, wo subjektives Leid systematisch durch die sozialen Bedingungen hervorgebracht wird, haben wir es mit einer Pathologie erster Ordnung zu tun. Im Gegensatz dazu meinen Pathologien zweiter Ordnung all jene gesellschaftlichen Missstände, die es den sozialen Akteuren verunmöglichen, kritisch auf die Missstände erster Ordnung Bezug zu nehmen. Dort also, wo soziale Störungen von den sozialen Akteuren gar nicht als Störungen wahrgenommen werden, sondern als natürlich gegeben hingenommen werden, haben wir es mit Pathologien zweiter Ordnung zu tun. Üblicherweise nennen wir solche Pathologien zweiter Ordnung ›Ideologien‹.

Ideologiekritik bei Marx

Ideologiekritik ist seit jeher eine der Kernaufgaben der Sozialphilosophie. Schon bei Rousseau, Hegel und Marx, die ich zu Beginn dieser Einführung als Gründerväter der Sozialphilosophie vorgestellt hatte, spielt sie eine entscheidende Rolle. Am prominentesten bei Marx, der in der zusammen mit Engels

[9] Zur Unterscheidung vgl. weiterführend auch Robin Celikates, *Kritik als soziale Praxis*, Frankfurt am Main: Campus 2009.

verfassten Schrift *Die deutsche Ideologie* (1845/46) festhält, dass »die Nebelbildungen im Gehirn der Menschen notwendige Sublimate ihres materiellen, empirisch konstatierbaren und an materielle Voraussetzungen geknüpften Lebensprozesses [sind]«.[10] Im Anschluss an diese Stelle wird Ideologie in der Sozialphilosophie oftmals als eine Form des ›falschen Bewusstseins‹ verstanden, das sich über den epistemischen, normativen und genetischen Status seiner eigenen Überzeugungen täuscht. Exemplarisch ist diesbezüglich Marx' Kritik der politischen Ökonomie, die im Kern darin besteht, der klassischen Ökonomie vorzuwerfen, die kapitalistische Produktionsweise in die menschliche Natur hineinprojiziert zu haben. Ursache hierfür ist – so Marx später in seinem berühmten Kapitel über den Fetischcharakter der Ware aus *Das Kapital* (1867) –, dass die sozialen Verhältnisse von Ware, Geld und Kapital den Einzelnen als naturwüchsige Mächte gegenübertreten, weshalb ihnen ihre Rollen als Warenverkäufer, Vertragspartner und Eigentümer selbstverständlich scheinen.[11] Aufgabe des Ideologiekritikers ist es nun für Marx, jene Verhältnisse, die sich als naturwüchsig und unveränderbar geben, als menschengemacht und veränderbar aufzuweisen. Dafür freilich muss er für sich in Anspruch nehmen, im Unterschied zum falschen, im Besitz des wahren Bewusstseins zu sein. Eine Unterscheidung, die nicht unproblematisch ist, läuft sie am Ende doch auf ein elitäres Konzept von Kritik hinaus, demzufolge es die Aufgabe des Ideologiekritikers ist, die Massen von ihrem falschen Bewusstsein zu befreien und ihnen wieder einen unverstellten Zugang zur sozialen Wirklichkeit zu ermöglichen.

Althussers Kritik an Marx

Marx' Konzeption von Ideologie als falschem Bewusstsein ist nicht unwidersprochen geblieben. Einschlägig sind in diesem Zusammenhang die Überlegungen von Louis Althusser aus seinem prominenten Aufsatz *Ideologie und ideo-*

[10] Karl Marx und Friedrich Engels, *Die Deutsche Ideologie*, in: Marx-Engels Werke, Berlin: Dietz 1978, Bd. 3, 26.

[11] »Das Geheimnisvolle der Warenform besteht also einfach darin, daß sie den Menschen die gesellschaftlichen Charaktere ihrer eignen Arbeit als gegenständliche Charaktere der Arbeitsprodukte selbst, als gesellschaftliche Natureigenschaften dieser Dinge zurückspiegelt, daher auch das gesellschaftliche Verhältnis der Produzenten zur Gesamtarbeit als ein außer ihnen existierendes Verhältnis von Gegenständen.«, Karl Marx, *Das Kapital. Kritik der politischen Ökonomie. Erster Band. Buch I: Der Produktionsprozeß des Kapitals*, in: Marx-Engels Werke Bd. 23, Berlin: Dietz 1962.

logische Staatsapparate (1969).[12] Im ersten Teil dieses Aufsatzes geht es ihm darum zu zeigen, dass die Reproduktion der Produktionsverhältnisse einer Gesellschaft nicht allein durch repressive Staatsapparate sichergestellt werden kann, sondern dass jede gesellschaftliche Ordnung auch davon lebt, dass die ihr unterworfenen Subjekte ihre Legitimität anerkennen. Neben den repressiven Staatsapparaten spielen daher die ideologischen Staatsapparate eine entscheidende Rolle. Während erstere die Anerkennung der bestehenden Ordnung durch Gewalt und Sanktion herstellen, arbeiten letztere mit Hilfe der Ideologie. Im Anschluss an diese Unterscheidung versucht Althusser dann im zweiten Teil seines Aufsatzes die Funktionsweise der Ideologie genauer zu beschreiben. Dabei verleiht er seinen Überlegungen gleich zu Beginn eine überraschende Wendung: Seine These lautet nämlich, dass Marx' Ansatz aus der *Deutschen Ideologie* völlig unbrauchbar sei – mehr noch: Marx' Ideologietheorie, so Althusser, ist ganz und gar unmarxistisch. Das liegt daran, dass Marx seine Lehre von Basis und Überbau in falscher Weise auf das Subjekt anwendet. Versteht man dieses als bestehend aus Körper und Geist, dann geht die Lehre vom ›falschen Bewusstsein‹ nämlich davon aus, dass das Subjekt erst von einer Reihe von falschen geistigen Vorstellungen beherrscht wird, die es dann in einem zweiten Schritt körperlich in ideologischen Handlungen umsetzt. Damit jedoch, so Althusser, wird innerhalb des Subjekts gerade der Überbau und nicht die Basis zum determinierenden Moment gemacht. Die eigentliche marxistische Version der Ideologietheorie müsste aber gerade die Basis und nicht den Überbau zum determinierenden Moment in letzter Instanz machen. Althusser argumentiert entsprechend dafür, dass Marx' Vorstellung der Ideologie vom Kopf auf die Füße gestellt werden muss. Leitend wird für ihn dabei das von Pascal entliehene Diktum »Knie nieder, bewege die Lippen zum Gebet, und Du wirst glauben«.[13] Auf plastische Weise macht dieses Diktum deutlich, dass nicht Ideen körperliche Handlungen hervorbringen, sondern gerade anders herum körperliche Handlungen die Ideen, die ihnen scheinbar zugrunde liegen, allererst erzeugen. Die Ideologie, so kann Althusser in Folge dieser Wendung festhalten, existiert nicht im Bewusstsein der Men-

[12] Louis Althusser, »Ideologie und ideologische Staatsapparate (Anmerkungen für eine Untersuchung)«, in: ders., *Ideologie und ideologische Staatsapparate. Aufsätze zur marxistischen Theorie,* Hamburg, Berlin: VSA 1977, 108–153.
[13] Ebd., 138.

schen, sondern in ihren Praktiken, sie hat eine »materielle Existenz«.[14]

Die materielle Existenzweise der Ideologie

Ein besseres Verständnis von der materiellen Existenzweise der Ideologie können wir erlangen, wenn wir uns dem Konzept der symbolischen Gewalt zuwenden, wie es Pierre Bourdieu in seinen Schriften entwickelt hat.[15] Hierunter versteht er eine Gewalt, die dafür sorgt, dass die Akteure die Ordnung, in der sie leben, für unhintergehbar und naturgegeben halten. An die Stelle des Wissens um die Artifizialität der sozialen Ordnung tritt so der Glaube an ihre Naturhaftigkeit. Entscheidend ist nun, dass dieser Glaube von Bourdieu nicht im Bewusstsein der beteiligten Akteure verortet wird, sondern in ihrem leiblichen Habitus. Diesen versteht Bourdieu als ein »Wahrnehmungs-, Bewertungs- und Handlungsschema«, das die Gestalt eines praktischen Sinns für die Welt annimmt.[16] Was mit diesem Sinn gemeint ist, macht Bourdieu oftmals am Beispiel des Spielsinns im Sport deutlich. Denken wir etwa an das Fußballspiel, dann zeichnet sich eine gute Spielerin dadurch aus, dass sie, wenn sie den Ball hat, nicht darüber nachdenken muss, was sie mit dem Ball zu tun hat, sondern vielmehr unmittelbar sieht, was mit ihm zu tun ist. Die verschiedenen Möglichkeiten zu passen, zu schießen oder zu dribbeln kommen hier nicht durch Reflexion zustande, sie sind vielmehr Teil eines unmittelbaren Wissens, in dem die Wahrnehmung der Situation und die körperliche Bewegung eine zusammengehörige Einheit bilden, »ohne den Weg über Bewusstsein und Berechnung nehmen zu müssen«.[17] Am Beispiel des Spielsinns wird deutlich, dass es sich beim Habitus um ein präreflexives Wissen handelt, das in einverleibter Form vorliegt. Damit rückt jedoch die Frage in den Mittelpunkt, wie der Prozess der Einverleibung zu verstehen ist. Bourdieus Antwort lautet, dass es das Erlernen bestimmter Körperpraktiken ist, durch das wir uns in der Welt zurechtfinden. Diese Techniken reichen vom expliziten Lernen durch Dressur und Abrichtung bis hin zum impliziten Lernen in Prozessen der praktischen Mimesis. Eine Untersuchung dieser Prozesse

---

14 Ebd., 136.

15 Exemplarisch Pierre Bourdieu, *Meditationen. Zur Kritik der scholastischen Vernunft*, Frankfurt am Main: Suhrkamp 2001.

16 Ebd., 177.

17 Ebd., 225.

macht deutlich, dass dasjenige, was im durchgeformten Habitus als scheinbar unmittelbarer Sinn für die Situation vorliegt, zunächst einmal in mühsamen Prozessen einverleibt werden muss. Ist der Prozess der Einverleibung aber einmal erfolgreich vollzogen worden, dann sind die einverleibten Wahrnehmungs-, Denk und Handlungsschemata zur ›zweiten Natur‹ des Subjekts geworden. Es handelt sich um Fähigkeiten, die in den Gliedern der Subjekte sitzen und eben deshalb den Schein der Naturhaftigkeit annehmen. Für die Ideologiekritik bedeutet das, dass sie die soziale Wirklichkeit nur in dem Maße in Frage zu stellen vermag, wie es ihr gelingt, den Habitus zum Gegenstand von widerständigen Praktiken zu machen. Bourdieu spricht in diesem Zusammenhang von der Notwendigkeit einer »Gegendressur«.[18] Damit bezeichnet er ein Bündel an alternativen Verhaltenspraktiken, welches zu einer Umformung des Habitus beitragen soll. Eine solche Praxis der Gegendressur kann natürlich nicht individuell, sondern nur kollektiv vonstatten gehen: Der erste Schritt zur Befreiung besteht für Bourdieu daher in der gemeinsamen Hervorbringung alternativer Lebenswelten und Milieus, in welchen sich den Individuen neue Möglichkeiten zur Erkundung und Aneignung leiblicher Verhaltensweisen bieten.

Die Menschen machen ihre Geschichte selbst

Mit dem Begriff der symbolischen Gewalt fasst Bourdieu also einen ganz ähnlichen Effekt wie Marx circa hundert Jahre vor ihm mit Hilfe des Fetischcharakters der Ware. Dessen Grundidee, so hatten wir gesehen, bestand darin, dass den Menschen ihre gesellschaftlichen Beziehungen im Zuge der kapitalistischen Produktionsweise als scheinbar natürliche Eigenschaften der Waren zurückgespiegelt werden. Diese Verwandlung von Geschichte in Natur hat für ihn zur Folge, dass die Menschen nicht mehr frei über ihre Produktionsweise verfügen: Statt sie zu beherrschen, werden sie von ihr beherrscht. Der entscheidende Unterschied zwischen Marx und Bourdieu besteht nun darin, dass Bourdieu die Verkennung der sozialen Ordnung nicht mehr im Ausgang vom ›falschen Bewusstsein‹ der Beteiligten denkt. Die Verkennung der sozialen Ordnung ist für ihn nicht der Effekt von falschen Vorstellungen oder verzerrten Ideen, sie hat ihren Sitz nicht im ›Kopf‹ der Beteiligten, sondern vielmehr in ihrem ›Leib‹. Das hat freilich Folgen für das Konzept der Ideologiekritik: Deren Ziel besteht nun

[18] Ebd., 220.

nicht mehr darin, Reflexionsblockaden zu lösen, die den sozialen Akteuren wieder die Wahrnehmung Pathologien erster Ordnung erlauben sollen, sondern vielmehr darin, Freiräume zu schaffen, in welchen alternative Formen des Selbst-, Fremd- und Weltbezugs erkundet werden können. Es sind eben solche geschützten Räume, welche es erlauben, die Erfahrung zu machen, dass die Menschen nicht alternativlos in die Geschichte gestellt sind, sondern sie es selbst sind, die ihre Geschichte machen.

Literaturverzeichnis

Adorno, Theodor W., *Studien zum autoritären Charakter*, Frankfurt am Main: Suhrkamp 1973.

Alloa, Emmanuel/Bedorf, Thomas/Grüny, Christian/Klass, Tobias (Hg.), *Leiblichkeit. Geschichte und Aktualität eines Konzepts*, Tübingen: UTB 2012.

Althusser, Louis, »Ideologie und ideologische Staatsapparate (Anmerkungen für eine Untersuchung)«, in: ders., *Ideologie und ideologische Staatsapparate. Aufsätze zur marxistischen Theorie*, Hamburg, Berlin: VSA 1977, 108–153.

Altmeyer, Martin und Helmut Thomä (Hg.), *Die vernetzte Seele. Die intersubjektive Wende in der Psychoanalyse*, Stuttgart: Klett-Cotta 2006.

Arendt, Hannah, *Vita Activa. Vom tätigen Leben*, Zürich: Piper 2002.

Bauman, Zygmunt, *Postmoderne Ethik* (1993), Hamburg: HIS 1995.

Beauvoir, Simone de, *Der Lauf der Dinge* (1963), Reinbek: Rowohlt 1970.

Bedorf, Thomas, *Andere. Eine Einführung in die Sozialphilosophie*, Bielefeld: transcript 2011.

–: *Verkennende Anerkennung. Über Identität und Politik*, Frankfurt am Main: Suhrkamp 2010.

–: *Dimensionen des Dritten. Sozialphilosophische Modelle zwischen Ethischem und Politischem*, München: Fink 2003.

Bedorf, Thomas/Cremonini, Andreas (Hg.), *Verfehlte Begegnung. Levinas und Sartre als philosophische Zeitgenossen*, München: Fink 2005.

Bedorf, Thomas/Lindemann, Gesa/Fischer, Joachim (Hg.), *Theorien des Dritten. Innovationen in Soziologie und Sozialphilosophie*, München: Fink 2010.

Belliger, Andréa/Krieger, David J., *ANThology. Ein einführendes Handbuch zur Akteur-Netzwerk-Theorie*, Bielefeld: transcript 2006.

Benjamin, Jessica, *Die Fesseln der Liebe. Psychoanalyse. Feminismus und das Problem der Macht*, Basel: Stroemfeld 1990.

Bernasconi, Robert/Critchley, Simon (Hg.), *Re-Reading Levinas*, Bloomington: Indiana University Press 1991.

Bettelheim, Bruno, *Die symbolischen Wunden. Pubertätsriten und der Neid des Mannes* (1954), Frankfurt am Main 1982.

Bourdieu, Pierre, *Meditationen. Zur Kritik der scholastischen Vernunft*, Frankfurt am Main: Suhrkamp 2001.

–: *Sozialer Sinn. Kritik der theoretischen Vernunft*, Frankfurt am Main: Suhrkamp 1993.

Bröckling, Ulrich, »Gesellschaft beginnt mit Drei. Eine soziologische Triadologie«, in: Thomas Bedorf, Gesa Lindemann und Joachim Fischer (Hg.), *Theo-*

rien des Dritten. Innovationen in Soziologie und Sozialphilosophie, München: Fink 2010, 189–212.

Busch, Emil Walter, *Geschichte der Frankfurter Schule. Kritische Theorie und Politik*, München: Fink 2010.

Butler, Judith, *Kritik der ethischen Gewalt*, Frankfurt am Main: Suhrkamp 2002.

Caplow, Theodore, *Two against One. Coalitions in the Triad*, Englewood: Prentice Hall 1968.

Cassirer, Ernst, »Das Problem Jean-Jacques Rousseau« (1932), in: *Über Rousseau*, Frankfurt am Main: Suhrkamp 2012, 7–90.

Celikates, Robin, *Kritik als soziale Praxis*, Frankfurt am Main: Campus 2009.

Chanter, Tina, *Time, Death, and the Feminine. Levinas with Heidegger*, Stanford: Stanford University Press 2001.

Chodorow, Nancy, *Das Erbe der Mütter. Psychoanalyse und Soziologie der Geschlechter*, München: Frauenoffensive 1985.

Cohen, Joshua, »The Natural Goodness of Humanity«, in: Barbara Hermann, Christine M. Korsgaard und Andrews Reath (Hg.), *Reclaiming the History of Ethics*, Cambridge: Cambridge University Press 1997, 102–139.

Critchley, Simon, *Unendlich fordernd. Ethik der Verpflichtung, Politik des Widerstands*, Berlin: diophanes 2008.

Danto, Arthur C., *Sartre*, Göttingen: Steidl 1993.

Därmann, Iris (Hg.), *Die Kraft der Dinge. Phänomenologische Skizzen*, München: Fink 2014.

Delhom, Pascal, *Der Dritte. Levinas' Philosophie zwischen Verantwortung und Gerechtigkeit*, München: Fink 2000.

Dent, Nicholas, *Rousseau. An Introduction to his Psychological, Social and Political Theory*, Oxford: Blackwell 1988.

Derrida, Jacques, *Politik der Freundschaft* (1994), Frankfurt am Main: Suhrkamp 2002.

–: »Eben in diesem Moment in diesem Werk findest du mich« (1980), in: Michael Mayer (Hg.), *Levinas. Zur Möglichkeit einer prophetischen Philosophie*, aus dem Französischen von Elisabeth Weber, Gießen: Focus 1990, 42–84.

–: »Gewalt und Metaphysik. Essay über das Denken von Emmanuel Levinas« (1964), in: *Die Schrift und die Differenz*, Frankfurt am Main: Suhrkamp 1976, 121–235.

Descombes, Vincent, *Das Selbe und das Andere*, Frankfurt am Main: Suhrkamp 1987.

Dosse, François, *Geschichte des Strukturalismus*, 2 Bde., Frankfurt am Main: Fischer 1999.

Düttmann, Alexander García, *Zwischen den Kulturen. Spannungen im Kampf um Anerkennung*, Frankfurt am Main: Suhrkamp 1997.

Ehrenberg, Alain, *Das erschöpfte Selbst. Depression und Gesellschaft in der Gegenwart*, Frankfurt am Main: Suhrkamp 2008.

Ellmers, Sven, *Freiheit und Wirtschaft. Theorie der bürgerlichen Gesellschaft nach Hegel*, Bielefeld: transcript 2015.

Fast, Irene, *Von der Einheit zur Differenz. Psychoanalyse der Geschlechtsidentität*, Heidelberg: Springer 1991.

Fetscher, Iring, *Rousseaus politische Philosophie*, Frankfurt am Main: Suhrkamp, 1993.

Fischer, Joachim, »Tertiarität /Der Dritte. Soziologie als Schlüsseldisziplin«, in: Thomas Bedorf, Gesa Lindemann und Joachim Fischer (Hg.), *Theorien des Dritten. Innovationen in Soziologie und Sozialphilosophie*, München: Fink 2010, 131–160.

Forst, Rainer, *Kontexte der Gerechtigkeit. Politische Philosophie jenseits von Liberalismus und Kommunitarismus*, Frankfurt am Main: Suhrkamp 1996.

Forst, Rainer/Hartmann, Martin/Jaeggi, Rahel/Saar, Martin (Hg.), *Sozialphilosophie und Kritik. Axel Honneth zum 60. Geburtstag*, Frankfurt am Main: Suhrkamp 2009.

Frank, Manfred, »Fragmente einer Geschichte der Selbstbewußtseins-Theorie von Kant bis Sartre«, in: ders. (Hg.), *Selbstbewußtseinstheorien von Fichte bis Sartre*, Frankfurt am Main: Suhrkamp 1991, 413–599.

Freud, Anna, *Das Ich und die Abwehrmechanismen* (1936), Frankfurt am Main: Fischer 1984.

Freud, Sigmund, »Massenpsychologie und Ich-Analyse« (1921), in: *Gesammelte Werke* Bd. 13, Frankfurt am Main: Fischer 1967, 71–149.

–: »Vorlesungen zur Einführung in die Psychoanalyse«, in: *Gesammelte Werke* Bd. 11, London: Fischer 1944.

–: »Neue Folge der Vorlesungen zur Einführung in die Psychoanalyse«, in: *Gesammelte Werke* Bd. 15, London: Imago 1944.

–: »Die Traumdeutung«, in: *Gesammelte Werke* Bd. 2 und 3, London: Fischer 1942.

–: »Drei Abhandlungen zur Sexualtheorie«, in: *Gesammelte Werke* Bd. 5, London: Fischer 1942.

–: »Meine Ansichten über die Rolle der Sexualität in der Ätiologie der Neurosen«, in: *Gesammelte Werke* Bd. 5, London: Fischer 1942, 147–160.

–: »Bruchstücke einer Hysterie-Analyse«, in: *Gesammelte Werke* Bd. 5, London: Fischer 1942, 161–286.

–: »Charakter und Analerotik«, in: *Gesammelte Werke* Bd. 7, London: Fischer 1941, 203–212.

–: »Die ›kulturelle‹ Sexualmoral und die moderne Nervosität«, in: *Gesammelte Werke* Bd. 7, London: Imago 1941, 143–170.

–: »Der Untergang des Ödipuskomplexes«, in: *Gesammelte Werke* Bd. 13, London: Fischer 1940, 393–402.

Freyenhagen, Fabian, »Honneth on Social Pathologies: A Critique«, in: *Critical Horizons. A Journal for Philosophy and Social Theory*, Jg. 16, 2015, 131–152.

Frisby, David, *Fragmente der Moderne. Georg Simmel, Siegfried Kracauer, Walter Benjamin*, Rheda: Daedalus 1989.

Fuchs, Peter, *Leib, Raum, Person. Entwurf einer phänomenologischen Anthropologie*, Stuttgart: Klett-Cotta 2000.

Gallagher, Shaun, *How the body shapes the mind*, Oxford: Oxford University Press 2005.

Gallagher Shaun und Dan Zahavi, *The Phenomenological Mind. An Introduction to Philosophy of Mind and Cognitive Science*, London: Routledge 2008.

Gardner, Sebastian, *Sartre's Being and Nothingness. A Readers's Guide*, London: continuum 2009.

Gay, Peter, *Freud: Eine Biographie für unsere Zeit*, Frankfurt am Main: Fischer 2006.

Gertenbach, Lars, *Entgrenzung der Soziologie. Bruno Latour und der Konstruktivismus*, Weilerswist: Velbürck 2015.

Gondek, Hans-Dieter, »Die französische Phänomenologie und die Freudsche Psychoanalyse«, in: Hans-Martin Lohmann und Joachim Pfeiffer (Hg.), *Freud-Handbuch. Leben – Werk – Wirkung*, Stuttgart: Metzler 2006, 348–357.

Gamm, Gerhard/Hetzel, Andreas/Lilienthal, Markus, *Interpretationen: Hauptwerke der Sozialphilosophie*, Stuttgart: Reclam 2001.

Gosepath, Stefan/Hinsch, Wilfried/Rösler, Beate (Hg.), *Handbuch der Politischen Philosophie und Sozialphilosophie*, Berlin: de Gruyter 2008.

Günzel, Stephan, »Der Begriff der ›Masse‹ in Philosophie und Kulturtheorie I–III«, in: *Dialektik. Zeitschrift für Kulturphilosophie*, 2004–2005.

Gürtler, Sabine, *Elementare Ethik. Alterität, Generativität und Geschlechterverhältnis bei Emmanuel Levinas*, München: Fink 2001.

Habermas, Jürgen, »Vom pragmatischen, ethischen und moralischen Gebrauch der praktischen Vernunft«, in: ders., *Erläuterungen zur Diskursethik*, Frankfurt am Main: Suhrkamp 1991, 100–118.

–: »Die Moderne – ein unvollendetes Projekt.«, Rede anlässlich der Verleihung des Adorno-Preises (1980), in: ders., *Kleine Politische Schriften*, Frankfurt a. M.: Suhrkamp 1981, 444–464

Hahn, Hans Peter (Hg.), *Vom Eigensinn der Dinge. Für eine neue Perspektive auf die Welt des Materiellen*, Berlin: Neofelis 2015.

Heidegger, Martin, *Sein und Zeit*, Tübingen: Niemeyer 1967.

Heitmeyer, Wilhelm und Peter Imbusch (Hg.), *Integrationspotenziale einer modernen Gesellschaft*, Wiesbaden: VS 2005.

Hegel, Georg Wilhelm Friedrich, »Das älteste Systemprogramm des deutschen Idealismus« (1796/97), in: *Werke* Bd. 1, Frankfurt am Main: Suhrkamp 1986, 234–236.

–: *Phänomenologie des Geistes* (1807), in: *Werke* Bd. 3, Frankfurt am Main: Suhrkamp 1986.

–: *Wissenschaft der Logik II* (1813–1816), in: *Werke* Bd. 6, Frankfurt am Main: Suhrkamp 1986.

–: *Grundlinien der Philosophie des Rechts oder Naturrecht und Staatswissenschaft im Grundrisse* (1821), in: *Werke* Bd. 7, Frankfurt am Main: Suhrkamp 1986.

–: *Enzyklopädie der philosophischen Wissenschaften im Grundrisse III* (1830), in: *Werke* Bd. 10, Frankfurt am Main: Suhrkamp 1986.

Henry, Michel, *Inkarnation. Eine Philosophie des Fleisches*, Freiburg: Alber 2011.

Herrmann, Steffen, »Politik der Leiblichkeit. Von Maurice Merleau-Ponty zu Iris Marion Young und Judith Butler«, in: Thomas Bedorf, Tobias N. Klaas (Hg.), *Leib – Körper – Politik. Untersuchungen zur Leiblichkeit des Politischen*, Weilerswist: Velbrück 2015, 61–82.

–: »Levinas – Von der Gewalt des Angesichts zur Gewalt des Schweigens«, in: Hannes Kuch und Steffen K. Herrmann (Hg.), *Philosophien sprachlicher Gewalt. Von Platon bis Butler,* Weilerswist: Velbrück 2010, 172–195.

Honneth, Axel, *Die Idee des Sozialismus. Versuch einer Aktualisierung,* Berlin: Suhrkamp 2015, 40 ff.

–: Schwerpunkt »Axel Honneth: *Freedom's Rights*«, *Critical Horizons. A Journal for Philosophy and Social Theory,* Jg. 16, 2015.

–: *Das Recht der Freiheit. Grundriß einer demokratischen Sittlichkeit,* Berlin: Suhrkamp 2011.

–: »Anerkennung als Ideologie. Zum Zusammenhang von Moral und Macht«, in: *Das Ich im Wir. Studien zur Anerkennungstheorie,* Berlin: Suhrkamp 2010.

–: *Verdinglichung. Eine anerkennungstheoretische Studie,* Frankfurt am Main: Suhrkamp 2005.

–: »Erkennen und Anerkennen. Zu Sartres Theorie der Intersubjektivität«, in: *Unsichtbarkeit. Stationen einer Theorie der Intersubjektivität,* Frankfurt am Main: Suhrkamp 2003, 71–105.

–: »Pathologien des Sozialen« (1994), in: *Das Andere der Gerechtigkeit. Aufsätze zur praktischen Philosophie,* Frankfurt am Main: Suhrkamp 2000, 11–87.

–: *Kampf um Anerkennung. Zur moralischen Grammatik sozialer Konflikte,* Frankfurt am Main: Suhrkamp 1992.

Honneth, Axel und Nancy Fraser, *Umverteilung oder Anerkennung? Eine philosophisch-politische Kontroverse,* Frankfurt am Main: Suhrkamp 2003.

Honneth, Axel und Lisa Herzog (Hg.), *Der Wert des Marktes. Ein ökonomisch-philosophischer Diskurs vom 18. Jahrhundert bis zur Gegenwart,* Frankfurt am Main: Suhrkamp 2014.

Horney, Karen, *New Ways in Psychoanalysis,* New York: Norton 1939.

Husserl, Edmund, *Die Krisis der europäischen Wissenschaften und die transzendentale Phänomenologie,* in: *Husserliana,* Bd. VI, Haag: Nijhoff 1976.

–: »Pariser Vorträge«, in: *Husserliana,* Bd. I, Haag: Nijhoff 1973.

Ikäheimo, Heikki, *Anerkennung,* Berlin: de Gruyter 2014.

Jaeggi, Rahel, *Kritik von Lebensformen,* Frankfurt am Main: Suhrkamp 2014.

–: »Was ist eine (gute) Institution?«, in: Rainer Forst, Martin Hartmann, Rahel Jaeggi und Martin Saar (Hg.), *Sozialphilosophie und Kritik,* Frankfurt am Main: Suhrkamp 2009, 528–544.

Jaeggi, Rahel und Robin Celikates, *Sozialphilosophie,* München: Beck 2017.

Jörke, Dirk, *Politische Anthropologie. Eine Einführung,* Wiesbaden: VS 2005.

Jütten, Timo, »Is the Market a Sphere of Social Freedom?«, in: *Critical Horizons. A Journal for Philosophy and Social Theory,* Jg. 16, 2015, 187–203.

Kneer, Georg/Schroer, Markus/Schüttpelz, Erhard (Hg.), *Bruno Latours Kollektive. Kontroversen zur Entgrenzung des Sozialen,* Frankfurt am Main: Suhrkamp 2008.

Kojève, Alexandre, *Hegel. Eine Vergegenwärtigung seines Denkens* (1947), Frankfurt am Main: Suhrkamp 1975.

Koschorke, Albrecht, »Ein neues Paradigma der Kulturwissenschaften«, in: Eva Eßlinger, Tobias Schlechtriemen, Doris Schweitzer und Alexander Zons (Hg.),

Die Figur des Dritten. Ein kulturwissenschaftliches Paradigma, Frankfurt am Main: Suhrkamp 2010, 9–34.

Kristensen, Stefan, »Maurice Merleau-Ponty – Körperschema und leibliche Subjektivität«, in: Emmanuel Alloa u. a. (Hg.), *Leiblichkeit. Geschichte und Aktualität eines Konzepts*, Tübingen: UTB 2012, 23–36.

Landes, Donald, *The Merleau-Ponty Dictionary*, London: Bloomsbury 2013.

Latour, Bruno, *Der Berliner Schlüssel*, Berlin: botopress 2014.

–: *Eine neue Soziologie für eine neue Gesellschaft. Einführung in die Akteur-Netzwerk-Theorie*, Frankfurt am Main: Suhrkamp 2010.

–: »Eine Soziologie ohne Objekt? Anmerkungen zur Interobjektivität«, in: *Berliner Journal für Soziologie*, Jg. 11, 2001, 237–252.

–: *Die Hoffnung der Pandora, Untersuchungen zur Wirklichkeit der Wissenschaft*, Frankfurt am Main: Suhrkamp 2000.

Laux, Henning, *Soziologie im Zeitalter der Komposition. Koordinaten einer integrativen Netzwerktheorie*, Weilerswist: Velbrück 2014.

Levinas, Emmanuel, »Eine uns vertraute Sprache«, in: *Die Unvorhersehbarkeit der Geschichte*, Freiburg: Alber 2006.

–: *Totalität und Unendlichkeit. Versuch über die Exteriorität* (1961), Freiburg: Alber 1993.

–: *Ethik und Unendliches. Gespräche mit Philippe Nemo*, Wien: Passagen 1992.

–: *Jenseits des Seins oder anders als Sein geschieht* (1974), Freiburg: Alber 1992.

–: »Die Spur des Anderen« (1963), in: *Die Spur des Anderen. Untersuchungen zur Phänomenologie und Sozialphilosophie*, Freiburg: Alber 1983, 209–236.

Levine, Donald, *The Flight from Ambiguity. Essays in Social and Cultural Theory*, Chicago: Chicago University Press 1985.

Lévy, Bernhard-Henri, *Sartre. Der Philosoph des 20. Jahrhunderts*, München: dtv 2002.

Lichtblau, Klaus, *Kulturkrise und Soziologie um die Jahrhundertwende. Zur Genealogie der Kultursoziologie in Deutschland*, Frankfurt am Main: Suhrkamp 1996.

Liebsch, Burkhard (Hg.), *Sozialphilosophie*, Freiburg: Alber 1999.

Lohmann, Hans-Martin und Joachim Pfeiffer (Hg.), *Freud-Handbuch. Leben – Werk – Wirkung*, Stuttgart: Metzler 2006.

Lovejoy, Arthur, *Reflections on Human Nature*, Baltimore: John Hopkins University Press 1961.

Lyotard, Jean-François, »Beantwortung der Frage: Was ist postmodern?«, in: Peter Engelmann (Hg.), *Postmoderne und Dekonstruktion. Texte französischer Philosophen der Gegenwart*, Stuttgart: Reclam 1990, 33–48.

Malka, Salomon, *Emmanuel Levinas. Eine Biographie*, München: Beck 2003.

Marchart, Oliver, *Das unmögliche Objekt – eine postfundamentalistische Theorie der Gesellschaft*, Berlin: Suhrkamp 2013.

Marcuse, Herbert, *Triebstruktur und Gesellschaft. Ein philosophischer Beitrag zu Sigmund Freud*, Frankfurt am Main: Suhrkamp 1995.

Marx, Karl, *Das Kapital. Kritik der politischen Ökonomie. Erster Band. Buch I: Der Produktionsprozeß des Kapitals*, in: *Marx-Engels Werke* Bd. 23, Berlin: Dietz 1962.

–: *Zur Kritik der Hegelschen Rechtsphilosophie. Einleitung,* in: *Marx-Engels Werke* Bd. 1, Berlin: Dietz 1981.

Marx, Karl und Friedrich Engels, *Die Deutsche Ideologie,* in: *Marx-Engels Werke* Bd. 3, Berlin: Dietz 1978.

Mayer-Drawe, Käte, »Leib, Körper«, in: Christian Bermes und Ulrich Dierste (Hg.), *Schlüsselbegriffe der Philosophie des 20. Jahrhunderts,* Hamburg: Meiner 2010, 207–220.

McNeill, David, »Social Freedom and Self-Actualization: Normative Reconstruction as a Theory of Justice«, in: *Critical Horizons. A Journal for Philosophy and Social Theory,* Jg. 16, 2015, 153–169.

Merleau-Ponty, Maurice, »Sartre und der Ultra-Bolschewismus« (1955), in: *Die Abenteuer der Dialektik,* Frankfurt am Main: Suhrkamp 1974, 115–244.

–: *Phänomenologie der Wahrnehmung* (1945), Berlin: de Gruyter 1974.

Mentzos, Stavros, *Neurotische Konfliktverarbeitung. Einführung in die psychoanalytische Neurosenlehre unter Berücksichtigung neuer Perspektiven,* Frankfurt am Main: Fischer 1984.

Mitscherlich, Alexander, *Auf dem Weg zur vaterlosen Gesellschaft: Ideen zur Sozialpsychologie,* München: Piper 1963.

Mohan, Robin, »Normative Rekonstruktion und Kritik«, in: *Zeitschrift für kritische Sozialtheorie und Philosophie,* Bd. 2 Heft 1, 2015, 34–66.

Neuhouser, Frederick, *Pathologien der Selbstliebe. Freiheit und Anerkennung bei Rousseau,* Frankfurt am Main: Suhrkamp 2012.

–: »The Critical Function of Genealogy in the Thought of J.-J. Rousseau«, in: *Review of Politics* Bd. 74, 2012, 371–387.

–: *Foundations of Hegel's Social Theory. Actualizing Freedom,* Cambridge: Cambridge University Press 2000.

Pollmann, Arnd, »Anerkennung«, in: Stefan Gosepath, Wilfried Hinsch, Beate Rössler (Hg.), *Handbuch der Politischen Philosophie und Sozialphilosophie,* Berlin: de Gruyter 2008.

–: *Integrität. Aufnahme einer sozialphilosophischen Personalie,* Bielefeld: transcript 2005.

Quante, Michael und Amir Mohseni (Hg.), *Die linken Hegelianer. Studien zum Verhältnis von Religion und Politik im Vormärz,* München: Fink 2015.

Quindeau, Ilka, *Verführung und Begehren: Die psychoanalytische Sexualtheorie nach Freud,* Stuttgart: Klett-Cotta 2008.

Ricken, Norbert, »Erziehung und Anerkennung. Anmerkungen zur Konstitution des pädagogischen Problems«, in: *Vierteljahreszeitschrift für wissenschaftliche Pädagogik,* Jg. 82, 2006, 215–230.

Rorty, Richard, »Habermas and Lyotard on Post-Modernity«, in: *Praxis International* 4(1), 1984, 32–44.

Röttgers, Kurt, *Kategorien der Sozialphilosophie,* Magdeburg: Scriptum 2002.

–: »Dritte, der«, in: Hans Jörg Sandkühler (Hg.), *Enzyklopädie Philosophie,* Hamburg: Meiner 2010.

Rosa, Hartmut, *Beschleunigung und Entfremdung. Entwurf einer kritischen Theorie der Spätmoderne,* Frankfurt am Main: Suhrkamp 2013.

Roßler, Gustav, *Der Anteil der Dinge an der Gesellschaft. Sozialität – Kognition – Netzwerke,* Bielefeld: transcript 2015.

Rousseau, Jean-Jacques, *Diskurs über die Ungleichheit*, Paderborn: Schöningh 2008.
–: *Vom Gesellschaftsvertrag oder Grundsätze des Staatsrechts*, Stuttgart: Reclam 2003.
–: »Abhandlung über die Wissenschaften und Künste« (1750), in: *Schriften*, Bd. 1, München: Hanser 1978, 27–60.
–: *Emil oder über die Erziehung*, Paderborn: Schöningh 1978.
Ruffig, Reiner, *Bruno Latour*, München: Fink 2009.
Sartre, Jean-Paul, *Tagebücher. Les carnets de la drôle de guerre. September 1939 – März 1940*, Reinbek: Rowohlt 1996.
–: »Die Transzendenz des Ego«, in: *Gesammelte Werke* Bd. 1, Reinbek bei Hamburg: Rowohlt 1994, 39–96.
–: »Überlegungen zur Judenfrage«, in: *Gesammelte Werke: Politische Schriften* Bd. 2, Reinbek bei Hamburg: Rowohlt 1994.
–: »Das Sein und das Nichts. Versuch einer phänomenologischen Ontologie«, in: *Gesammelte Werke* Bd. 3, Reinbek bei Hamburg: Rowohlt 1994.
–: »Der Existenzialismus ist ein Humanismus«, in: *Gesammelte Werke* Bd. 4, Reinbek bei Hamburg: Rowohlt, 1994, 117–155.
–: »Die cartesianische Freiheit«, in: *Gesammelte Werke* Bd. 4, Reinbek bei Hamburg: Rowohlt, 1994, 99–116.
Schaub, Jörg, »Misdevelopments, Pathologies and Normative Revolutions: Normative Reconstruction as Method of Critical Theory«, in: *Critical Horizons. A Journal for Philosophy and Social Theory*, Jg. 16, 2015, 107–130.
Schmidgen, Henning, *Bruno Latour*, Hamburg: Junius 2011.
Schmitz, Hermann, »Der Leib«, in: *System der Philosophie*, Bd. 2, Bonn: Bouvier 1965.

Kuch, Hannes, *Herr und Knecht: Anerkennung und symbolische Macht im Anschluss an Hegel*, Frankfurt am Main: Campus 2013.
Schulz-Schaeffer, Ingo, »Akteur-Netzwerk-Theorie. Zur Koevolution von Gesellschaft, Natur und Technik«, in: Johannes Weyer (Hg.), *Soziale Netzwerke. Konzepte und Methoden der sozialwissenschaftlichen Netzwerkforschung*, München: Oldenbourg 2011, 277–300.
Siep, Ludwig, *Anerkennung als Prinzip der praktischen Philosophie. Untersuchungen zu Hegels Jenaer Philosophie des Geistes* (1979), Hamburg: Meiner 2014.
Simmel, Georg, »Die Krise der Kultur« (1916), in: *Gesamtausgabe* Bd. 16, Frankfurt am Main: Suhrkamp 1999, 37–53.
–: »Der Begriff und die Tragödie der Kultur« (1911/12) in: *Gesamtausgabe* Bd. 14, Frankfurt am Main: Suhrkamp 1996, 385–416.
–: »Soziologie. Untersuchung über die Formen der Vergesellschaftung« (1908), in: *Gesamtausgabe* Bd. 11, Frankfurt am Main: Suhrkamp 1992.
–: »Über sociale Differenzierung. Sociologische und psychologische Untersuchungen«, in: *Gesamtausgabe* Bd. 2, Frankfurt am Main: Suhrkamp 1989.
Starobinski, Jean, *Rousseau: Eine Welt von Widerständen*, Frankfurt am Main: Fischer 1993.

Staudigl, Barbara, *Emmanuel Lévinas*, Göttingen: Vandenhoeck & Ruprecht 2009.

Stewart, Jon (Hg.), *The Debate between Sartre and Merleau-Ponty*, Evanston: Northwestern 1998.

Stoller, Silvia, *Existenz – Differenz – Konstruktion. Phänomenologie der Geschlechtlichkeit bei Beauvoir, Irigaray und Butler*, München: Fink 2010.

Sutterlüty, Ferdinand, *Gewaltkarrieren. Jugendliche im Kreislauf von Gewalt und Missachtung*, Frankfurt am Main: Campus 2002.

Taylor, Charles, *Hegel* (1975), Frankfurt am Main: Suhrkamp 1983.

–: *Hegel and Modern Society*, Cambridge: Cambridge University Press 1979.

Waldenfels, Bernhard, *Sozialität und Alterität. Modi sozialer Erfahrung*, Berlin: Suhrkamp 2015.

–: *Schattenrisse der Moral*, Frankfurt am Main: Suhrkamp 2006.

–: *Das leibliche Selbst. Vorlesungen zur Phänomenologie des Leibes*, Frankfurt am Main: Suhrkamp 2000.

–: *Antwortregister*, Frankfurt am Main: Suhrkamp 1994.

–: *Phänomenologie in Frankreich*, Frankfurt am Main: Suhrkamp 1983.

Welsch, Wolfgang, *Unsere postmoderne Moderne*, Weinheim: De Gruyter 1997.

Wiggershaus, Rolf, *Die Frankfurter Schule. Geschichte, Theoretische Entwicklung, Politische Bedeutung*, Frankfurt am Main: dtv 1988.

Wildt, Andreas, *Autonomie und Anerkennung. Hegels Moralitätskritik im Lichte seiner Fichte-Rezeption*, Stuttgart: Klett-Cotta 1982.

Zahavi, Dan, *Self-Awareness and Alterity. A Phenomenological Investigation*, Evanston: Northwestern 1999.

Ziege, Eva-Maria, *Antisemitismus und Gesellschaftstheorie. Die Frankfurter Schule im amerikanischen Exil*, Frankfurt am Main: Suhrkamp 2009.

Zizek, Slavoj, *Psychoanalyse und die Philosophie des deutschen Idealismus*, 2 Bde., Wien: Turia & Kant 1992, 1994.

–: *Liebe Dein Symptom wie dich selbst: Jacques Lacans Psychoanalyse und die Medien*, Berlin: Merve 1991.

Zurn, Christopher, *Axel Honneth. A Critical Theory of the Social*, Cambridge: Polity Press 2015.